中国经济：

"十二五"战略思路与政策选择

China's Economy:

strategy and policy choice in 12th 5-year plan

国家发展和改革委员会经济研究所　著

Institute of Economic Research, NDRC

经济科学出版社

Economic Science Press

Preface

　　本书作为国家发展和改革委员会经济研究所《中国经济：战略、调控与改革》系列丛书的第二辑，是在经济所 2008 年度基本科研专项资金课题优秀研究成果的基础上修改完善而成的。其中有两项研究成果分别获得国家发展和改革委宏观院 2008 年度优秀基础课题研究成果一等奖和三等奖。

　　入选本书的研究报告紧密围绕国家宏观决策和国家发改委中心工作任务，在发展战略与规划、宏观调控、经济监管、价格管理等几大专业领域，开展深入的专题研究。研究选题充分突出了经济所的专业特长和比较优势，涵盖了当前和今后一段时期，尤其是"十二五"时期我国经济社会发展与改革的重点和难点领域，特别是为制定我国"十二五"规划开展了部分有针对性的前期研究。

　　本书当中与"十二五"规划直接相关的课题研究有五篇，分别涉及"十二五"时期我国经济发展的内外部环境及面临的重大问题、"十二五"时期我国经济发展的战略思路、"十二五"规划与可持续发展、"十二五"时期的财政支出、国债政策及产业组织政策等。本书围绕"十二五"规划前期研究的选题，与丛书第一辑相比，具有更强的综合性、针对性，而且专题覆盖面、研究深度与研究方法有明显提高。

　　近年来，经济所一直强调研究方法的改进，在坚持传统研究方法的基础上，力图做到规范研究与实证研究相结合，国内研究与国际比较相结合，理论研究与对策研究相结合，努力实现研究方法和工具手段的规范化，努力增强与主流经济学在研究方法上的对话与交流。

　　强调定性分析与定量分析密切结合是现阶段经济所基础课题研究的突出特色，也是本书的创新点和亮点所在。本书研究报告《"十二五"时期财政支出政策研究》采用时间序列和结构方程相结合的 Varmax 动态模拟方法等多种经济计量模型，对我国"十二五"时期的财政支出规模、结构及预算内投资的相关指标进行了总体规划与设计；《货币供给与经济增长和价格总水平关系研究》用时间序列分析方法研究 M_1、M_2 的供给与 GDP 增长率、CPI 变化之间的相互影响；《"十二五"时期促进产业组织结构优化及制度创新研究》采用 CR4 分析方法对产业结构集中度进行了度量；《"十二五"时期的国债政策研究》也运用一定的数量方法对"十二五"时期的国债规模进行了测算，等等。

　　入选本书的研究报告也为国家宏观经济决策和国家发改委中心工作提供了有针对性和可操作性的政策建议。例如，对"十二五"时期一系列重大问题和各专业领域的前期研究成果，将对我国制定和实施"十二五"规划具有重要的参考依据作用。此外，《货币供给与经济增长和价格总水平关系研究》为现阶段和今后我国宏观经济分析提供了一定的实证基础；《财政超收条件下的预算政策研究》从完善我国预算机制的角度提出了有针对性的政策建议；《美国的电价体制及对我国的启示》为完善我国的电价体制改革提供了具有相当借鉴意义的国际经验研究。

　　经济所总结和发扬历年课题组织的成功经验，继续采用专业知识结构优势互补、老中青搭配、以青年同志牵头、着力完善学术梯队的组织方式，着重指导、锻炼、培养青年科研人员。本书收入的优秀研究成果当中，有6位作者是40岁以下的青年科研人员，他们在所内外相应领域专家的悉心指导下，已经逐步成长为经济所的科研骨干。因此，本书的出版标志着经济所在培养中青年科研人员方面又迈上了崭新的台阶。

　　国家发展和改革委员会经济研究所是为国家宏观决策和发改委中心工作服务的综合性经济研究所，建所40年来，一直秉承学术研究与辅助政府决策密切结合的优良传统，充分关注国内外理论界的最新动态，努力夯实政策研究的理论基础，并不断提高研究的应用价值和社会效益。出版基础性课题研究优秀成果，是经济所在新时期旨在加强与理论界、实务界以及国内外相关部门沟通、交流的积极尝试。此项工作已经初步取得了预期效益，经济所将继续努力将此项研究工作做得更加扎实、细致。

　　由于时间和水平有限，缺点和错误在所难免，有不当之处，敬请读者批评指正！

国家发展和改革委员会经济研究所所长

2009 年 12 月

目　　录

Contents

"十二五" 时期经济发展的战略思路研究

——改变发展模式，避免中等国家陷阱

课题承担人　王小广 ■■

内容提要：在最近全球金融危机的环境下被许多人捧为宝典的"中国模式"不仅与已经获得成功的"东亚模式"存在较大差异，而且更重要的是这一发展模式具有较强的不可持续性，难以保证中国经济实现由中等收入水平向发达水平的转换。中国经济的持续发展面临的最主要的挑战是发展模式的转换。如果改革开放后形成的中国发展模式如果不做重大的调整，中国经济发展很可能落入中等国家陷阱。未来 30 年中国经济的长期目标是由中等收入国家转变为发达国家。"十二五"的发展目标，应是打破可能导致我国落入中等国家陷阱的制约因素，通过战略模式调整和完善体制，加快国内消费需求的释放、实现经济结构的全面升级，使经济继续保持又好又快的发展趋势。

作者简介： 王小广，男，1963 年生，经济学博士，战略与规划研究室原主任、研究员。主要研究方向：宏观经济与经济发展战略。

一、"十一五" 末期中国经济处于战略转折点上

（一）改革开放 30 年取得的巨大成就和原因[①]

自 1978 年改革开放 30 年来，中国经济步入快速发展轨道，由低收入国家转为今天的中等收入国家，创造了世界经济史的奇迹。主要表现在以下方面：

第一，长达 30 年的高速增长使中国的国际地位显著提高，逐步成为世界经济的新发动机。我国的国内生产总值由 1978 年的 3 645.2 亿元人民币增加到 2008 年的 30 万亿元人民币，按不变价计算，增加了 16.4 倍，年均增长 9.8%，比同期世界平均 GDP 增长率高近 2 倍（1978~2007 年世界经济平均增长率为 3.4%），比中等收入国家 GDP 增长率高 50% 左右。我国 GDP 规模占世界的比重由 1.8% 上升至 6%，占全球贸易的比重 2007 年达到了 8.8%。最近几年中国经济增长对全球经济增长贡献率高达 10% 以上（2006 年达到 12.3%）。见图 1。

第二，人均收入大幅提高，与发达国家的差距显著缩小。人均 GDP 从改革开放初仅 190 美元上升到目前超过 3 000 美元。改革开放初美国人均 GDP 是我国的 60 倍左右，而 2008 年缩小到 14 倍（见表 1）。

---

① 这部分主要内容发表在清华大学中国与世界经济研究中心编《中国与世界观察》，2008 年第 3/4 期，题目为《促进新 30 年巨变须调整发展战略》。

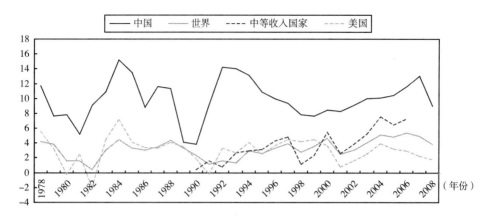

图 1　中国 GDP 增长与世界的比较

表1		中、美人均 GDP 差距变化趋势		单位：现价美元，倍数
年　份	中　国	美　国	美国/中国	
1985	292.1	17 701.2	60.6	
1986	279.0	18 549.3	66.5	
1987	298.9	19 524.0	65.3	
1988	366.9	20 834.4	56.8	
1989	403.4	22 178.2	55.0	
1990	343.7	23 207.9	67.5	
1991	355.6	23 662.7	66.5	
1992	419.1	24 681.9	58.9	
1993	520.4	25 591.0	49.2	
1994	469.2	26 857.4	57.2	
1995	604.2	27 762.9	45.9	
1996	703.1	28 996.2	41.2	
1997	774.5	30 438.6	39.3	
1998	820.9	31 689.4	38.6	
1999	864.7	33 197.0	38.4	
2000	949.2	34 773.8	36.6	
2001	1 041.6	35 505.4	34.1	
2002	1 135.4	36 340.3	32.0	
2003	1 273.6	37 685.0	29.6	
2004	1 490.4	39 811.6	26.7	
2005	1 715.5	41 929.1	24.4	
2006	2 027.8	44 063.3	21.7	
2007	2 490.0	45 725.3	18.4	
2008	3 267.1	46 900.0	14.4	

资料来源：中国人均 GDP 根据国家统计局编，《中国统计年鉴（2008 年）》数据计算，美国数据来自中国经济景气月报杂志社编《数字中国三十年》，2008 年 12 月，第 236 页，其中 2008 年数字是根据最近公布的一些数据估算。

第三，中国的产业结构明显升级，劳动密集型产品形成了很强的国际竞争力，资本密集型产业得到了较快的发展，许多工业品产量居世界前列。我国工业总量由1978年的1 607亿元增加到2007年的10.74万亿元，年均增长11.6%。

第四，城市化率明显提高，释放出巨大的消费需求和投资需求。1978年我国农村人口比重高达82.1%，2007年又下降到55.1%，相应的城镇人口比重由17.9%上升到44.9%，29年间城镇人口增加了4.2亿人，其中由农村转移到城市的人口估计为3.5亿人，这样大规模的人口结构转移史无前例。

第五，国民生活质量显著提高。人们的生活水平不仅实现了温饱，而且正在向全面小康迈进。联合国开发计划署《人文发展报告》（2007/2008）显示，我国的人文发展指数2005年达到0.777，高于全球平均水平，居全球第81位，其中人们的预期寿命由1978年的68.2岁上升到2005年的72.5岁，比全球平均值高3.4岁，2005年成人识字率达到90.9%，比全球平均值高12.3个百分点，2005年大学生粗入学率为20.3%，比低收入国家高11.6个百分点，接近全球平均水平。城镇人均住房面积目前接近30平方米，达到中等以上发达国家水平。

形成这一发展奇迹的有这样的一些主要原因：改革开放推动的体制创新、发展战略模式的合理调整释放了巨大的生产力，同时抓住了国际经济发展的历史机遇。

第一个原因就是：改革开放政策打破了计划经济体制，逐步走市场化的道路，使中国人的发展潜力得到了较充分的发挥。打破计划体制一靠改革，二靠开放，两者相辅相成，创造了一种巨大的发展效应，即人人及各行各业都千方百计谋求增长、发展，既一切"向前看"，又一切"向钱看"，甚至可以说，正是这两者的结合才使中国经济获得了无限的动力。过去的体制抑制了人们的发展激情，主要是限制了人们的自由选择空间。旧体制对微观经济、特别是对所有人的经济行为实行过度的干预，人们的合理经济行为被束缚了，企业被束缚了，人的创造力被束缚了，企业和个人均缺乏自由，没有自由、不能自由地支配生产、生活及收益权（后来人们讲产权），社会经济便缺乏发展的激情，从而导致经济活力不足、效率低下。改革从"放权让利"开始，从农户的自主经营到城市承包制，企业和个人均获得了较明显的自主决策权、经营权、收益权。阿马蒂亚·森认为：发展可以看做是扩展人们享有的真实自由的一个过程。中国改革开放以来的持续发展印证了这一点，不断扩大农民、城市劳动者及企业的自由选择权，增长或发展就成为一种必然。开放不仅使我们发挥自己的比较优势，通过贸易增长来促进生产、积累财富，更重要的是使我们开阔了眼界、向西方学习先进的市场意识、管理和技术。因此，改革开放就是创造经济自由，释放发展激情的过程。

第二个导致中国经济成功的原因是根本地改变了过去超前式的发展战略（即重工业优先战略），使经济发展战略与发展水平及人们生活改善的内在要求相一致，从而提高了社会资源的宏观配置效率。过去的重工业优先战略的特点是"逆比较优势"，即超越经济能力及技术发展阶段，因此，花很大的力得到的效率却很低，重工业发展需要更多的自然资源，更多的资本及更高水平的人力资源，但我们由于没有使农业、轻工业得到较充分的发挥，因此，使得我们的资本积累远远无法满足重化工业的发展要求，打个比方说，这是让小学生念大学，世界经济史及个人成长的经验均表明，超前式发展不可能成功，只能浪费资源、劳民伤财，日、韩的赶超式发展实际是加快发展，而不是超前发展或跨越式发展，"超前"与"赶超"是完全不同的。体制问题是导致低效率的重要原因，同时，战略错误在宏观上扭曲了资源配置，使效率进一步低下，并导致严重的经济结构失衡，所以，中国1978年的变革，是两方面的重大改变，一方面改变体制，一方面改变战略。这种战略调整就是发挥比较优势，促进农业发展、给轻工业补课。这种战略转变之所以获得明显的成功，就是因为从产业、产品发展上是与人们的需求相一致的，当时人们最大的需求问题是就是解决温饱问题，以"吃、穿、用"这些基本需求为生产目标，由此人们得到了最大的实惠。

仅有以上这两个原因还不够，还有其他一些相关的原因配合，才能使中国走上长期加快发展的道路：中国的发展很幸运，第一个幸运之处是中国与许多发展中国家不同，中国有庞大的海外集团，即华侨力量，这是中国开放促发展的最有利条件，在中国开放经济、走外向型发展之路的初期，华人资本发挥了十分重要的作用。港澳台地区资本及其他华侨资本是20世纪80年代利用外资外脑的主力。第二个幸运之处是中国在改革开放初期，发展战略调整正好与当时的国际产业资本转移相衔接，当时的"亚洲四小龙"资本密集型产业大发展，劳动密集型产业的优势逐步丧失，正好需要向外转移，即我们抓住了"产业雁形发展"的历史机遇，当然90年代中后期，我们又抓住了全球化的机遇，这些都是加快发展十分关键的因素。当然，中国的市场规模大也是一大优势，在中国，随便一个产品其市场规模都是具有国际性的，所以，这使我们的产业和企业可以实现规模化生产，再加上我们的劳动力成本低的优势，从而明显地节能成本、提高了盈利水平。

（二）"十一五"末期中国经济处于战略转折点上

1. 处于30年发展巨变点上

自1919年"五四运动"算起，中国人探索和推进现代化已经经历了90年，现在基本找到了一个适合我们自己特色的发展道路。90年来我国经历过三次巨变，每次时间都在30年左右，即30年必大变，如1919～1949年的30年，中国人经过革命，建立新国家；1949～1978年，近三十年的现代化道路的探索，存在着十分严重的体制和战略问题，最终导致了1978年改革开放的巨变；此后的30年中国经济步入稳定的加速发展期，中国经济整体实力显著增强、人们的生活水平得到很大的改善。现在又到了新的发展路口，国际金融大危机的影响及我国经济发展方式存在的严重问题，要求再有一次巨变，也就是现代化的最后一步（冲刺阶段）。新30年在战略任务上将明显与过去的30年不同，但都要求体制创新和战略的大调整。过去30年我们的发展任务是：搞活、转型和加快增长，未来30年靠这些是不够的，仅仅有快速发展不够，必然要加上在重要的产业上建立国际竞争力，主要是资本密集型产业上要形成国际竞争优势，劳动密集型产业的国际优势不足以使我们跨过中等国家水平（见表2）。

2. 可能面临"中等国家陷阱"

30年的持续高速增长使我国实现了由低收入国家向中等收入国家的转变，2008年我国人均GDP为3 267. 1美元（现价），根据世界银行的资料，2006年中等收入国家的人均

GDP 为 3 051 美元（见表3），即我国在 2009 年或 2010 年将达到中等收入国家水平，这是一个历史性的转折，同时也是一个新的大转折的开始。改革开放以来中国经济发展无疑是一种巨大的成功，但我们不能以为未来会自动成功，现在离最终成功还有相当大的距离。特别是可能遭遇"中等国家陷阱"。

表2 中国现代化的长期巨变周期

巨变期	时 间	变化的原因	标志事件
现代化启蒙时期	1919～1949 年	"五四"新文化运动、反帝反封建反资本主义，现代化的思想启蒙及领导权之争	中国独立建国（1949 年 10 月 1 日成立中华人民共和国）
现代化艰难探索时期	1950～1978 年	四个五年计划实施，"大跃进"、"文化大革命"等曲折经历反而推动了中国改革	1978 年十一届三中全会开创了改革开放的新局面
现代化加速发展时期	1979～2008 年	改革开放政策、中国融入全球化	全球金融危机爆发及中国经济进入调整期
现代化的成熟阶段（冲刺阶段）	2009 年前后至2038 年前后	内需潜力的释放、产业结构升级、经济国际化	中国实现了现代化

表3 中等收入国家人均 GDP 的变化 单位：现价美元

年份	中等收入国家人均 GDP	高收入国家人均 GDP	世界平均 GDP
1980	1 140	10 220	2 550
1990	1 310	19 490	4 050
1991	1 360	20 110	4 150
1992	1 420	21 700	4 400
1993	1 450	22 320	4 490
1994	1 500	23 410	4 660
1995	1 600	24 910	4 930
1996	1 760	25 990	5 150
1997	1 890	25 890	5 180
1998	1 990	26 240	5 020
1999	1 980	26 440	5 020
2000	1 870	26 900	5 200
2001	1 830	26 490	5 130
2002	1 840	26 310	5 080
2003	1 880	28 150	5 520
2004	2 190	32 040	6 280
2005	2 636	34 962	7 016
2006	3 051	36 487	7 439
2007			8 261（估）

资料来源：国家统计局历年的《国际统计年鉴》。

现代化道路并不容易，上百年来，许多国家都试图采取各种方式，努力实现现代化目标，但结果是仅极个别的国家实现了现代化。就大国而言，百年仅有两个国家实现了现代化，即日本和韩国。绝大多数国家要么仍在进行艰苦的初期探索，而一些相对幸运的国家，通过几十年的努力达到了中等收入水平，从中等收入国家向发达国家（高收入国家）的转变仍然充满不确定性，成功者很少，许多国家步入中等国家的发展陷阱，即经济发展面临长期停滞，甚至陷入政治上的长期危机之中。早的如南美洲的阿根廷、巴西、智利，晚近的如亚洲金融危机受重创的泰国、马来西亚，从区域上讲集中在拉美地区和东南亚地区。所谓中等国家陷阱就是很多国家长期在中等收入国家水平徘徊，长达10年甚至20年以上。汤敏概括中等收入国家陷阱主要包括五个方面：收入分配差距过大、城市化以大规模的贫民窟为代价、金融体系脆弱（资本账户开放过程中极易遭遇金融危机冲击）、产业升级缓慢、社会服务滞后[①]。我国的高增长也伴随着这些问题的发生，而且经过最近一轮的经济高增长这些问题变得更加严重，如果不及时扭转这些陷阱因素的约束，"十二五"之后我国很可能落入中等收入国家陷阱（见表4）。

表4　　　　　　　　一些国家达到中等收入水平后的不同趋向　　　　　　　单位：美元

年份	日本	韩国	泰国	马来西亚	墨西哥	阿根廷	智利	巴西	中国
1960	457	80	—	—	—	—	—	—	—
1970	1 940	270	210	390	710	910	840	450	—
1980	10 440	2 330	720	1 800	2 640	2 890	2 160	2 190	—
1985	10 950	2 260	810	1 910	2 180	3 050	1 410	1 580	292. 1
1990	26 100	5 770	1 530	2 400	2 580	3 940	2 180	2 790	343. 7
1995	39 720	9 650	2 710	3 890	3 800	8 030	3 880	3 690	604. 2
2000	34 490	9 800	1 990	3 430	5 110	7 470	4 840	3 870	949. 2
2005	38 950	15 880	2 720	4 970	7 300	4 460	6 040	3 890	1 715. 5
2006	38 410	17 690	2 990	5 490	7 870	5 150	6 980	4 730	2 027. 8
2007	—	—	—	—	—	—	—	—	2 490. 0
2008	—	—	—	—	—	—	—	—	3 267. 1

注：中国的数据为人均GDP，根据2008年中国统计年鉴数据计算，2008年数据为估算。其他国家1995年前为人均GNP，2000年为人均国民收入（GNI），数据均来自国家统计局编《国际统计年鉴》，日本、韩国1960年数据来自宋丙洛《韩国经济的崛起》，商务印书馆1994年版。

3. 外部经济金融环境转变的挑战

"十一五"末及"十二五"期间，我国面临外部经济金融环境将明显趋紧，由此对近几年过度依赖于出口增长的模式形成巨大的挑战。一是全球化进程趋于放慢，我国分享的全球化好处将减少。此次严重的金融危机的爆发及影响的深入将使世界金融体系和经济体系活力减弱，处理危机及危机过后美国政府及其他发达国家对经济的干预可能趋于强化，

---

① 汤敏：《如何跳出中等国家陷阱》，载于《中国与世界观察》2007年第2期。

这会对金融创新和产业创新形成一定的抑制作用，由此导致全球化进程的放慢。二是美国居民基于资本膨胀而不是基于收入增长的消费模式（表现为过度消费）在经济大危机冲击后将会向理性回归，因此，未来美国居民的消费将呈中长期的放慢趋势，这将使全球经济增长及贸易增长放慢，从而减弱对我国的贸易需求。三是经济、贸易增长呈中期性放慢，这会导致国际竞争加剧、许多国家社会经济矛盾显性化，最后会使国际贸易保护主义明显抬头，这对我国的引进外资、扩大出口及"走出去"战略的实施都是严峻的考验。

二、新的发展时期中国经济面临的机遇与挑战

2008 年对中国人来讲是一个极为特别的年份。一是北京奥运会的成功举办为改革开放 30 年的经济成功画了一个完美的分号，极大地鼓舞了中国人的信心；二是中国人均 GDP 突破 3 000 美元，基本达到了中等收入国家的水平，表明我国的综合国力及人们生活水平显著提高；由美国次债危机引发的全球金融危机对中国的高增长形成很强的外部压力。中国经济在国内三种周期因素（30 年的长周期、10 年的中周期和 3 ~ 5 年的短周期）的叠加作用下以及全球金融危机的冲击下，正在步入中期性的调整阶段。尽管中国经济增长在未来两三年内将会有所放慢，但难以改变中长期快速增长的态势，就目前我国经济所处的阶段而言，经济调整是重大挑战，将考验我们对全球金融风险的化解能力及对新的国际经济形势的适应能力，更是重大的战略机遇。

（一）中国经济发展的新机遇

1. 就国际经济环境变化来看，中国存在"弯道超越"的机遇

最近管理学上有一种新理论，叫"弯道赶超"理论，如在体育场上的弯道处所有竞技者都有相同的调整机会，一些暂时领先者有可能因为习惯了直道跑而不习惯弯道跑，或者说弯道跑技术不过关，就有被人超越的可能。如有的运动员突然改变战术，从外道加速，最后实现了赶超的目标。此次全球发生严重的金融危机，即意味着全球经济增长正进入发展的"弯道"，一些国家在穿越弯道后将明显落后，而另一些国家继续保持原来的位次，但可能有少数国家利用发展的"弯道"所创造的超越机会，采取一些新战略或战术，在走过弯道后经济实力大幅提升，达到世界领先或位次明显提前。美国正是利用了"一战"时期和"二战"时期的"大弯道"，而实现了超越的成功，并维持了世界霸主地位至今；20 世纪 70 年代的石油危机时日本也实现了"弯道"超越的成功。美国弯道超越的要诀是建立军事技术的领先优势及耐用消费品生产的国际竞争力，而日本的弯道超越技术表现在工业品生产的工艺流程的精细化管理及形成的节能型的工业生产体系，其汽车、电子产品等工业品的精细化及节能优势使其国际市场的影响力异常强大。此次全球金融危机的爆发，暴露出世界经济发展体系特别是金融体系存在的严重缺陷，需要对其做战略性调整，哪个国家在弯道上调整得及时、有效、更具战略眼光，那么，它就可能实现"弯曲超越"，可以说这正是中国经济发展的一次十分难得的机遇。而有人指出，就国内经济发展而言，也处于重要的"弯道"之上，即未来几年我国经济正处在"调结构"的"弯

道”上，正处于从传统发展向科学发展转轨的“弯道”之上；并建议，国内资金应从房地产这种与竞争力提高关系不大的行业撤出一部分，转向一些战略性重化工业和高科技产业，便能大大加快我国工业现代化的脚步（因为重工业水平不仅是一个国家是否工业化的重要标志，也是日益飞速发展的高科技所依赖的重要支柱），另外，趁着世界经济萧条西方资金需要寻找新的出路，我们引资时应重点引进重工项目。或者讲，我国正处于双重“弯道”上，国内的“弯道超越”更加重要，超越了国内的“弯道”，便能超越全球金融危机的“弯道”。

2. 就经济发展所处的阶段来看，中国经济存在新的历史大突破的机遇

发达的水平是由中等发达水平升级转换而来，经过 30 年的快速增长，中国成功地实现了低收入国家向中等收入国家转换。尽管由中等收入国家向发达国家转换仍充满很大的不确定性和艰难，但其成功的可能性也在明显增大。日本在 20 世纪 70 年代实现了这一大转变，韩国在 80 年代后期至 90 年代初期完成了这一大转变，现在这样的机遇已经轮到了中国。就中国而言，这种大转变或大突破主要表现在四个方面：（1）市场竞争结构及宏观体制趋于完善，资源的宏观和微观配置效率均明显提高；（2）产业明显升级，在重要的制造业和服务业（重化工业、部分高技术产业、金融、商贸服务业等）上具有较强的国际竞争力；（3）规模经济优势充分显现，即国内市场规模不断扩大（以高档耐用品消费的大众化为主要推动力）、产业增长具有显著的规模经济特征（基于规模化的产业专业化水平提高、自主创新能力增强及聚合经济效应①）；（4）实现三个层面的市场一体化，即国际一体化、区域一体化和国内一体化，就中国来讲，由于国土和人口规模巨大，国内市场一体化将会十分的不易。这些体制和结构上的突破将推动中国经济由中等收入水平向发达水平转换，对我国来讲，这既是一种长期梦想，也是一个可能转变为现实的历史机遇。

3. 就国内发展环境来看，中国的加快转型和发展面临着世界上最大的国内市场释放的机遇

进入中等收入水平以后，中国的最大优势在于巨大的国内消费市场，13 亿国民的潜在需求是我国最重要的战略资源，其能不能及时有效地释放是避免中国落入中等国家陷阱的关键。这是小国达到中等收入水平后所不具备的条件，就小国而言，它必须借助不太稳定的国际市场来实现这一转换。所以，我们说，未来中国经济最重要的突破是市场规模的突破，即国内消费需求能够实现持续的高增长和结构升级，它与产业升级的结合，将使中国经济显现无与伦比的规模经济效益，更关键的是消费需求的不断扩张及升级将会推动产业结构升级，使技术进步的应用广泛而深入，因此，这实际上也会推动经济发展方式的根本转变。

4. 中国作为世界经济的“平衡器”有利于中国更充分更有效利用全球资源

党的“十七大”报告指出：“中国将始终不渝走和平发展道路。这是中国政府和人民根据时代发展潮流和自身根本利益做出的战略抉择。”中国政府确立的全球和平发展战略及当今中国作为世界经济“平衡器”的作用，将使中国未来在国际化发展中获得极广阔

---

① 印德尔米特·吉尔、霍米·卡拉斯：《东亚复兴——关于经济增长的观点》，中信出版社 2008 年版，第 9 页。

的生存空间，从而充分有效地利用全球资源。

（二）中国经济发展面临的巨大挑战

我们认为，在最近全球金融危机的环境下被许多人捧为宝典的"中国模式"不仅与已经获得成功的"东亚模式"存在较大差异，而且更重要的是这一发展模式具有较强的不可持续性，难以保证中国经济实现由中等收入水平向发达水平的转换。因此，在新发展阶段，中国经济的持续发展面临的最主要的挑战是发展模式面临的挑战，即现有的发展模式所存在的重大缺陷将严重阻碍中国经济实现"关键一跳"。换句话说，如果改革开放后形成的中国发展模式不做重大的调整，中国经济发展很可能落入中等国家陷阱。

1. 对东亚模式研究的评论

关于东亚模式的研究极多，所有的学派无一例外都是重点解释高增长与政府的关系、市场与政府的协同作用等。就东亚地区而言（主要包括日本和"亚洲四小龙"，有时也包括东南亚），政府的战略取向或政策偏好对经济增长起着至关重要的作用，对其作用的机理（政府对市场干预的程度及影响方式）差异的认识不同构成了不同学派的不同解释。大致有三种理论解释。

第一种是自由市场理论，认为日本和亚洲四小龙的工业化过程中，在大多数情况下，政府干预是不存在的，政府所做的不过是为企业主行使其职能提供一个适宜的环境而已[①]，这与实际观察的情况有较大的差异。

第二种理论，也是被较多的学者接受的新古典学派，该派理论认为，东亚国家政府的作用包括两个方面：一是提供公共产品；二是采取弥补性的政府干预。克服市场的缺陷，具体包括六大方面：（1）维持宏观经济的稳定；（2）提供物质的基础设施，特别是那些涉及可变成本的高固定成本的设施，诸如海港、铁路、灌溉用运河和排水道；（3）供应"公共货物"，包括防务和国家安全、教育、基础研究、法律体制以及环境保护；（4）提供发展机构，以改善劳动市场、财政、技术等；（5）抵消或消除万一发生可表明的市场不足时出现的价格扭曲；（6）采取充分的措施把收入进行再分配，使最贫困者得以满足基本生活需要[②]。新古典学派的一个重要变种就是模拟市场理论，即政府的积极干预态度一直旨在应用一种十分接近自由市场中的产品与要素的相对价格的中度刺激……好像政府正在"模拟"一个自由市场。

而韦德将约翰逊的"发展国家理论"[③] 与早先的发展经济学对发展问题的本质的理解（即相信资本形成或积累是发展的引擎）结合，提出第三种理论，即有管理的市场理论[④]，该理论认为东亚经济成就的优势大部分是由三个方面结合的：一是很高水平的生产性投资，迅速地把较新的技术转到实际生产中去；二是把大量的资金投入到某些关键工业；三

---

①② 罗伯特·韦德：《驾驭市场》，企业管理出版社1994年版，第17、15页。

③ 同上，约翰逊等认为：中央集权的国家与私人企业的相互作用，使国家居于卓越的地位去实现发展目标。

④ 这一理论在中国的政府和学界中广泛接受，如有管理的浮动汇率制度等，反映了这一理论的应用。

是让许多工业暴露在国际竞争面前，暴露在外国市场上而不是国内市场上①。有管理的市场突出贡献是提出了政府引导市场和追随市场的概念，并把两者分为"大"和"小"两种，即"大领导"和"小领导"、"大追随"和"小追随"。所谓"追随"就是让企业或政府机构探索、试验，然后选择推广，这很像邓小平的"摸着石头过河"、"白猫黑猫理论"，只不过邓小平的理论更多是针对政府而言的②。"小追随"就是政府帮助企业做了它应该做的事，企业在不愿在没有援助的情况下（这种援助包括：有时是政府担保，有时是政策优惠，有时是直接给予资金支持）完成项目时，政府援助就是"大追随"。而当政府采取大规模的主动行动，使得一家企业或一个行业的投资和生产格局产生真正的差别时，便是"大领导"。有管理的市场理论的几个主要观点是：

（1）政府的工业政策超越了"小追随"的范围，不是"大领导"就是"大追随"，或者两者都是。

（2）把资本积累而不是把有效资源配置突出为促进增长的主要综合力量，把东亚优异成就解释为投资水平和投资构成的结果。

（3）政府政策有意识地将某几种价格定得"不公平"（如对金融的适度压抑，主要是把利率、汇率水平定得低于市场水平），让分散化的市场代理人对这种信号的变化做出反应，同时还利用非价格手段来改变市场代理人的行为。

（4）各阶级合作主义，体现了政府的"温和独裁"③。

世界银行是对东亚奇迹或模式给予特别多的关注的国际机构，自90年代初期以来每隔四年就对东亚经济发展进行一项主题研究，目前已发表了四个研究报告，最早的是1993年出版的《东亚奇迹》，最近出版的是《东亚复兴——关于经济增长的观点》，世界银行的观点介于有管理的市场理论与模拟市场理论之间，像新古典学派一样它将政府的作用分为基本经济原则和选择性干预，世界银行解释东亚奇迹的最有说服力的是以下几点：

（1）用一种较好的分析方法来认识东亚成功的原因，即"理解增长的功能分析法"，东亚（包括东南亚地区）保持了它宏观经济稳定并具有高增长所需的三大功能：积累、有效的分配和迅速的技术进步④。

（2）东亚成功最值得称道的是"把迅速而持续的增长与高度公平的分配结合起来方面"，即奇迹的实质则保持分配均等的迅速增长，⑤主要是采取了经济增长的分享原则，如韩国、中国台湾实行的广泛的土地改革、马来西亚的福利分享计划、中国香港和新加坡实施的大规模的公共住房计划及许多国家采取的帮助发展工人合作社、鼓励发展中小型企业等。

（3）综合运用基本的和干预性的政策以迅速积累人力资源和有形资本，既强调资本积累（高储蓄和高投资）的作用，又重视教育，这与罗默的内生增长理论一致。

---

① 罗伯特·韦德：《驾驭市场》，企业管理出版社1994年版，第22页。

② 对小岗村的承包到户探索的认同、推广就是"大追随"，与有管理的市场理论提出的针对企业投资行为的"大追随"有一定的差距，中国的"大追随"更多地是中央政府对地方政府的肯定。

③ 罗伯特·韦德：《驾驭市场》，企业管理出版社1994年版，第25页。

④⑤ 世界银行：《东亚奇迹——经济增长与公共政策》，中国财政经济出版社1995年版，第7、5页。

（4）在强调资本积累的同时，又强调了资源配置效率，即选择性干预要有利于市场发挥作用（顺应市场），特别是考虑了政府干预的代价问题（基本原则与干预政策的结合，达到顺应市场的效果，关键是有市场压力存在），干预中的压抑政策如金融抑制是温和的，我的理解是非均均衡状态要有所控制，不能偏离太远，即适度的非均衡。

最近的世界银行报告《东亚复兴》对东亚增长给予新的关注：一是把东亚的研究区域进一步拓展到中国、越南等更广泛的国家，并把中国作为影响的中心，在区域一体化中居支配地位；二是重视区域发展的相互依存性；三是强调避免中等国家陷阱的关键是改变以要素积累为基础的发展模式，转为以规模经济为基础的增长模式，强调专业化和创新及聚合效应的作用；四是对提高城市宜居度、控制腐败、控制不平等给予了明显的关注。

世界银行对东亚模式的系列研究成果，也存在一些明显的不足：一是重视中国与东亚的相互关系是一种好的角度，但中国模式明显不同于其他的东亚地区，而且东亚地区中日本、"亚洲四小龙"与东南亚之间存在很大的差别，无法归于一种模式。对这种差异的识别是十分关键的，这关系到这样一个重要的问题：就发展中国家的现代化而言，什么是最后成功的模式，什么可能是中间成功的模式，就一个国家或地区来讲，有时这两者是一致的，而有时却是很不一致的，如要克服中等收入国家陷阱，需要一个模式转换的艰难选择和发展过程。模式的生命力在于对国际性大危机或自身经济结构上面临的巨大挑战的适应力和创新性。二是世界银行的研究存在过度强调资本积累的倾向，也许正是中国投资和经济的持续高增长的经验为此提供了依据，更值得反思的是他们对经济高增长的总结果与收入分配差距扩大、竞争力不足、其他资源代价过大问题的关系（可归纳为结构矛盾）研究不够，且明显看轻了其可能对未来发展的负面影响，1993年的报告非常正确地强调奇迹的本质是保持分配均等的迅速增长，但之后明显忽视这一点，我们认为发展模式的差异在实现这一目标上可能是关键的，相对平等的高增长可能正是通向成功的最后模式，否则将不会导致最后的成功。当然1993年的报告所讲的分享增长的机制明显有一个重要的忽略，即就业最大化促进经济增长和分享中的至关重要的作用。三是重视微观资源配置效率，而对宏观资源配置效率缺乏研究。

2. 发展模式的识别及什么样的模式是最好的

如果仅从东亚各国高增长的表面原因来看，广泛的东亚地区存在一些共同的特征，即存在一种泛东亚模式。其基本特征是：高储蓄率与高投资率；教育及人力资源的积累；出口导向型；政府强干预（产业政策）。对后两类的不同构成了东亚模式的一些重要差异，我们认为，这种差异在避免中等国家陷阱上可能是至关重要的，当然，前两组变量也存在一定的差异，如投资率，在中国和新加坡都比东亚平均高一个等级，这无疑与政府干预的强度有关，也与一些产业政策有关。

识别一种发展模式主要看结果。就东亚地区来讲，应从以下结果来识别：（1）增长率的高低及持续性；（2）就业增长及就业结构变化的快慢；（3）城市化快慢及问题；（4）收入差距的变化（扩大或缩小或稳定）；（5）地区差距与城乡差距的变化（扩大、缩小或稳定）；（6）重要产业或产品的国际竞争力强弱。这六项结果指标有些很直观，容易识别，有些则难以衡量或不够直观。

根据以上六项结果指标差异及增长的原因差异，我们可将大东亚地区的发展模式分为三种，一种是日韩发展模式（主要包括日本、韩国、中国台湾、新加坡）；第二种是东南亚发展模式（主要包括泰国、马来西亚、印度尼西亚、菲律宾）；第三种是中国发展模式。

就大东亚地区来讲，日本、韩国、中国台湾、新加坡等是唯一已经实现现代化的国家或地区，因此，是目前看最为成功的发展模式。对三种模式的不同我们将在下述结果差异中加以识别。

在长期的现代化过程中（特别是工业化加速期），属于日韩模式的国家或地区居民收入差距较小，基本处于平等程度最高水平（日本、中国台湾）或中上水平（韩国），这一点与同期快速发展的国家如巴西、墨西哥，还与后来加快发展的东南亚国家都形成鲜明的对照（见表5），它们均存在居民收入差距过大的问题。流行的观点认为，工业化加速过程必然导致收入差距扩大，到工业完成后趋于收敛，但在日韩发展模式中基本没有这样的情况，韩国似乎有些不同，但其收入差距最大的时期基尼系数仍在中等水平以下，且持续时间不长，而且这与某些特殊因素有关（正如宋丙洛指出的，这与韩国过度依赖于大财团的发展有关）。中国的居民收入差距2000年以后在显著扩大，其中主要是由于区域差异和城乡差异的扩大所致。

表5　　　　　　　　日本、韩国、中国台湾在收入差距上与其他国家的对比

国家及地区	年份	最高收入阶层（20%）与最低收入阶层（20%）的收入差距	基尼系数
中国台湾	1970	4.58	0.29
	1976	4.18	0.28
	1980	4.17	0.28
	1985	4.50	0.29
	1987	4.69	0.30
韩　国	1976	7.95	0.36
	1980	7.95	0.39
	1988	—	0.34
	1993	—	0.32
	1998	—	0.32
日　本	1979	4.31	0.27
	1993	—	0.25
马来西亚	1989		0.48
	1995	—	0.49
	1997	—	0.49

国家及地区	年份	最高收入阶层（20%）与最低收入阶层（20%）的收入差距	基尼系数
泰　国	1988	—	0.42
	1992	—	0.46
	1998	—	0.41
	2000	—	0.43
	2002	—	0.42
菲律宾	1988	—	0.41
	1994	—	0.43
	1997	—	0.46
	2000	—	0.46
	2003	—	0.45
美　国	1980	5.00	0.33
墨西哥	1977	19.90	0.49
巴　西	1972	33.30	0.57
	1976		0.59

资料来源：根据隅谷三喜男等《台湾经济发展的成就与问题》及有关年份国家统计局编《国际统计年鉴》的资料整理而成。

在日韩模式中，经济的持续高增长带来了就业的持续高增长，同时伴随着就业结构的快速变化，而中国与其存在非常显著的差异，即高增长低就业，东南亚国家则介于两者之间。日本、韩国、中国台湾在工业化加速期，经济增长率年均高达8%以上，非农就业增长弹性却一直保持在0.5以上，如韩国1978年达到中等收入国家水平，之前的非农就业弹性很高，即就业的增长与GDP增长基本相当，而之后在十多年中仍保持近0.6的非农就业增长弹性；我国的台湾表现得更好，工业化完成前非农就业弹性一直在0.6以上，日本略低，但也在0.5以上。这一点与我国存在明显的差异。我国在人均GDP达到中等收入国家水平前的两轮高增长周期中，就业弹性明显下降，仅为0.3～0.4，1991～1994年为0.4，2002～2007年为0.3。就业增长不足是导致许多问题的根源。所谓日韩发展模式的分享增长机制主要就是就业的持续快速增长，它既保证了经济结构（产业结构和城市化）的快速变化，又使收入分配差距明显较小（见表6）。东南亚国家在就业增长上与日韩有相似之处，在近20年经济保持10%左右增长的同时，非农就业的年均增长率达到5%～6%，估计这与其旅游业较发达，且占经济的比重较高有关。

在日韩模式中，城市化进程与经济增长相当一致，未出现城市化严重滞后或其他城市化问题（如大规模贫民窟的出现），而中国与东南亚却不然，要么存在严重的城市化滞后问题，要么存在城市化过度及相关的问题。中国存在长期性城市化滞后问题，20世纪90年代以来大量的农民工向城市流动，造成大规模的非城非乡的中间型人口（估计在1.5亿～2亿人），这加大了整体社会交易成本，对未来经济的发展将形成较大的障碍。而东南亚国家在城市化上出现了两极化现象，泰国存在城市化水平严重偏低问题，而马来西亚、菲律宾却存在城市化过度或大量的贫民窟现象。马来西亚和菲律宾居民收入差距明显偏大与此有相当大的关系（见表7）。值得一提的是韩国的城乡差距极小，20世纪60~80年代韩国的城乡居民收入基本相当，只有60年代末有一个短暂的扩大，到80年代末农村居民收入还高于城市，这也是韩国居民收入差距比较小的重要原因（估计日本、中国台湾也存在相同的优点），也说明城乡差距过大或不断扩大不是必然的，肯定是政策或体制不当引起的（见表8）。

表6		日本、韩国及我国台湾工业化加速期非农就业弹性		
	时　　间	非农就业增长	GDP增长	就业弹性
韩　国	1976~1980	7.13	7.71	0.92
	1981~1985	4.48	7.59	0.59
	1986~1989	5.83	10.18	0.57
中国台湾	1966~1977	6.50	9.70	0.67
	1977~1986	5.00	8.04	0.62
日　本	1952~1970	4.45	8.74	0.51

资料来源：日本资料来源于《世界经济统计简编（1982）》，生活·读书·新知三联书店1983年版；台湾资料来源于《中国台湾省、香港地区和新加坡、南朝鲜、泰国经济和社会统计资料汇编（1988）》，中国统计出版社1989年版；韩国的数据来自于《世界主要国家和地区社会经济比较统计资料（1990）》，中国统计出版社1991年版。

表7		东亚一些重要国家的城市化差异	
	年份	城市化率	10年提高百分点
日　本	1950	35.8	—
	1960	43.9	8.1
	1970	53.3	9.7
	1980	64.0	10.7
韩　国	1960	28.0	—
	1970	41.2	13.2
	1980	56.2	14.0
	1990	73.8	17.6
	2000	79.6	5.8
泰　国	1980	17.0	—
	1990	18.7	1.7
	2000	31.1	12.4
	2006	32.6	2.6
中　国	1980	19.4	—
	1990	26.4	7.0
	2000	36.2	9.8
	2007	44.9	12.4

资料来源：国家统计局编相关年份《国际统计年鉴》和《世界主要国家和地区社会经济发展比较统计资料（1990）》，中国统计出版社1991年版。

表 8   韩国城乡收入差距

年份	家庭收入（千韩元）		城市/农村
	城　市	农　村	
1965	112.6	112.3	1.00
1970	381.2	255.8	1.49
1975	859.3	872.9	0.98
1980	3205.2	2693.1	1.19
1985	6046.4	5736.2	1.05
1986	6735.0	5995.0	1.12
1987	6740.1	6535.3	1.03
1988	6031.0	6996.3	0.86

资料来源：宋丙洛的《韩国经济的崛起》，商务印书馆1994年版，第182页。

　　在东亚地区模式比较中，重要产业或产品的国际竞争力强弱难以找到合理的数据进行衡量。大致的衡量方法有两个，一是衡量生产率的增长率；二是看企业的竞争力。无疑日韩模式以这种方法衡量都非常突出，而中国模式及东南亚模式要大大逊色。据世界银行的研究，全要素生产率（TEP）的增长率在跨国比较中名列前茅，1960～1989年间，日本、韩国、我国台湾的TFP的长期增长率达到2%～4%的高水平①，另外的关于长时段的研究成果也证实，日韩的长期快速增长是建立在技术进步的基础上（见表9）。相对而言，东南亚的泰国则仅处于中游水平，许多研究表明，中国高增长主要源于劳动和资本的投入，技术进步的贡献明显偏小。

表 9   日本、韩国及其他主要发达国家增长原因的比较   单位：%

	韩 国		日 本	西 德	美 国
	1963～1973	1973～1986	1953～1971	1950～1962	1948～1986
GNP 增长率	9.54	7.82	8.81	6.27	3.2
（1）投入的作用	5.41	4.07	3.95	2.78	1.8
劳动	3.24	2.16	1.85	1.37	0.9
资本	2.17	1.91	2.10	1.41	0.9
（2）全要素生产率	4.13	3.75	4.86	3.49	1.4
知识的增加	1.36	1.67	1.97	0.87	1.0
经过改进的资源分配	0.98	0.62	0.95	1.01	—
规模经济	1.78	1.46	1.94	1.61	0.4

资料来源：宋丙洛的《韩国经济的崛起》，商务印书馆1994年版，第77页。

---

　　①　世界银行：《东亚奇迹——经济增长与公共政策》，中国财政经济出版社1995年版，第47页。

从企业竞争力或产品竞争优势看一国的竞争力明显较为直观。2006 年，日本、韩国分别有 67 家和 14 家企业进入世界 500 强，其中多数是制造业，而我们仅有 23 家进入世界 500 强，且多是垄断型企业，制造业仅有宝钢、一汽集团进入世界 500 强，一汽集团在很大程度上得力于合资，自主品牌及自主创新能力都不强。相比较而言，我国台湾的企业国际竞争力较强，特别是在计算机制造领域具有较强的优势，2006 年有 6 家企业进入世界 500 强。不过，泰国等东南亚国家更弱，2006 年泰国仅为一家国家石油公司进入全球 500 强。

日韩发展模式的特点是产业特别是制造业的国际竞争力很强，与经济地位相称，甚至优于在经济总量的地位，而中国与东南亚国家经济规模的快速扩张并没有伴随产业或企业竞争力的显著提高。最近几年日本经济总量占全球的比重在 10% 左右，2006 年仅为 9%（比高峰期降低了一半，1994 年为 18.1%），当年日本有 67 家企业进入世界 500 强（2001 年日本有 88 家企业进入世界 500 强），占 13.4%，其营业额占 500 强总计的份额也达到 11.5%；韩国经济总量占全球的比重不足 2%（2006 年为 1.8%），2006 年有 14 家企业进入 500 强，占 2.8%，其营业额占 500 强总计的份额为 2.4%。也就是说，日本、韩国以及我国台湾经济规模的扩大、人均收入的提高与产业竞争力提高是一致的，相比较而言，我国及东南亚国家经济规模的扩大、人均收入的提高均较快，但产业竞争力的提高却明显偏慢，如我国 2006 年经济总量占全球的比重为 5.5%，而当年我国进入 500 强的企业有 23 家，占全球的 4.6%，营业额占 500 强合计的份额为 4.5%，后两者均低于 GDP 占全球的比重，而且最致命的是缺乏竞争力强的制造业作支撑。

经过上面的分析，我们可以对东亚的不同模式做一个总结，在泛东亚地区，从高增长的结果及一些原因（高储蓄率、高投资率、政府在推进经济增长上发挥着很强的作用）看，具有较高的相似性，但我们如果关注相伴的一些重要结果，那么就能发现这其中的差异是巨大的，因此，它们不能归结为一种模式。日韩发展模式，其高增长过程伴随着或直接带来了收入分配的相对公平性，体现了增长的分享性较强，主要体现为城市化与工业化的一致性，也体现为高增长与高就业的结合，更为重要的一点是高增长与产业竞争力的提高高度一致。而东南亚模式，在经济高增长的同时，收入差距一直偏大，在达到中等收入国家水平时也未见任何收敛的迹象，同时，它们的城市化在一些国家存在严重滞后的问题，而在另一些国家则存在城市化过度的问题，在产业竞争力上东南亚国家表现得更弱，中国改革开放形成了较强的劳动密集产业的国际竞争优势，在一些科技领域和重化工业领域也有许多亮点，但东南亚地区在经济和产业发展上更加依赖于外资。中国的发展模式既不同于日韩发展模式，也与东南亚模式存在较大的差距。中国的高增长所带来的中期结果（未实现现代化前都是中期结果）与日韩发展模式完全不同，倒是与东南亚模式有许多相似之处，不过还是与东南亚模式存在不小的差异：一是中国存在巨大的城乡差距和地区差距，这可能与中国人口、地域规模太大，地区间存在很大的自然差异有关；二是中国在中低端制造业上竞争力具有较强的国际竞争力，而东南亚地区这方面优势不显著；三是在经济增长原因上（体制和政策上）存在的差异更大。区分这三种模式特别是将东亚其他发展中地区的高增长与已成功的日韩发展模式相区别，可以帮助我国在未来的发展中避免落入中等国家陷阱。这里的政策含义是：日韩发展模式是目前唯一成功地完成现代化的模式，值得我们学习，更重要的是，日韩发展模式它是过程与结果的高度统一，在达到中等收入国家水平后不用调整发展模式，这一模式可继续保障经济进一步地跃升（尽管在由中等收入国家向发达国家转化中也存在政策的明显调整），在这一点上，与东南亚国家及我国明显不同。现有的中国模式和东南亚模式是中间模式，持续的高增长在许多方面并未达到预期的结果，与高增长伴随的一些深层矛盾（多数是结构性的）在积累，可能成为由中等收入国家向发达国家转换的巨大内在障碍。因此，需要对现有发展模式进行一些重大的转变，即对原有的中间模式的重大缺陷进行修正，使之完善，最后达到成熟，以克服中等国家陷阱。

3. 中国模式的基本特征

作为中间模式，改革开放以来中国所选择的发展模式总体上是成功的，但在全球金融危机的影响下，国民自信心在明显膨胀，一些过度乐观的情绪在滋生，主要是对中国模式成功的夸大，这表现在两个方面：一是对中国模式在发展的中间阶段所产生的严重问题缺乏理性的认识，认为这一模式可以继续走下去，最后必然通向现代化的彼岸；二是相信中国模式优越于市场经济的标准模式，甚至将取代这一标准模式，由此得出的结论是中国不需要继续改革、更不需要调整发展战略。我们以为，陶醉于中国模式将是十分有害的。中国模式存在一些重大甚至是致命的缺陷，需要改变和完善，否则中国难以避免中等国家陷阱。

从过程或原因上讲，在与东亚其他两类模式有共同的基本特征（这些特征是导致东亚普遍性高增长的重要原因）外，中国模式也有明显不同于其他模式的一些特点，其最近的发展主要表现是过度的投资倾向（投资率水平明显地高于一般的高投资率国家的水平）和过度的外生增长倾向（过度依赖外资，过度依赖政府的外在干预）。可简要地表述为"两个过度依赖"：过度依赖于外资扩大出口，过度依赖于房地产扩大内需（主要是借此保持投资的高增长）。

与东亚其他国家相比，我国的投资率不仅明显偏高，而且持续的时间更长。1978～2007年，我国投资率平均值为38.8%（算术平均值），比除新加坡以外的其他重要东亚国家平均值（算术平均值，见表10）高5个百分点。更引人注目的有两点：

一是2002年以来（新一轮高速增长启动）我国投资率维持在40%以上的高水平达6年（刚过去的2008年也算上），这是世界上极为罕见的现象，2003～2007年平均值为42.4%，只有新加坡能与之相比，新加坡投资率过度有特殊的经济原因，即经济高度依赖于港口贸易及设施的服务，而作为世界深水良港，其所需投资远大于其他类型基础设施，这对新加坡过高的投资率无疑是一种合理解释。不过其持续的时间也仅为18年，之后迅速下降。这里还有一个数据问题，如果按地区汇总数据计算，我国最近几年的投资率应接近50%（见表11），而不是现在官方公布的数据42%左右，也就是说，实际的投资率比东亚的平均高11个百分点以上。

二是高投资率持续的时间过长，不算改革开放前，仅改革开放以来中国的高投资率已持续了30年，在东亚其他国家或地区持续时间一般为18～20年，日本最短，仅为12年（见表10）。

表 10   **东亚一些国家高投资率及持续时间比较**   单位: %

日 本		韩 国		泰 国		新加坡		马来西亚	
时期	投资率	时期	投资率	时期	投资率	时期	投资率	时期	投资率
1970	34.1	1978	31.3	1980	29.1	1970	38.7	1979	28.9
1971	32.8	1979	35.4	1981	29.7	1971	36.6	1980	30.4
1972	33.1	1980	32.0	1982	26.5	1972	37.7	1981	35.0
1973	38.1	1981	29.8	1983	30.0	1973	39.5	1982	37.3
1974	37.3	1982	28.9	1984	29.5	1974	45.3	1983	37.8
1975	32.8	1983	29.1	1985	28.2	1975	40.0	1984	33.6
1976	31.8	1984	29.8	1986	25.9	1976	40.8	1985	27.6
1977	30.8	1985	29.6	1987	27.9	1977	36.2	1986	26.0
1978	30.9	1986	28.7	1988	32.6	1978	39.1	1987	23.2
1979	32.5	1987	29.8	1989	35.1	1979	43.4	1988	26.0
1980	32.2	1988	31.1	1990	41.1	1980	46.4	1989	28.6
1981	31.1	1989	33.6	1991	42.2	1981	46.4	1990	33.6
		1990	36.9	1992	39.6	1982	48.0	1991	35.8
		1991	38.9	1993	40.0	1983	48.0	1992	35.1
		1992	36.6	1994	40.3	1984	48.6	1993	37.8
		1993	35.1	1995	41.6	1985	42.7	1994	40.4
		1994	36.1	1996	41.7	1986	37.8	1995	43.5
		1995	37.0	1997	35.0	1987	38.0	1996	41.5
		1996	38.4					1997	42.8
		1997	35.0						
平均值	33.1		33.2		34.2		41.8		33.9
持续时间	12 年		20 年		18 年		18 年		19 年

资料来源: 国家统计局各年《国际统计年鉴》。

表 11   **国家和地区合计投资率水平的差异**   单位: %

年份	全国统计		地区合计	
	消费率	投资率	消费率	投资率
2004	54.3	43.2	50.7	47.8
2005	51.8	42.7	47.8	50.0
2006	49.9	42.6	48.7	49.0
2007	48.8	42.3	48.3	49.5
2004 ~ 2007	50.8	42.6	49.3	48.6

资料来源: 国家统计局各年《中国统计年鉴》。

　　不论是投资率水平还是持续的时间来讲，我国的高投资率都显得过于特别。其解释是：

　　（1）与东亚其他国家相比，我国政府在现代化过程中干预能力更强，政府的主导作用体现在过强的投资冲动上，这里各地区间 GDP 增长的竞赛机制起了关键性作用。

　　（2）最近几年投资率更多地偏离一般的高水平，与房地产投资持续过快有相当大的关系，从东亚的长期增长轨迹看，当一个国家在一个阶段房地产出现较明显的泡沫，其投资率都会大幅上升，如 20 世纪 90 年代的马来西亚和泰国，80 年代中期至 90 年代初期的日本也是这样，日本 80 年代初投资率是趋于放慢的，但房地产泡沫又使其重新上升。为什么会有这样的现象？主要是因为两方面原因：一方面房地产泡沫总是投资的泡沫，直接对投资产生较大的拉动作用（房地产业的高投资增长并带动相关产业的投资高增长）；另一方面，与产业升级投资相比或仅依赖于实体经济的投资相比，房地产投资见效更快，即它是一个快变量，也正是这一点，使得高成长的发展中国家都对房地产有很强的偏好。

　　（3）高出口增长带动的高投资率。这部分投资对应的是外部需求，大部分是跨国公司转移型投资，其把中国作为一个生产加工车间，利用我国廉价的资源（人力资源的便宜及各地方政府增长竞赛也将要素价格定得远低于市场的合理水平）赚取更多的利润。我们既是利用外资，更是被外资所利用，其负面效应正日趋显现。正是这三方面的机制产生了我称之为"两个过度依赖"的发展模式，出口高增长过度依赖于外资，国内需求高增长依赖于扩大投资，而投资的高增长主要是靠过强的刺激房地产增长的经济政策（包括宏观经济政策和产业政策）。

　　从结果和过程特征来看，中国模式存在的主要问题有：

　　（1）高增长与低就业的矛盾突出。与东亚其他两类模式比，中国就业增长的表现最差。GDP10% 的增长相对应的就业增长仅为 3%～4%（非农就业增长弹性为 0.3～0.4）（见图 2），而东亚其他国家在高增长期非农就业增长弹性均超过 0.5。就业不足就意味着经济增长的分享机制弱，必然导致收入差距扩大、城乡以及地区差距的扩大。这其中的主要原因就是产业发展过度依赖于外资和房地产，过度依赖于外资的一个重要后果是我们生产的产品不仅长期处于低端，更重要的是对产业链的控制权丧失，导致内资企业垂直化分工发展的严重不足，相当多的中国企业的生产融入全球产业链，造成国内许多重化工业及高技术产业链极短，这不仅无法分享其所创造的附加值，同时，也抑制了就业的扩张，导致就业增长不足。中国出口有一半以上是由外资对中国的转移导致的，如果这些出口总额绝大多数是国内企业生产的，不仅表明国内企业竞争力较强，而且其所形成的产业关联效应将明显地创造大量的就业机会，因此，不会出现就业不足问题，这一点日韩发展模式便是最好的例证。过度依赖于房地产，它有两个效应，一个是通过建筑业的扩张增加就业，对农民工形成巨大的需求，另一方面，由于资金、资源过度地配置到房地产部门，会导致其他部门（与房地产不相关的部门）自主创新的投资不足，这既是资源配置的不足，也是刺激的不足，暴利型的房地产业发展使许多其他行业对创新持悲观态度，许多制造业将新增资本大量投入房地产就是这种负效应的表现，因此，必然导致我国企业自主创新能力弱，产业链短，就业增长受到压抑。从长远来讲，由房地产过度发展挤出就业的效应将大于即期增加就业的效应。当然就业不足是与一些服务业发展严重滞后也有相当大的关系。

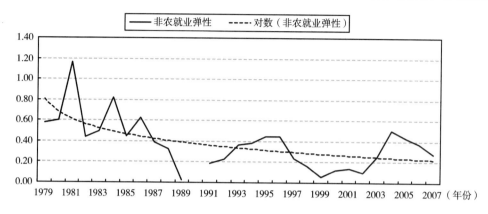

图 2　非农就业弹性的变化趋势

（2）过大的发展差距（居民间、地区间、城乡间）。居民收入差距扩大或长期处于偏大的水平是中国模式、东南亚模式与日韩模式的一个重要区别。在中国，不仅居民的收入差距在显著扩大，而且存在巨大的地区和城乡差距，这有别于东南亚模式，至少在程度上如此。1998 年之前，我国的基尼系数低于 0.4，1998 年以来基尼系数显著扩大，世界银行数据显示，2001 年和 2004 年我国的基尼系数分别上升到 0.42 和 0.45，有人估计最近两年达到了接近 0.5 的明显偏大的水平（在世界上居于次高水平）。这也可以从城镇低收入户和高收入户家庭总可支配收入占比的降升得到反映。1997 年，我国城镇低收入户可支配收入占比为 11.1%，10 年后下降到 7.8%，同期中低收入户可支配收入占比下降也较为明显，中等收入户可支配收入占比也有所下降；相对应的高收入户可支配收入占比由34.5% 上升到 42.8%，上升了 8.3 个百分点；只有中高收入户可支配收入占比保持稳定（见表 12 和图 3）。与居民收入差距明显扩大相一致的是，城乡差距和地区差距都在趋于扩张（见图 4 和表 13），其之间应具有较强的相关性。

表 12　　　　　　　**城镇不同收入水平家庭总可支配收入占比的变化**　　　　　单位：%

年份	1997	2000	2005	2006	2007	变化
低收入户	11.1	9.2	7.7	7.7	7.8	大幅下降
中低收入户	15.5	13.6	12.8	12.8	12.9	明显下降
中等收入户	19.1	17.3	17.5	17.4	17.5	小幅下降
中高收入户	23.5	21.9	24.0	23.8	23.8	基本不变
高收入户	34.5	33.3	43.7	43.1	42.8	大幅上升

资料来源：根据相关年份的《中国统计年鉴》数据计算。

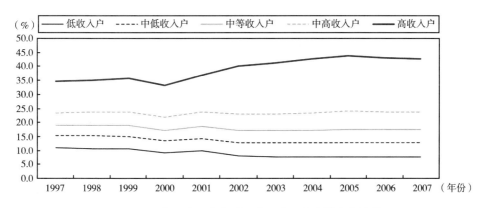

图 3   不同收入水平家庭对可支配收入占比的变化趋势

表 13	地区经济差距		
年份	前 5 个最发达地区 人均 GDP（元）	后 5 个欠发达地区 人均 GDP（元）	前 5 是后 5 的倍数
1990	2 092.0	755.3	2.77
1996	10 907.9	3 272.0	3.44
2001	17 136.2	4 591.1	3.73
2002	20 366.1	4 940.7	4.12
2003	23 700.7	5 483.3	4.32
2004	27 632.6	6 569.0	4.21
2005	30 768.4	7 811.5	3.94
2006	35 282.3	9 016.2	3.91
2007	41 127.8	10 792.7	3.81

资料来源：根据相关年份的《中国统计年鉴》数据计算。

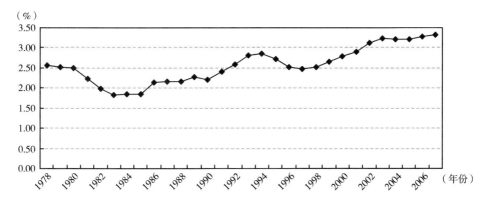

图 4   城镇居民人均可支配收入与农村居民纯收入之比的变化

（3）农村人口城市化严重滞后。其主要表现是大量的农民工处于"浮游"状态，农民转变为市民的过程极为缓慢。这是我国与所有的东亚国家最不同的地方。在目前学术界，一个流行的看法是最近几年中国城市化进程明显加快了，但对统计数据做进一步的分析将否认这一基本看法。1978～1990年，我国城市化率提高了8.5个百分点（折10年算提高7.1个百分点），1990～2000年提高了9.8个百分点，2000～2007年提高了8.7个百分点（折10年算提高12.4个百分点），这看起来是城市化在加速，但这里有两个问题：一是2002～2007年我国经过了持续时间最长的超过10%的高增长，2008年后三年的调整将不会使城市化保持这一速度（1年1个百分点的提高）；二是20世纪90年代以来因数据调整，我国一直存在城市化率偏于实际水平的情况，主要原因是把每年由农村向城市转移的农民工根据常住人口的定义将其算作城市人，实际上一个农民工最多算半个城市化人口。我估计，从1978～2007年，扣除城市人口的自然增长，实际由农村转入城市的人口规模是3.6亿人，一般认为这其中农民工为1.6亿～2亿人，取最低的1.6亿，按0.5折城市人口，那么2007年的城镇人口为51 379万人，城市化率为38.9%，比现在统计数低6个百分点。把以上两个因素考虑进去，城市化速度并没有出现任何的加速趋势。当然一个巨大的不对称产生了，农民向城市转移的速度较快，但转化为市民的速度却出奇地慢。这实际上是一个收入分配问题，农民只享受劳动收入，不享受定居权和其他福利待遇，他们承担着过度的社会成本和私人成本。

（4）产业竞争力提高缓慢。高增长并未伴随着产业竞争力的显著提高，这一点反映在资本密集型产业相当明显，在制造业，我国具有世界竞争优势的产品、品牌极少。这方面因数据缺乏，无法做精确的分析，但从生产率增长率、中国制造业进入500强的极为稀少、世界品牌少等得到反映。

（5）投资率严重偏高。正如前面分析的，这部分归于体制问题，即政府对投资的干预过强，部分地归因于产业发展战略的选择，如偏好于快变量的房地产产业的发展和偏好于引进外资。需要强调的是，投资率过度的代价太高，最后可能要算总账，第一个代价是由于长期的投资过度，在消费不足及外需放慢的情况下，产能过剩问题将会破坏经济高增长的机制；第二个代价是资源、环境的成本太高，投资率过高，不仅是因为资金投入大，而且自然资源投入也大，环境污染问题严重；第三个代价是投资的宏观产出效率偏低，与韩国相比，我们用更多的投资换取了相似的经济高增长率（见图5），代价过重。

（6）宏观资源（特别是资金）配置严重偏向房地产部门。在这轮高增长过程中，政府的宏观经济政策对房地产业的发展刺激过度，导致行业增长的严重结构失衡、投资与消费比例失衡、国际收支失衡等多重失衡。2007年全国房地产开发企业投资占城镇固定资产投资总额的比重为21.5%，而投资资金的来源中，房地产投资资金占到了28.7%。如果我们用投资的资金来源与投资完成额的差额作为衡量流动性过剩的一个指标（狭义的），那么2003年以后，我国新增流动性中93%（2005～2007年3年平均）流入房地产市场，其他各行业仅分享了不到7%①。因此，所谓投资过热主要是房地产投资过热，社

---

① 王小广：《宏观调控新思路：调整过剩流动性的流向》，载于《中国证券报》，2007年4月26日。

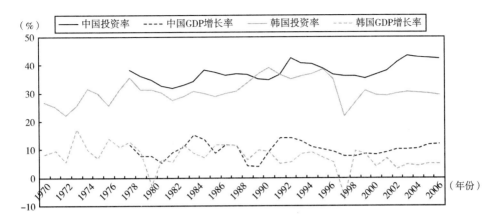

图5　中国与韩国投资率与 GDP 增长率关系

会资金的房地产偏好是政府宏观经济政策和产业偏好的结果，因为房地产在各种有利的政策作用下出现了持续性暴利型增长，这诱导了各类资金纷纷入市炒房，一轮明显的房地产泡沫由此产生。经济步入周期性转折点后，其风险将逐步显现。

（7）出口对外资依赖过大。中国模式中的外向型取向与日韩模式明显不同，倒是与东南亚国家有许多相似之处。对一个像我国这样的一个人口巨型国家来讲，外贸依存度过大是个问题，但进一步分析将发现，如果除去外资占出口的份额，中国的外贸依存度并不过大。即我们的真正问题是对外资的依赖过大，外资企业（包括港澳台地区、外商投资）占出口比重2001~2008年的平均值为56.3%（见表14）。一个地区特别是一个经济增长过度依赖于外资，是一种偷懒型的快捷发展策略，但它的严重缺陷是政府的行为越来越短视，且抑制了内资企业自主创新能力的增长。

表14　　　　　　　　　　　不同类型企业出口比重变化　　　　　　　　　单位：%

年份	外资企业出口占比	国有企业出口占比	其他企业出口占比
2001	50.1	42.5	7.4
2002	52.2	37.7	10.1
2003	54.8	31.5	13.7
2004	57.1	25.9	17.1
2005	58.3	22.2	19.6
2006	58.2	19.7	22.1
2007	57.1	18.5	24.4
2008	55.3	18.0	26.6
平均值	56.3	22.8	20.9

资料来源：根据商务部网站相关数据整理。

以下还有三个方面的特征,主要是体制方面的,即:(8)垄断行业(包括自然垄断和公共事业)改革滞后;(9)在战略性竞争行业国有企业的比重仍然过大;(10)一些重要的服务业(非营利的社会组织、文化娱乐业)管制过度。限于篇幅,这里对(8)、(9)不做展开分析,仅对(10)做简单的分析。众所周知,我们的服务业发展严重滞后,这从第三产业产出、就业所占比重偏低以及第三产业就业增长弹性一直呈走低的趋势可以看出。我们认为,这其中的主要原因是政府对三产管制太多,对内开放严重不足,缺乏竞争的环境,如表15所示,2007年,在除房地产后的第三产业投资中,国有及控股企业投资比重仍高达74.7%(当然这已经比2004年下降了10.5个百分点),非国有内资的比重仅19.2%,其中下降的10.5个百分点中,有3.2个百分点是转入外资,一些第三产业对内资的开放比对外资的开放还要保守,其中对非营利的社会组织、文化娱乐业的管理太严,这是活跃第三产业的重要部门。

表15　　　　　　　　　　　城镇行业投资中不同类型企业的比重　　　　　　　　单位:%

年份	行业	全部城镇投资	第二产业	其中制造业	第三产业	其中房地产	除房地产后的第三产业
2004	国有及控股	57.8	54.7	40.0	59.5	22.4	85.2
	外资企业	11.8	19.0	26.3	7.3	12.1	4.0
	非国有内资	30.4	26.3	33.6	33.2	65.4	—
2007	国有及控股	44.5	36.8	20.5	50.0	17.5	74.7
	外资企业	10.4	14.1	18.2	7.8	12.5	7.2
	非国有内资	46.4	53.0	63.5	41.5	70.7	19.2

资料来源:根据2005年和2008年《中国统计年鉴》计算。

总结一下,以上十个方面有关中国模式存在的问题(也是一些重要特征)可以综合为三大方面的问题。一是增长分享机制问题。主要是缺乏就业最大化的宏观经济目标,收入分配偏向于政府与企业,在城乡间收入分配严重偏向于城市,在地区间收入分配严重偏向于沿海发达地区。二是激励机制问题。[①] 总的来讲国家的经济政策对创新的激励不足,导致国内产业竞争力提高缓慢。政策制定者倾向于"寻租"激励(或者讲在政策中寻租型激励偏多),而生产性创新激励不足;对投资激励过度,而对消费激励不足;对外资的激励过度,而对内资特别是私人企业激励不足;对房地产激励过度,对产业升级(自主创新)激励不足。三是原有体制问题。三者的共同作用形成了现有的中国经济发展总格局,这会对未来中国经济的进一步发展产生重大影响。

---

① 笔者非常欣赏威廉·鲍莫尔和威廉·伊斯特利两位经济学家对激励问题的分析,特别是前者对市场经济模式做出了非常独到而有说服力的分析,参见威廉·鲍莫尔的两本书《好的资本主义　坏的资本主义》,中信出版社2008年版、《资本主义的增长奇迹》,中信出版社2004年版;还有威廉·伊斯特利的《在增长的迷雾中求索》,中信出版社2005年版。

4. 中国模式面临的巨大挑战

这部分重点分析中国模式的内在缺陷可能对我国经济未来可持续发展产生的重大影响，即现有的中国模式（中间模式）所产生的重大矛盾将会使其自身难以持续下去，并产生巨大的风险，使中国落入中等国家陷阱。中国要想避免落入中等国家陷阱，必须对现有的发展模式进行重大修正。

（1）现有发展模式产生的过度的不均衡问题将会极大地约束需求增长，最终限制经济总量继续快速扩张。

令我们甚为不安的是中国的收入分配格局最近几年正在发生突变，已经明显偏离了原有收入差距较大的范围，向拉美化或东南亚化的方向发展。收入分配形势的长期恶化是许多国家在达到中等收入国家后落入发展陷阱的主要方面之一。从 GDP 收入法的构成中我们看到了这一深刻变化，2003 年（也是本轮高增长周期的上升初期）以后，我国收入结构出现了惊人的突变，即劳动者报酬所占的比重由过去 25 年长期保持在 52% 左右猛然下降，经过短短的三四年时间，到 2007 年下降到 40%（见表 16、图 6）。从表 17 看，发达国家之所以居民收入差距较小，主要是因为劳动者报酬所占的份额均在 55% 以上，经营盈余所占比重较为适宜，在 20% 左右，固定资本折旧占 13% 左右，间接税减补贴占比为 10% 左右。而那些长期落入中等国家陷阱的国家却是另一番局面，劳动者报酬所占的比重不到 40%，有的长期仅占 20% ~ 30%，相反企业的盈利所占的比重奇高，均占 50% 左右，资本所得占比严重偏高，这正是导致收入差距过大的根本原因。就东亚国家来讲，泰国、菲律宾具有典型的拉美化特征，日本与欧美发达国家相似，韩国介于中间，不过，韩国收入法构成中劳动者报酬占比偏低的问题在 20 世纪 80 年代后得到了明显的改善，可以说这是它能避免中等国家陷阱的一个重要原因。

表 16　　　　　　　　　**我国收入法 GDP 各构成的比重变化**　　　　　　　单位：%

年份	劳动者报酬	固定资本折旧	生产税净额	营业盈余
1978	49.8	9.4	12.8	28.0
1985	53.0	9.8	12.4	24.8
1990	53.3	11.8	13.1	21.9
1995	52.6	12.3	12.8	22.3
1996	52.8	12.9	12.7	21.6
1997	52.9	13.7	13.1	20.2
1998	53.1	14.5	13.3	19.1
1999	52.4	15.0	13.5	19.1
2000	51.5	15.4	14.2	18.9
2001	51.5	15.7	14.1	18.7
2002	50.9	15.7	14.0	19.4
2003	49.6	15.9	14.3	20.2
2005	41.4	14.9	14.1	29.6
2006	40.6	14.2	14.6	30.7
2007	39.7	14.8	14.2	31.3

资料来源：根据有关年份的《中国统计年鉴》及《中国国内生产总值核算历史资料（1996 ~ 2002）》，中国统计出版社 2004 年版。

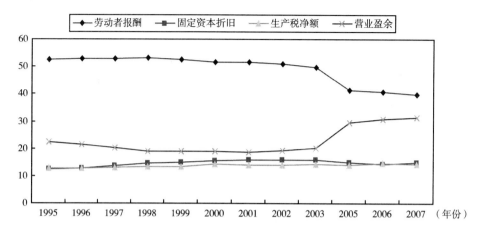

图6　收入法各组成所占比重的变化

表17　　　　　　　　　　　　　　收入法 GDP 构成的国际比较　　　　　　　　　　　单位：%

国别	年份	劳动者报酬占比	经营盈余占比	间接税减补贴占比	固定资本折旧占比
美 国	1970	61.3	19.4	8.8	10.5
	1980	61.0	17.6	7.4	13.5
	1990	60.5	19.2	7.6	12.6
	1994	60.5	19.9	7.8	12.3
德 国	1970	53.2	25.3	11.4	10.1
	1980	65.3	18.5	11.1	11.9
	1990	54.4	22.7	10.5	12.4
	1994	54.6	20.9	11.2	13.2
日 本	1970	43.5	37.4	6.0	13.3
	1980	54.3	27.0	5.9	12.8
	1990	55.0	23.5	7.2	14.8
	1994	56.0	21.0	7.2	15.8
韩 国	1980	39.6	40.5	12.1	7.8
	1990	45.5	32.7	11.5	10.4
	1993	47.0	31.5	11.5	10.1
菲律宾	1980	31.6	53.1	8.3	7.0
	1990	26.0	58.2	8.2	7.7
	1994	25.9	54.5	10.7	8.9
泰 国	1980	24.8	56.6	11.5	7.0
	1990	23.9	54.1	13.3	8.7
	1994	27.0	49.8	12.1	11.0
墨西哥	1970	35.6	54.1	5.0	5.4
	1980	36.0	47.7	7.7	8.6
	1990	25.0	55.7	9.6	9.7
	1994	29.2	50.0	9.3	11.5

资料来源：根据国家统计局有关年份《国际统计年鉴》数据整理。

收入差距过大特别是其长期得不到改善，将会在造成社会不稳定和抑制消费（扩大内需）两方面对经济的高增长形成巨大的影响，即一国在达到中等收入水平后的增长将面临消费不足的巨大障碍。城市化长期滞后、地区差距过大等都会产生需求的陷阱。在这一阶段，缩小增长差距（包括三方面差距）的政策不仅会得到更多的民众支持，而且会产生较大的新发展效应，因为它们将带动需求（主要是消费需求）的扩张，从而纠正投资与消费的严重不平衡问题。

（2）现有发展模式的继续推进将会严重阻碍产业升级和产业竞争力提高。

中等收入国家的增长容易陷入陷阱的一个重要理由是它被主导成熟产业、低工资的穷国竞争者和主导技术迅速变化产业、追求创新的富国挤压在中间[①]，这实际说的是产业升级的重要性，持续的高增长如果不能带来产业竞争力（主要是制造业的竞争力），那么发展陷阱必然会发生。我们现有的发展模式如果继续推进下去而不做一个大的战略转变，就会因对创新的激励不足而陷入两难境地，保劳动密集型产业竞争力会因国内要素成本的上升及国外竞争者的压力而挣扎；而资本密集型产业在外资压力和有效的激励机制难以建立起来的情况下难以形成强大的国际竞争力。中国的情况可能没有曾落入中等国家陷阱的那些国家那么糟糕，但资本密集型产业自主创新能力严重不足无疑是影响未来经济增长的稳定性和质量的关键因素。其中最最需要改变的是：让与国家竞争力提高关系很小却消耗很多的社会资源的房地产业暴利机制不复存在，使其他产业特别是一些战略性的重化工业和高技术产业的经营者不再受外部短期暴利机会的影响而安于创新，同时增加对自主创新的政策激励。

（3）现有发展模式不改变将会使资源瓶颈约束难以克服，且环境的代价太大。

经济增长过度依赖于房地产发展，就是经济增长过度依赖高耗能行业，因为房地产下游全是高耗能行业，房地产行业由于其技术进步有限，对下游产业升级的要求不强。因此，房地产长期过度发展将会产生两方面不利影响，一方面使高耗能、高污染、高资源消耗现象难以抑制；另一方面，将阻碍产业的技术升级。也因此，我一直认为，把房地产业作为增长的发动机、把其列为最重要的支柱产业将是十分有害的。

（4）现有发展模式严重扭曲了资金、资源的宏观配置，隐藏着巨大的金融风险或经济危机。

现有发展模式在资源、资金及人才方面都倾向于房地产业，这不仅影响经济的宏观资源配置效率，而且可能引发重大的金融危机或经济危机。这即房地产过度泡沫化的风险。不论是从较早时期步入中等收入国家的南美国家的经验看，还是从晚些步入中等收入国家的一些东南亚的经历看，房地产泡沫均难以避免，这无疑是它们先后陷入金融或经济危机的重要原因。所以，在一个国家或地区进入中等收入水平后，抵挡房地产的诱惑是避免出现金融或经济危机的关键，日本、韩国和我国的台湾地区避免了，所以它们成功了，韩国做得最好，1975 年韩国便开始实施重工业战略，这时房地产投机活动开始兴起，韩国政府以建立重化工业竞争力大局为重，采取抑制性的政策，避免了房地产的泡沫。现在泰国

① 印德尔米特·吉尔、霍米·卡拉斯：《东亚复兴——关于经济增长的观点》，中信出版社 2008 年版，第 5 页。

之所以陷入发展陷阱，与其90年代所发生的严重房地产泡沫有直接关联。这里有一个重要问题，是不是房地产泡沫在任何时期都会产生致命性的影响，答案是否定的。主要看房地产泡沫发生的时期，即发生在经济增长的哪个阶段，日本的房地产泡沫发生在工业化及现代化完成之后，韩国基本避免了房地产过度泡沫问题，东南亚国家房地产泡沫则发生在刚刚达到中等收入国家水平时，中国则更要提前，发生在达到中等收入国家水平之前。我们认为，房地产泡沫发生得越早，危害越大，越迟，危害越小。日本是"结果泡沫"、东南亚与我国是"过程泡沫"，"结果泡沫"问题不大，"过程泡沫"将可能破坏整个长期高增长机制，从而落入中等国家的发展陷阱。明白这一点对克服中等国家陷阱具有重要的意义。在很大程度上要避免落入中等国家陷阱就是要在发展的战略转型期避免房地产出现过度的泡沫，特别是不能出现泡沫经济。

总之，我们的基本结论是：现有发展模式在新的国际、国际经济环境下难以继续发挥作用。中国经济增长对内依赖于房地产，对外依赖于出口，在新的国际、国内经济形势下，正面临巨大挑战。这次百年一遇的金融危机将会改变传统的增长因素，即美国经济增长依赖于过度消费和金融市场的泡沫化将发生重大改变，即政府将加强对金融的监管，居民消费行为将主要依赖于收入增长而不是资产泡沫的膨胀，因此，可以预见危机中及危机过后的一段时间内，没有了过度消费的美国经济将会恢复常态，这将使我国的高投资形成的过剩生产能力无法消化（出口增长可能出现中长期放慢趋势），而只好转向内需，当然这是改变原有发展模式的机遇。但内需的增长将受到前期高增长相伴的一系列不合理的结果（三大差距扩大或长期得不到改善、对消费激励不足、房地产过度消耗居民的购买力、产业竞争力提高缓慢等）的严重制约，而我们的各级政府对投资的冲动依然强烈（这次"保增长"的政策体现得非常明显），这将会使我们的经济形势更加恶化，不通过启动消费、而是继续扩大投资将加剧中国经济结构的失衡，产能过剩危机可能全面爆发。唯一的出路就是转变发展模式，创造新的经济增长点。

三、"十二五"中国发展模式调整的思路及建议

转变发展模式的基本思路是：由"两个过度依赖"转变为"两个依靠"，即增长动力转变，所谓两个依靠就是经济增长主要依靠扩大内需，内需的扩大和升级主要依赖于扩大消费需求，同时主要依赖自主创新能力而不是资源、资本的过度投入。这一增长动力转变，需要对原来的分配格局、激励机制进行重大调整，建立新的分配格局和新的激励机制，同时对制约产业升级、内需扩大的重要体制需要加快改革。

（一）缩小三大增长差距，释放生产力

差距不是生产力，但缩小差距就是释放生产力。20世纪90年代以来（特别是2001年加入WTO以后）中国缩小了与发达国家的差距，但没有缩小内部城乡和区域差异，过去的高速增长好像并没有受到这些差距的扩大的约束，但未来还会如此吗？我们相信，在下一阶段（"十二五"起）这些差距将会成为是否维持高增长的一个重大障碍。我国进入

新增长阶段（人均收入水平达到中等国家水平后）后的增长的主要动力是创新和消费，在这个阶段即经济增长在需求上将改变过度依赖于投资增长的老模式，转为主要依赖消费需求的释放。而收入、城乡、地区差距的扩大及长期得不到改善将会扩大消费形成明显的约束，因此，我们认为，缩小差距在新阶段具有明显的帕累托改进效应。缩小一个点的差距比增加许多点的投资的效率可能来得大。

如何缩小差距呢？主要是根据公平原则缩小三大差距，建立经济增长的分享机制，政府的发展目标由单一的追求 GDP 的高增长转为共享型的稳定增长①。这里主要谈谈缩小居民收入差距的建议（对缩小其他两大差距的建议后面有分析）。（1）要消除机会的严重不公平问题，主要是加快实现基本教育、医疗服务等的均等化，同时增加政府对国民的在岗和离岗培训投入。（2）扩大就业是缩小收入差距、建立分享型增长机制的最有效途径，要加大对企业扩大就业的刺激，同时要建立支持中小企业发展的政府金融服务机构和非政府的社会中介服务组织。（3）促进劳动力市场充分发育，严重执行新劳动法，提高职工工资。（4）提高垄断行业和一些非创新型暴利行业的税收，加大收入的再分配调节。（5）降低高收入者个人所得税的税率，扩大征税面（减弱逃税的动机），最终起到扩大税源的目的②。

（二）促进消费模式转变，挖掘内需增长潜力

中国居民的消费不足除了收入差距扩大、社会体制不健全等约束外，还受到消费结构不合理、消费方式（或模式）落后及各种政策性限制的重大影响，在我们看来，后者更为本质。我们建议在以下方面促进消费增长：一是改变传统的消费模式，挖掘巨大的消费潜力。即改变以"吃住"为中心的封闭型消费模式，转变为以"玩"为中心的开放型消费模式。中国居民消费中最为不足的是服务消费，服务消费不足一方面是由于我国的公共服务投资不足而导致的公共服务能力不足，另一方面是由于居民的消费模式落后及在一些重要消费领域还存在较多的政策限制。我们传统的消费模式是以"吃住"为中心，在"吃"和"住"上存在过度偏好的问题，这既造成了消费结构的不合理、不经济，又使得居民在其他方面特别是服务业的消费能力不足，同时，以过度强调"吃住"的消费模式是一种封闭性、缺乏创新的消费模式，对第三产业的发展极为不利，因此，应努力改变这一传统的消费模式，转为以"玩"为中心的消费模式，促进服务消费增长，其中特别是要鼓励旅游休闲业的发展。二是尽快取消在汽车消费使用上的限制政策，扩大汽车消费。长期以来，我国一直把汽车当做奢侈品而在消费政策上加以限制，如征收较高的消费类税（车辆购置税和消费税），在汽车的使用上也存在较多的限制措施，如限小、限制出行时间及征收高额的过路费、过桥费等（高速公路收费过高）等，对扩大汽车消费形成了较明显的制约。建议取消经济型轿车的消费类税收，大幅度降低过路费和过桥费。三是大幅度降低门票价格，打破与旅游景点相关的服务业的垄断，提高旅游休闲的服务质量，促进

---

① 汤敏：《如何跳出中等收入国家陷阱》，载于《中国与世界观察》2007 年第 2 期，总第 7 期。
② 在现有征税能力弱及存在制度弊端的情况下，对富人的高税率起不到多增税的目的，反而助长了逃税。

旅游休闲业发展。

（三）加快农民转化市民的进程，提高城市化率

现有我国有 1.6 亿~2 亿的半城市化居民（农民工），就消费来讲，这是一笔潜力极大的资源，加快农民工向完全市民的转化，将会大大地促进消费需求的增长。加快农民转化市民的进程，应从以下方面入手：一是促进城市房价的合理化，高房价下无城市化，中国目前的房价水平与收入水平相比，严重偏高，降低价格将会释放出巨大的购房需求，也会相应的加快城市化进程。二是实施大规模的农民工安居工程。主要是利用政府的力量，建最低标准的农民工住房，如建 20 平方米以下的小套房，甚至建过去学校、工厂那样的"筒子楼"作为过渡。三是鼓励沿海劳动密集型产业向中西部转移，促进中西部地区的城镇化。

（四）鼓励自主创新，提高产业竞争力

鼓励自主创新，主要是减少对非自主创新方面或领域的过强激励，因为只要存在比对自主创新更多的激励存在（如对外资的过度激励，如对房地产的过度激励），那么，自主创新投入就不可能增加，相反是减少。这里也包括威廉·鲍莫尔提出的政府要严厉打击非生产性的"企业家行为"（"寻租活动"）。所以，我们的建议包括两个方面，第一是改善总激励环境或方向；第二是具体的自主创新刺激政策。

首先，要改变把房地产作为支柱作用的政策导向，减少对房地产的过多激励，消除房市暴利，阻止社会资金过度流入房市。征收房地产税，只鼓励一个家庭拥有一套住房，对一套以上的住房采取严格的抑制政策（附加征税和严重贷款条件等）[①]。对外资的激励要严格限定，取消一般性的优惠，对内资实行同等国民待遇。

其次，降低战略竞争力行业的国有资本比重，鼓励民营资本对产业升级的战略作用。促进民营资本的充分发展和国际化，在全球竞争中更为有利，战略产业的发展一定要把民营资本纳入。

再次，利用资本市场推进自主创新。我的思路是将大量过剩的社会资金导入股市与产业升级结合，促进重化工业竞争力的提高。如制定产业差别化的上市融资和再融资政策，主要是明显放宽对升级型的重化工业企业上市融资和再融资的条件，促进重化工业的资本扩张和竞争力的提高；成立一批支持升级型重化工业发展的产业投资基金（股权型、债权型）；制定针对性强的优惠政策支持升级型重化工业兼并重组。

最后，确定激励自主创新的正确导向。主要是要鼓励企业围绕节能节资搞自主创新，产品的自主创新要坚持"紧凑化"的取向，产业政策重点是鼓励紧凑型的产品创新，如鼓励经济型汽车的消费和生产，鼓励紧凑型的住房（90 平方米以下）消费和生产，鼓励建设紧凑型的城市等。

---

① 这些都是我 2005~2006 年多次提出的建议，当时遭到了许多的批评和压力，但我仍然坚持这一观点。

（五）大力增加非基础设施类的公共支出，改善民生

新的发展阶段，实施的积极财政政策和财政结构改革主要是扩大非基础设施方面的公共支出，弥补这类公共部门（涉及民生）长期以来的支出不足。大幅度增加教育、医疗卫生、社会保障、政策性住房及就业保障等民生方面的投入，可以减轻居民在这些领域的支出负担，置换出新的购买力，同时，能显著地改善居民的支出预期且增加对政府的信心，因此，会对扩大消费起到十分积极的作用。

（六）大力放松对服务业的管制，促进服务业的繁荣

重点是加快教育体制、医疗卫生体制的改革，明显放松对文化娱乐服务、社会中介服务（非组织的公共组织）的准入限制，促进相关服务业的大发展。

（七）把促进中部崛起作为国家的区域经济增长点

扩大内需、缩小区域差距要培育新的区域增长点，在新阶段大力促进中部地区崛起具有十分重要的战略意义，应将中部崛起战略上升为新时期的国家发展战略。中部地区资源丰富、交通便利、产业基础较好、市场潜力巨大，已经具有加快发展的有利条件，中国要保持劳动密集型产业的国家竞争力，唯一的出路就是将劳动密集型产业加快向中西部地区转移，特别是向临近的中部地区转移，利用其丰富的自然资源优势和劳动力优势，让其重复沿海20世纪80~90年代沿海的发展过程，与此同时，促进沿海地区产业升级，再过二十多年中国便能实现全面振兴。促进中部地区经济崛起，不仅能显著地扩大内需，而且也是有效地解决"三农"问题、缩小地区差异的最有效途径。为此，要尽快制定支持中部地区崛起的政策：一是制定大力促进沿海地区劳动密集型产业向中部地区（包括部分重点西部地区）转移的优惠政策；二是加快中西部地区（特别是其农村地区）的基础设施建设；三是加快推进中部地区城市化进程，加快服务业发展，增加就业。

参考文献

1. 印德尔米特·吉尔、霍米·卡拉斯：《东亚复兴——关于经济增长的观点》，中信出版社2008年版。

2. 罗伯特·韦德：《驾驭市场》，企业管理出版社1994年版。

3. 世界银行：《东亚奇迹——经济增长与公共政策》，中国财政经济出版社1995年版。

4. 宋丙洛：《韩国经济的崛起》，商务印书馆1994年版。

5. 隅谷三喜男等：《台湾经济发展的成就与问题》，厦门大学出版社1996年版。

6. 威廉·鲍莫尔：《好的资本主义 坏的资本主义》，中信出版社2008年版。

7. 威廉·鲍莫尔：《资本主义的增长奇迹》，中信出版社2004年版。

8. 威廉·伊斯特利：《在增长的迷雾中求索》，中信出版社2005年版。

9. 王小广：《促进新30年巨变须调整发展战略》，载于《中国与世界观察》2008年第3/4期。

10. 汤敏：《如何跳出中等国家陷阱》，载于《中国与世界观察》2007年第2期。

11. 王小广：《宏观调控新思路：调整过剩流动性的流向》，载于《中国证券报》，2007年4月26日。

"十二五"时期我国经济发展的内外部环境及面临的重大问题

课题承担人　相　伟■■

指导专家　王小广■■

内容提要："十二五"时期，我国经济发展面临的国际环境复杂多样，我国将进入全方位改革综合推进、向全面建设小康社会目标攻坚、工业化中期向后期转变、城镇化继续加速推进的阶段，这进一步凸显了"十一五"末期经济调整中的问题，一些长期性、深层次矛盾和问题更加突出，而且这些问题的内涵、结构、表现形式等都将发生较大变化。经济发展方式转变缓慢，转变经济发展方式的内涵进一步拓展。"粮食安全"结构发生了变化，威胁因素增多。我国环境承载力下降，能源结构与工业化升级要求存在冲突等。收入分配制度过度向资本和资源倾斜，影响到产业结构升级，也积累了社会风险。区域发展不协调问题仍然突出，产业分工混乱，可能会引起新一轮的区域无序发展。

作者简介：相伟，男，1979年生，理学博士，战略与规划研究室副研究员。主要研究方向：发展战略与规划。

"十一五"中后期，美国次贷危机演变成金融危机进而引发世界性经济衰退，给我国经济带来了巨大冲击，我国经济发展中的矛盾、问题、困难急剧增多。展望"十二五"，国际秩序酝酿调整，不确定、不稳定因素空前增多；国内改革发展进入新的阶段，政治、经济、文化、社会全方位改革综合推进，加速向全面建设小康社会目标冲刺，工业化中期向后期转变。国际环境的变化、国内发展阶段的转换，会对经济运行产生重大影响，经济发展中的一些长期性、深层次矛盾将更加突出，内涵、结构、表现方式等也将发生较大变化。

一、"十二五"时期我国经济发展面临的国际环境

近期，国际重大事件频发，金融危机引起世界性大规模经济衰退，至今仍未见底；粮食、原油价格大幅度波动，各种因素交织影响国际市场；恐怖主义活动又有抬头迹象，边界冲突事件频繁爆发。总体来看，我国"十二五"时期，国际上"维稳"因素仍占主导地位，国际秩序中变动性因素增多，我国需要更加谨慎、更加科学地确定发展战略，应对国际冲击。

（一）国际环境发生深刻而复杂的变化，总体上有利于我国国际地位的提高

国际环境仍然复杂，政治多极化在曲折中发展，单边主义与多边主义相互斗争，传统的与非传统的安全威胁相互交织，联合反恐、确保"核"安全与反对霸权主义相互制约，推动国际关系和实力的重新组合。世界部分地区局势仍然紧张，中东地区、格鲁吉亚、尼泊尔以及中非和南美洲部分地区，仍存在地区性的、局部的战争与冲突，背后都发现有大国政治角逐的影响。恐怖主义活动经过数年沉寂后，又在印度等地爆发。而且，由于经济危机、全球气候变化以及文化冲突的影响，增加了发展程度不同、宗教信仰不同、全球分工角色不同的各类国家间的摩擦和冲突，贸易保护主义、水源争夺、民族纠纷等矛盾抬头趋势非常明显。我国周边地区如朝鲜半岛、东南亚和南亚、中亚仍然具有较高的不稳定性，东海和南海海域内的纠纷不断，再加上大陆与台湾之间的关系仍较复杂，我国周边环境并非"绝对安定"。在集中精力搞经济建设的同时，仍需要高度关注和谨慎处理周边国家的不稳定因素。

随着我国综合实力的崛起，我国已经成为国际事务中有影响的大国。尤其是北京奥运会获得了巨大的成功，全方位展示了我国经济、科技、文化等方面的能力，获得了世界的广泛认可，成为我国地位提升的标志性事件。我国在与世界各国一起应对金融危机的过程中，通过有效刺激本国经济增长、提供国外援助、注资国际机构等方式，增强了对国际社会的影响和在国际组织中的发言权，这些因素有利于提升我国在国际格局中的地位。我国与周边国家的关系将进一步改善，以经济关系为基础的战略性合作伙伴关系将得到密切和加强，根据东盟各国在吉隆坡签订的《吉隆坡宣言》，到2015年东盟"10＋3"区域将基本实现由安全共同体、经济共同体、社会文化共同体支撑的共同体；上海合作组织成员国家战略合作伙伴关系继续深入发展，尤其是能源、经济等领域的合作，为我国抵御外部冲击提供了保障条件；APEC组织也正在由松散组织走向紧密合作；我国与周边地区的区域一体化进程，有利于我国在全球范围内发挥更大作用。

（二）以国际金融秩序变化为先导，国际经济秩序有望发生调整，利于我国在国际经济秩序中的地位上升

2007年，美国爆发次贷危机引起了发达经济体的金融危机，并导致全球性经济衰退。经济衰退使得经济尤其是资本的影响力上升，在全球资源、能源价格上涨期间，主要资源国积蓄了巨额财富，形成一股推动世界经济发展的新生力量；中国、印度等新兴经济体依托不断增大的经济总量、巨额的外汇储备、较大的增长潜力，积极谋求更大发言权。目前改变的焦点在世界金融秩序领域，代表世界金融秩序的IMF结构是焦点之一，改革IMF组织治理结构、重新分配投票权，改变以美元为单一币种的货币体系等。IMF现行体系中美国、欧盟、日本的基金投票权份额分别为17.1%、32.4%、6.1%，并规定在18项最大的事务上要求85%的有效多数通过，这赋予了美国在这些问题上的否决权；在另外21项重大事务上要求70%的有效多数通过，也赋予了5个最大的发达国家否决权，而中国和印度的份额分别为3.7%、1.9%，中国作为第三大经济体，权重低于德国的6%和英国

的 4.9%，重新分配 IMF 投票权成为焦点之一，G20 峰会、亚太组织会议上，这方面的呼声越来越高。而且，经济衰退使得国际组织和大部分发达国家加入到发展中国家要求调整国际金融秩序的行列中来，尤其是改变美国在国际金融组织中的绝对优势地位，这增加了国际金融秩序变动的可能性，由此可能引起世界经济秩序的变动。

改革开放以来，我国经济实力不断增强，对世界经济的拉动作用增大。1978 年，我国经济对世界 GDP 增长的拉动只有 0.1 个百分点，同期美国经济对世界经济增长的拉动为 1.64 个百分点；2006 年，我国经济对世界经济增长的拉动已提高到 0.55 个百分点，仅次于美国居第二位。但这种变化并没有使我国在国际经济中的地位同步提高，主要原因在于，我国的金融话语权、制定贸易规则参与权等方面长期滞后，世界经济秩序运行规则的制定者才是世界经济格局的主导者。国际金融秩序的变化利于我国推动人民币成为区域性和国际性货币，谋求在国际金融领域内更大的发言权、知情权和决策权。但也应清醒地认识到，此次经济衰退不会引起国际金融格局和经济秩序的根本性变化，只是较大的"量变"，一超多强的局面不会改变。

（三）以新能源为主导的技术革命和产业革命正逐渐形成，为我国提升在国际技术分工中的地位提供了机遇

从发达国家来看，信息革命所产生的效应正在逐渐消退，美国、日本以及欧盟区的信息化水平已经达到 75% 左右，逐步趋向稳定；韩国在制定新世纪的经济发展战略与规划中明确提出，信息技术对其带动作用正在消减。新能源技术正在孕育着新的突破。自 2000 年左右，发达国家就启动了大规模的绿色能源技术研究，1999 年，美国开始推进世界上最大规模的 SPI（superconductivity partnership initiative）研究计划，主要研究超导电缆、超导变压器、超导磁悬浮飞轮储能、超导限流器等项目的研究。此次经济危机加速了研究和应用进程，各国在选择新的增长点以启动经济过程中，以美国为代表的发达国家开始启动以能源为主导的跨越式、跨产业的新技术革命和新产业革命。2008 年前三个季度，美国可再生能源投资额度已达 66 亿美元。2009 年 1 月 25 日，美国白宫发布的《复兴计划进度报告》强调：复兴计划的主要投资方向和预期效果包括，推进清洁能源经济——3 年内将可再生能源的产量增加 1 倍，使其能够为 600 万个美国家庭服务；铺设或更新 3 000 英里的美国电网，并为 4 000 万美国家庭安装"只能电表"。对 200 万所住宅和 75% 的联邦建筑物进行翻新，改善其保温性。在全球气候变化背景下，减少碳排放成为各国面临的共同选择，推行 CDM（清洁生产）、发展低碳经济正在通过国际贸易中的规则约束和引导对各国经济发展产生影响。新一轮技术革命和产业革命一方面会强化现有国际秩序，但也会引起局部变动，我国能源产业的发展和能源技术储备已经具备一定基础，我国在核能、氢能、太阳能的开发和利用方面具备部分技术优势，我国在核能的安全利用方面已进入一流国家行列，太阳能方面更是已经形成了初步的成本优势，但在生物质能开发方面比较滞后。未来，我国加大在新一轮技术革命中的投入，确定发展目标，努力与新一轮技术革命和产业革命同步发展，确立我国在能源领域的局部方面技术和产业优势，还是有很大潜力和可能性的。

（四）经济全球化进一步深入发展，为我国全方位发挥比较优势参与国际分工提供了机遇，但也蕴藏着使我国部分地区产业"空洞化"的风险

受经济衰退的影响，美国等一些发达国家在国内就业压力下，极有可能改变现有政策，转向采取贸易保护主义，这将在一定程度上阻碍国际贸易和国际分工的深化。但经济全球化进一步深入发展的总体趋势不会改变，这是因为以全球产业分工为核心的经济全球化，各国充分发挥比较优势，提高了全球劳动生产率，为全世界增加了财富，发达国家更是利用其在经济格局中的优势地位，攫取了经济全球化红利中的最大份额；发达国家采取的贸易保护主义政策，主要迫于国内的就业压力巨大，当经济出现恢复增长时，就业岗位比较充足后，发挥比较优势、获取更大财富仍是发达国家的利益所在。

经济全球化进一步深入发展的主要特征包括：国际产业分工深化，传统产业国际转移依然存在，一些资金、技术密集型制造业和服务业在国际产业转移中的比重提高；参与经济全球化的地区层次多样化，既包括发达国家与发展中国家的分工，一些发展中国家的发达地区与其他相对不发达国家或地区之间也将出现大规模产业转移，尤其是我国东部沿海地区，将成为经济全球化进程中重要产业转出地。

经过改革开放30年以来的积累和发展，我国比较优势发生了较大变化，劳动力资源优势仍然存在，但更加集中在中西部地区；土地成本优势由全国性优势向中西部地区性优势转变；东部地区的优势已经转变为较好的产业配套和巨大经济总量支撑的服务业发展潜力，因此，未来一段时间，我国各地区利用各自优势参与经济全球化的可能性大大提高（见表1）。

表1　　　　　　　　我国比较优势的演变及参与经济全球化的地区

	1978～2008	2008～2038		
比较优势	劳动力、土地	劳动力、土地	资金条件、产业配套	市场优势
优势分布	全国性的	中西部地区	东部地区、东北和中部部分地区	东部地区
适合产业	劳动密集型产业	劳动密集型产业	资金和技术密集型产业	多层次的服务业
参与地区	东部为主	中西部地区	东部地区	

全面发挥比较优势，有利于稳固和提高我国在国际分工中的地位，东部地区成为世界资本、技术密集型产业的集聚地，中西部地区成为劳动密集型产业的集聚地（见图1）。

但经济全球化的新变化对我国产业发展也构成了一些潜在风险。我国东部地区由原来的产业转移接受地变为转出地。东部地区劳动密集型产业已连续增长了二十多年，远远超出了世界产业转移的平均周期长度10～15年，目前已出现了强烈的产业转移需求。东部地区劳动密集型产业转移规模较大，据测算，到2010年，仅广东、上海、浙江、福建四省市需要转出的产业产值将达到14 000亿元左右。东部沿海的出口加工型产业、劳动密集型产业持续时间约为10年左右，到"十二五"期末将基本调整完毕。因此，如果中西

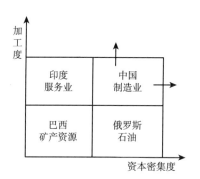

图 1　"金砖四国"的分工角色

部地区受到产业配套、交通基础设施条件的限制，无法大规模吸引劳动密集型企业，使得东部地区劳动密集型产业向其他国家大规模转移，我国在该类产业中的战略优势丧失。受到全球产业转移速度的影响，东部地区承接装备制造业、现代服务业等的转移仍有不确定性，我国部分地区可能会出现"产业空洞化"的现象，不利于我国经济平稳有序发展。

（五）世界经济缓慢回暖，经济失衡得到缓解，为我国经济增长提供了较好的外部动力，但也给我国转变经济发展方式带来了压力

目前世界经济总体进入衰退期，根据世界银行和国际货币基金组织预测，2008 年全球 GDP 的年增长率（加权平均）将从 2007 年的 3.7% 降至 2.6%；发达国家更为严重，美国、欧元区、日本等甚至出现负增长。到目前为止（2009 年 4 月，笔者注），此次全球性危机仍没有见底，经济衰退持续的时间，仍没有形成科学权威的判断。世界银行和国际货币基金组织预测，2009 年世界 GDP 年增长率将降至 1% 左右；经济合作与发展组织预测，2009 年美国经济增长率为 -0.9%、日本为 -0.1%、欧洲为 -0.5%。经济学界就经济危机的严重程度已经达成共识，"这是自大萧条以来最严重的经济危机"。但就走出危机的时间表，认识却不一致，许多欧美国家经济学家认为，2009 年下半年美国经济可能出现温和增长，但一些著名人士如索罗斯、克鲁格曼等则都认为危机影响的时间将更长，将可能是在 5 年甚至更长；而且随着危机的进一步蔓延和发展，一些连锁反应逐渐呈现，发展中国家的金融系统、实体经济所产生的效应可能会形成"第二波风暴"。初步估计，到 2011～2012 年左右，世界经济才可能会出现恢复性增长，总体来看，我国"十二五"后期将是世界经济恢复增长期，这会极大改变我国目前和"十二五"前期由于外部市场萎缩导致经济下滑的状况，而且，从已经形成的产能和市场区分布来看，我国依赖出口拉动经济增长的方式短期内不会发生彻底改变，外部增长环境趋好无疑会加速我国经济复苏。

受美国经济发展模式的影响，"十一五"期间全球经济失衡比较明显，即经常项目逆差向美国集中，经常项目顺差向东亚地区集中。经过本轮经济衰退调整，美国极有可能调整超前消费的模式，消费模式可能会适当保守，进口量会较大幅度下降；东亚地区产能过剩现象将进一步加剧。我国需要积极应对这一变化，一方面要大力开拓国内市场，激活国

内消费，另一方面对于产能过剩部门，尤其是资源消耗严重部门增大调控力度，对改变我国经济发展中的内外失衡、转变经济发展方式带来了极大的压力。

二、"十二五"时期我国经济社会发展的阶段特征

（一）全方位改革综合推进阶段

经过三十多年来以经济体制为核心的改革后，我国已经初步建立了社会主义市场经济体制框架，浅层次的体制弊端已初步祛除，但深层次的问题仍未解决。由于经济体制领域内的改革攻坚滞后，直接影响到解决我国经济发展中存在的长期性、深层次矛盾。

1978年以来，我国采取渐进式方式重点对经济体制进行改革，到目前为止，仍有一系列重大难点问题没有突破，包括支撑市场经济体制框架的重要支柱，如现代产权制度、信用制度和社会保障制度还比较薄弱；还有许多长期没有得到解决的难题，如要素价格改革、产权制度改革、国有企业改革、金融改革、收入分配制度改革等。这些难题的存在，很大程度上是因为这些领域具有综合性，与政治、社会、文化以及环境管理体制改革相互影响、环环相扣，牵一发而动全身，必须综合推开，才能取得较好效果。由于行政管理体制改革不到位，政府职能转变缓慢，我国经济发展领域长期存在的"重增长、轻质量"的问题始终难以解决，国有企业改革、垄断行业改革等始终难以推进；我国经济增长的动力结构中，内需始终不能更好地发挥作用，与我国的收入分配制度和社会保障制度不健全有直接关系；我国经济发展对资源环境的压力不断加大，直接原因在于资源环境要素价格形成机制改革不到位，却与我国环境管理体制改革不到位有关系。因此，要进一步推进我国现代化事业，必须推动经济、政治、社会、文化等领域的综合改革。

尤其是，"十一五"末期的经济调整使得全方位改革更加迫切（常修泽，2009）。党的十七大报告也提出未来要推进经济、政治、社会、文化等领域的改革。客观规律和政府战略共同选择了全方位综合改革。

"十二五"时期，这种阶段的转换有利于解决经济发展中存在的深层次矛盾。因此，该时期将是开始集中解决我国重大问题的时期，也将是这些问题得到部分突破的时期。

（二）向全面建设小康社会目标攻坚阶段

到"十二五"期末，距离2020年我国实现全面小康社会的目标只有五年；"十一五"后期，我国经济发展等各项事业受全球性经济衰退的影响而有所滞缓；"十三五"时期，全面小康社会进入最终攻坚阶段，速度也可能滞缓。对比目前我国建设全面小康社会的进程，应尽快建立倒逼机制，"十二五"期间加速向全面建设小康社会目标冲刺，其中，对于全面建设小康社会目标中的难点，应在"十二五"期间力争实现突破。

根据国家统计局公布的全面建设小康社会监测数据显示：到2007年，我国全面小康社会的实现程度达到72.9%，比2000年的59.3%提高了13.6%，平均每年增长1.95个百分点，如果继续维持这一速度，到2015年我国全面小康社会的实现程度将达到

88.5%，到 2020 年，实现程度为 97.25%；目标似乎可以基本实现，但这种计算方式可能会由于发达地区和经济领域超额实现，掩盖了欠发达地区和滞后领域的困难。

分地区来看，到 2015 年东部地区可以实现全面小康；到 2020 年，东北地区可以基本实现全面小康，中西部地区仍然无法难以实现。没有中西部地区的全面小康，国家无法实现"全面小康"目标（见表 2）。

表 2 东中西及东北地区全面建设小康社会实现程度表 单位：%

	2000 年	2007 年	2015 年（预计）
东部地区	64.0	81.3	100
东北地区	60.7	74.8	90
中部地区	55.8	70.3	86
西部地区	52.3	64.6	78

分领域来看，根据国家统计局发布的全面建设小康社会监测指标体系，从 2000～2007 年发展态势看，实现中有难度的指标包括：R&D 经费支出占 GDP 的比重、第三产业比重、基尼系数、城乡居民收入比、基本社会保障覆盖率、文化产业增加值占 GDP 比重、居民文教娱乐服务支出占家庭消费支出比重、平均受教育年限、单位 GDP 能耗等，其中城镇失业率、基尼系数、城乡居民收入比等指标偏离目标值方向，反方向增加。尽管这些指标不全是经济指标，但大部分与我国经济发展有关，如经济发展过分依赖高投入、高消耗的增长模式，研发投入不足，自主创新能力不强；经济发展方式粗放，导致单位 GDP 能耗水平下降困难；"三农"问题迟迟没有得到解决，导致城乡经济发展不平衡，加剧了城乡居民收入差距等等。

因此，加速中西部地区全面小康社会的建设步伐和尽快实现瓶颈领域的突破，成为"十二五"时期的战略重点之一。这对经济领域以下问题提出了更高要求：全面贯彻落实科学发展观，实现经济增长能够切实带动社会进步。转变经济发展方式，切实改变主要依靠资本、劳动、资源投入的方式，加大经济增长对技术进步的需求。建立健全资源环境保护机制，完善资源价格体系，实现单位 GDP 能耗下降。完善收入分配体制，提高居民收入分配份额。建立完善的城乡、区域协调发展机制、降低城乡居民收入比等等（见表 3）。

表 3 我国全面建设小康社会的单项指标进程

类　别	监测指标	标准值	2000 年	2007 年
经济发展 （29）	人均国内生产总值（元）	≥31 400	7 078	18 934
	R&D 经费支出占 GDP 的比重（%）	≥2.5	1.0	1.49
	第三产业比重（%）	≥50	33.2	40.1
	城镇人口比重（%）	≥60	36.22	44.9
	城镇失业率（%）	≤6	3.1	5～6

续表

类　别	监测指标	标准值	2000 年	2007 年
社会和谐 （15）	基尼系数	≤0.4	0.412	0.458
	城乡居民收入比（以农为1）	≤2.8	2.78	3.55
	地区经济发展差异系数（%）	≤60	68.7	67.6
	基本社会保障覆盖率（%）	≥90	24	47.6
	高中阶段毕业生性别比（女生＝100）	＝100	110.6	100.19
生活质量 （19）	居民人均可支配收入（元）	≥15 000	3 712	8 076
	恩格尔系数（%）	≤40	45.5	40.0
	人均住房使用面积（平方米）	≥27	21.2	26.8 *
	5 岁以下儿童死亡率（‰）	≤20	39.7	18.1
	平均预期寿命（岁）	≥75	71.4	73
民主法制 （11）	公民自身民主权利满意度（%）	≥80		
	社会安全指数（%）	≥100		
文化教育 （14）	文化产业增加值占 GDP 比重（%）	≥5	2.15	2.6
	居民文教娱乐服务支出占家庭消费支出比重（%）	≥16	11.7	12.1
	平均受教育年限（年）	≥10.5	7.2	8.4
资源环境 （12）	单位 GDP 能耗（吨标准煤/万元）	≤0.84	1.43	1.36
	常用耕地面积指数（%）	≥100	100	94.93
	环境质量指数（%）	＝100	—	—

注：人均 GDP、居民人均可支配收入、单位 GDP 能耗按 2000 年不变价计算；因目前城镇调查失业率统计数据还没有对外公开使用，可暂用城镇登记失业率代替。农村居民人均可支配收入暂用农村居民人均收入代替。

资料来源：根据国家统计局统计科学研究所课题组 2007 年、2008 年相关资料整理。

（三）工业化中期向工业化后期转变阶段

2000 年左右，我国总体进入工业化中期阶段，到"十二五"已有十多年时间；"重化工业化"所经历的时间更长，从 20 世纪 90 年代中期开始，到目前已经历了 20 年左右。"十二五"时期，我国工业化中期阶段将趋于结束，开始向工业化后期转变[①]。

判断我国工业化进程，需要采取综合性指标。借鉴中国社会科学院陈佳贵等人的研究

---

① 关于我国工业化阶段的划分和我国正处于的工业化阶段认定，学术界内的声音较多。较有影响的观点包括以下两种：一是我国目前正处于工业化中期阶段，正在进行重化工业化；二是中国社会科学院陈佳贵等人的研究表明：我国 2005 年已经进入工业化中期后半阶段，正在向工业化后期过渡，东部部分地区已经进入工业化后期阶段。详见陈佳贵、黄群慧、钟宏武等著《中国地区工业化进程报告——1995～2005 年 31 个省区工业化水平评价与研究》。

成果①，本文从如下几个方面进行研究：

第一，经济发展水平，主要指标是人均 GDP。根据经典的工业化阶段划分标准，人均 GDP 是判断工业化进程的最直观和最主要的指标。2007 年，我国人均 GDP 已经达到 2 460 美元，达到中等收入国家水平，如果调控得当，经济发展不出现大的问题，到 2015 年，我国经济发展水平可能会接近或达到上中等国家水平，人均 GDP 可能达到 3 600 美元（数据来源：本报告下一部分，2000 年美元），距离工业化后期的经济水平只有 10% 左右差距；按目前的发展态势，东部地区经济发展水平是全国经济水平的 1.5 倍左右，东部地区将进入工业化后期（见表 4）。

表 4　　　　　　　　　　钱纳里关于经济发展阶段的判断及其修正

时　　间	人均 GDP（元/人）		总需求结构（%）		
	1970 年（美元）	2000 年（美元）	初级产品	制造业产品	服务业产品
前工业社会	140～280	552	38	15	47
工业化前期	280～560	1 104	21	24	55
工业化中期	560～1 120	2 208	9	36	54
工业化后期	1 120～2 100	4 417	4	34	62
后工业化社会	2 100～3 360	8 283	—	—	—
现代社会	3 360～5 040	13 252	—	—	—

资料来源：根据钱纳里《工业化和经济增长的比较研究》，上海三联书店、上海人民出版社 1995 年版，第 71 页、72 页、75 页整理而成；根据美国官方统计数据，以 1970 年为 100，2000 年的 GDP 平减指数为 394.4%。转引自陆大道等著《中国区域发展的理论与实践》，科学出版社 2003 年版，第 267 页（有改动）。

第二，产业结构。根据工业化国家的经验，产业结构与经典的理论模式也有较大不同；美国工业化进程中，第二产业比重较为稳定，基本都在 40% 左右，主要是第一产业和第三产业比例关系有较大改变；而日本工业化历程第二产业比重持续上升，最高值突破了 50%。自 1978 年以来，我国三次产业比例由 28.2:47.9:23.9 变为 2007 年的 11.3:48.6:40.1，第二产业比重经历了下降上升过程；第一产业比重持续下降，下降 16.9 个百分点；第三产业比重持续上升，约 18 个百分点。从 2000 年以来，三次产业比重出现了新变化，第二产业比重比较稳定，主要是第一、三产业之间比重变化。考虑到我国基本国情，我国第一产业比重继续较大幅度下降的可能性不大，未来 10 年内，第二、三产业之间的相对关系可能会出现两种情况，一是仍保持相对稳定，与美国工业化情况类似，并不影响我国进入工业化后期，这种情形出现的可能性极大；二是"三上二下"，按照国家规划目标，2020 年第三产业比重提高 10 个百分点，"十二五"时期，第二产业比重一定会出现下降，成为

---

① 中国社会科学院设计了工业化指数的测度指标，指标包括人均国民生产总值、三次产业产值比例、制造业增加值占总商品增加值比重、三次产业就业比例、人口城市化率 5 个方面，通过加权综合后，形成对各省区的评价指标。该指标的最大特点是综合全面，但由于工业化划分标准的主观性较大，其中的较为核心的指标，制造业增加值占总商品增加值比重，由于我国大量的加工贸易，使得该指标科学性下降，该项研究关于我国工业化发展阶段的研究有一定差别。

进入工业化后期的明显标志（见表5和图2）。

从产业贡献率来看，自20世纪90年代中期以来，工业产业对GDP的贡献率仍然占据主导地位，但工业对国内生产总值的贡献率在下降，自90年代中期的近60%下降到目前的不到50%；第三产业则由25%上升到近40%（产业贡献率是指该产业增加值增量与国内生产总值增量之比），从其相对比重变化和更替速度来看，未来10年，第三产业将成为拉动GDP增长的主要力量。

表5　　　　　　　　　　　　　日本、美国三次产业结构的演变　　　　　　　　　单位：%

时　　间	项　　目	日　　本			美　　国		
		第一产业	第二产业	第三产业	第一产业	第二产业	第三产业
19世纪90年代	产值比重	42.7	21	36.3	17.9	44.1	38
	就业比重	72	13	15	42	28	30
20世纪20年代	产值比重	28.1	37.7	34.2	11.2	41.3	47.5
	就业比重	55	22	23	27	34	39
1960~1965年	产值比重	9.7	47.9	42.4	3.3	43.5	53.2
	就业比重	29	31	40	7	34	59
20世纪80年代中期	产值比重	3	54.7	42.3	2	34.0	64.0
	就业比重	10.3	34.8	54.9	3.6	30.2	66.2

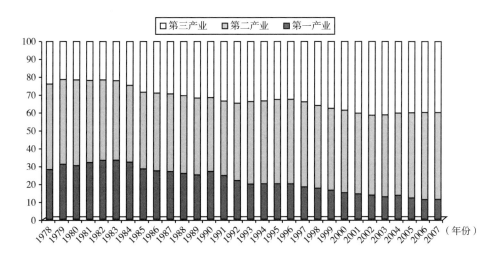

图2　1978年以来我国三次产业结构调整

第三，工业结构。工业化由中期进入后期，"重化工业化"将转为"高加工工业化"。从我国工业劳动生产率和资本密集度来看，2000年以来人均工业总产值（工业劳动生产率）和人均工业总资产（资本密集度）有了大幅度提升，前者增长一倍多，后者增长了50%以上，这是我国工业升级发展的明显标志之一。

自20世纪90年代，我国轻工业"补课式"发展基本结束，开始进入重化工业迅速增长阶段，已经持续了10多年。从日韩经验看，能源原材料工业的高速发展期约为10年，其后是机械、造船、汽车工业等高加工工业。如果将新中国成立初期，优先发展重化工业的时间也计算在内，我国重化工业化时间明显偏长，主要原因是，受到经济全球化的拉动、世界经济总体水平提高，能源原材料行业的市场空间远大于以前。

对我国能源原材料工业和机电工业在工业部门中的比重进行测算，其中能源原材料工业主要包括：煤炭开采和洗选业、石油和天然气开采业、黑色金属矿采选业、有色金属矿采选业、非金属矿采选业、其他采矿业、石油加工、炼焦及核燃料加工业、化学原料及化学制品制造业、化学纤维制造业、橡胶制品业、塑料制品业、非金属矿物制品业、黑色金属冶炼及压延加工业、有色金属冶炼及压延加工业、电力、热力的生产和供应业；机电工业主要包括：通用设备制造业、专用设备制造业、交通运输设备制造业、电气机械及器材制造业、通信设备、计算机及其他电子设备制造业、仪器仪表及文化、办公用机械制造业。可以看出，与2000年相比，2007年，能源原材料类工业仍是我国工业中的主导产业，从工业总产值的比重来看，两者差距甚至有所扩大，但工业增加值和工业资产的比重差距缩小明显；但从两类增长态势来看，尽管两类产业工业总产值、工业增加值、资产总计比重都有不同程度的增长，虽能源原材料工业的作用仍在加强，但机电工业增长明显快于能源原材料工业，尤其是工业增加值和工业资产两个方面，机电工业未来将取代能源原材料工业成为主导产业，但产业间相对地位的变换仍需要一段时间。目前，我国乃至整个东亚地区能源原材料工业的产能过剩问题非常严重，受此次经济调整的影响，"十二五"时期，将是我国能源原材料工业的调整优化期，增长速度下降，装备制造业和高技术产业将会迅速增长，尤其是融合了现代信息技术的装备制造业（见表6）。

表6　　　　　　　　我国能源原材料工业与机电工业占
全部工业部门的比重变化　　　　　　　　　　　　　单位：%

	能源原材料工业			机电工业		
	2000 年	2007 年	增长	2000 年	2007 年	增长
工业总产值比重	41.06	43.78	2.72	27.85	30.53	2.68
工业增加值比重	46.28	47.05	0.77	23.69	25.88	2.19
资产总计比重	52.23	51.14	0.91	23.72	26.61	2.91

工业化后期的典型特征，是产业高加工度化，表现在工业产品作为中间产品增多，产业链条拉长。1997年以来，我国产业加工度不断提升，利用投入产出表进行测度，到2005年，我国工业产品的中间需求已占全部需求的68.6%，也即超过2/3的工业产品是作为其他部门的中间投入品，这一比重已经超过了钱纳里多国模型中工业化后期的数值（58%）。

第四，产业集中度。产业集中度提高是该类产业趋向成熟的标志。原因在于：阶段转换中，原有主导工业部门已经形成较为明显的垄断优势，市场分割基本形成，一些竞争力相对较弱的企业被淘汰兼并，工业空间集中度提高；新兴产业的回报率较高，各地发展热情较高，正处于抢夺市场的前期。20 世纪 90 年代中期，轻纺工业集中度上升、重化工业集中度下降。目前，我国重化工业集中度已经开始提高，2000 年，我国钢铁行业内前 10 位钢企产量（以粗钢为例）为 50%，其后，随着"重化工业化"深入，行业集中度一度下降到 34% ~ 37% 之间，但 2007 年后逐渐提升，2008 年已经达到 44%，这标志着我国重化工业开始走向成熟。有研究认为产业空间集中度也会提升，但重化工业空间集中度规律性不明显，这是由于，影响重化行业空间区位选择的因素较多，产品市场区、原料地及其他交通枢纽地都是适合区位布局较多，空间集聚的趋势并不明显（见图 3）。

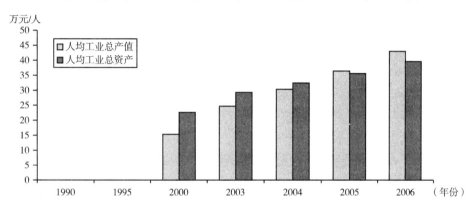

图 3　我国 20 世纪 90 年代以来人均总产值和工业总资产变化

　　总的看来，到"十二五"期末，我国经济发展水平基本可以达到工业化后期的标准，产业结构和工业结构等核心指标也可以基本实现，因此，可以预期"十二五"期末，我国将由工业化中期向工业化后期转变。"十二五"期间，制造业结构表现出明显的高加工度化，主导工业由能源原材料工业逐步转向深加工工业和高技术工业，这迫切需要解决经济领域内一些深层次问题以推动阶段转变，包括转变经济发展方式，提高自主创新能力以促进高加工度产业的发展；健全资源环境管理体制，促进能源原材料工业加快优化等。

（四）城镇化继续加速推进阶段

　　根据工业化国家城镇化发展历程来看，城镇化率处于 30% ~ 70% 期间时，是城镇化加速推进的阶段。我国自 20 世纪 90 年代中期以来，城镇化加速推进，城镇化率年均递增 0.8 ~ 1 个百分点，到 2007 年，我国城镇化率已经达到 44.9%，城镇人口总数达到 5.93 亿。"十二五"时期，扩大内需将作为我国重要的战略选择，城镇化过程是消费总量扩大、消费结构升级的过程，加快城镇化也将是我国扩大内需的战略措施之一，内推外拉之下，我国城镇化进程仍将继续加速推进。

　　"十二五"时期，城市圈的发育成长是我国最为重要的城镇化过程之一。主体功能区规划的实施，进一步明确了城镇发展的区域背景，优化开发区、重点开发区是我国大规模城镇化的主要地区，这些地区已经具备了成长为城市群、都市圈、大都市连绵带的基础条件，是我国未来参与国际竞争、发展现代产业体系、实现高端功能等的主要载体，也是集聚人口与产业、推动国家城镇化进程的主要地区。

城镇化是我国现代化进程的重要方面。从人的发展这一角度出发，城镇化意味着就业结构、生活方式、社会保障的变化，只有"人"享受到完整的城镇化福利才是彻底的城镇化，但前一阶段我国迅速城镇化过程中，伴随着大量的"半城市化"现象，根源在于农民工在城镇实现就业，却没有享受到相应的城市福利，由于户籍等制度的限制，农民工的医疗、卫生、教育、社保等各项福利远远落后于城市居民，首先要解决这部分人的城镇化问题，构成了"十二五"时期人口城镇化的主体。

我国城镇化速度长期滞后工业化速度，受到众多因素的限制，我国非农化率远远高于城镇化率，大量第二、三产业分散在农村地区，占地面积较大、生产技术水平低下、服务人口较少、资源环境浪费严重，这既不利于节约土地资源，又影响到农村地区生态环境，"十二五"期间需要推动这部分产业向产业区、向城镇集中，构成了产业城镇化的主体。

三、"十二五"时期我国经济发展基础、前景及战略选择

（一）经济发展基础与条件

1. 经济总量越来越大，发展回旋余地大；经济"大"而不"强"制约着我国国际竞争力的提升

1978 年，我国国内生产总值（GDP）只有 1 473 亿美元，到 2007 年达到 32 801 亿美元；从 1978～2007 年，我国 GDP 总量增长了 16 倍，人均 GDP 增长 12 倍；我国 GDP 占世界 GDP 的比重从 1.8% 上升到 6.0%，提高了 4.2 个百分点；2007 年，我国 GDP 超过德国，位居世界第三位。经济总量的增长使我国经济抵御外部风险的能力加强；再加上我国庞大的人口总量，形成巨大的市场潜力优势，成为我国经济持续快速发展的潜在市场支撑。而且，巨大的国内市场潜力特别利于培育战略性产业和战略性企业，与贸易政策相配合，为扶持民族产业或企业提供了良好的条件。

但我国经济"大"而不"强"。首先表现在人均经济发展水平不高，到目前为止，我国刚刚从中低收入国家进入中等收入国家，而且仍然属于下中等收入国家。我国经济发展的技术含量较低，关键技术的自给率较低，对外技术依存度达 50% 以上，而发达国家均在 30% 以下，美国和日本则在 5% 左右；在我国的设备投资中，进口设备占投资设备购置总额的比重达 60% 以上，一些高技术含量的关键设备基本上依靠进口；我国每年的发明专利数占世界的比重不到 3%，与我国经济总量已占世界 GDP6.0% 的地位极不相称。市场经济体制仍不健全，价格体系改革不到位，行政干预经济的程度较高；经济安全领域的问题仍然很多，等等（见表 7）。

表7　　　　　　　　　　2007 年部分国家发展指标情况

	国民总收入（10 亿美元）	人均国民收入（美元）	按 PPP 衡量的人均收入（美元）
中国	2 641.6	2 010	7 740
巴西	892.8	4 730	8 800
法国	2 297.8	36 550	33 740
印度	906.5	820	3 800
日本	4 900	38 410	33 150
韩国	856.6	17 690	23 800
中等收入国家	9 415.4	3 051	7 976
下中等收入	4 635.2	2 037	7 020
上中等收入	4 789.7	5 913	10 817
中低收入国家	10 977.7	2 000	5 664
东亚、太平洋	3 539.1	1 863	6 821
高收入国家	37 528.9	36 487	34 701

资料来源：《2008 年世界发展报告》，清华大学出版社 2008 年版。

2. 产业体系齐全，有利于规避国际风险冲击，但产业结构不很合理，优势产业长期被锁定在国际分工中的较低层次

我国逐渐建立了比较完备的产业体系，到 2007 年，我国已经有 210 种工业产品产量为世界第一；几乎建立了包含全部工业部门在内的工业体系，既有微电子、现代生物、航天、核工业等高技术产业部门，又有石化、钢铁、有色金属、汽车、机器制造、电力和交通通信等现代工业部门，以及金融、贸易、代理、中介等现代服务业部门，我国仍然是世界上最大的劳动密集型产品生产国，纺织服装、玩具、电子产品的生产具有绝对优势；既有"规模化、集中化、标准化"的现代大工业生产方式，还有"智能化、柔性化、集成化"的高技术密集的生产方式，还包括众多传统生产方式。较为完整的产业体系，不仅增加了我国产业抵御外界风险的能力；更重要的是，构成了越来越强的集成优势，产业之间互为市场，推动了工业化的发展。

但我国产业结构中存在许多问题，核心问题是产业技术水平不高，第一产业尤其是农业一直存在较为严重的弱质化问题；第二产业技术水平较低，资源能源消耗情况严重，竞争力不强；第三产业发育滞缓，尤其是一些提高经济效率的现代服务业发展尤其缓慢，金融、保险、中介、技术服务等部门总量偏小，服务手段和方式较为落后，与服务工业化的要求相比有较大差距；在现代服务业开始主导全球经济分工的今天，我国现代服务业的发展还远远不能满足要求。而且，我国产业政策存在着明显"结构"偏好，即注重产业部门升级，对于技术水平升级的重视程度不足，使得我国尽管也存在较多现代化产业，但技术含量不高，核心技术和部件依赖国外进口，或者扩散带动效应不强，形成产业体系中的"孤岛"。

我国优势产业部门多是劳动密集型和资源型部门，以加工组装为主、技术含量低、位于国际分工的低端环节。我国出口产品主要是包括纺织服装、玩具、电子信息产品，以及钢铁、焦炭。以电子信息产业为例，我国许多电子信息产品产量占世界总产量的80%以上，有的甚至达到90%，但我国产品却多是简单的加工组装，核心零部件多依靠进口，电子信息业的核心部件LED等，98%来自于国外进口，这制约了我国产业国际竞争力提升（见图4）。

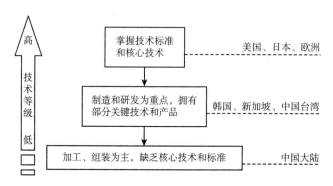

图4　电子产业的国际生产链条

3. 交通运输等基础设施体系日臻完善，为我国经济发展和深度参与经济全球化提供了良好的支撑，但总体水平仍然不高

与其他发展中国家相比，我国交通等基础设施最为完善，成为国际资本竞争中的重要优势条件。2008年，我国高速公路历程已经达到6.03万公里，东部地区高速公路已经联结成网，中西部地区高速公路框架已形成雏形。近期我国政府计划投入4万亿拉动内需，其中基础设施类占比最大，共计18 000亿元，加上各地方的基础设施投资，可以预期，与1998年经济调整期间国家采取投资刺激政策效果类似，"十二五"期间我国交通基础设施可能会有大幅度跨越，东部地区和中西部部分重点地区城际快速交通将形成框架，京沪高铁、京沈高铁等相继建成，大城市地铁交通迅猛发展，交通设施适度超前于经济发展，对经济发展将从支撑作用转为拉动作用。这将极大降低生产要素流动成本，扩大核心城市资源配置的空间范围，加速大都市圈形成，提高我国城市群的国际竞争力。能源、信息等基础设施飞速发展，2008年我国发电装机容量达到7.9万亿，仅次于美国，居世界第二位，有效保障了我国生产生活进一步发展。2007年底，固定和移动电话拥有量达到91 294.3万部，是1988年的192倍；每百人拥有的电话数量由1978年的0.4部提高到69.5部，极大地推动了国家信息化进程。

总体上，我国基础设施的技术装备水平与发达国家有较大差距，如铁路在货运重载、客运高速、自动化管理方面仍处于起步阶段；高等级公路仅占公路总里程的1%多一点。就信息基础设施来看，发达国家已经基本完成了信息化，但我国仍然处于信息化起步阶段，发展水平仍然相对滞后。

4. 城市化迅猛发展，有效拉动经济增长，但快速城市化过程中存在隐患

改革开放以来，我国城市化迅猛发展，年均增长几乎达 1 个百分点，2007 年，我国城镇化率 44.9%，拥有 5.93 亿城镇人口，与改革开放初期仅有不足 2 亿城镇人口相比，增加的城镇人口比美国全国人口还要多。到 2007 年，我国有 667 座大中小规模不等城市，我国地级及以上城市地区经济总量占全国经济总量的 63%，规模以上工业产值占 61%，进出口总额占 99%。从这一角度看，我国已经进入城市化主导阶段。城市化提高了人口和生产要素空间集中度，产生了巨大的规模效益，更为重要的是，我国培育形成了长三角、珠三角、京津冀三大都市圈，山东半岛、辽东半岛、成渝、长江中游（武汉都市圈和长株潭都市圈）、郑洛汴、黄河中游等都市圈也逐渐成形，依托核心城市的高级化功能，各城市之间相互联系、分工合作，成为我国产业升级、技术进步的主要载体，也是我国参与经济全球化、提升经济国际竞争力的主要载体。"十二五"期间，我国仍将处于大规模城市化过程中，初步预计，2015 年，中国城市化率可能达到 53% ~ 55%，快速城市化将继续发挥有效拉动内需、刺激经济增长的作用。

我国快速城市化过程中，吸纳了大量的农村劳动力，目前大约有 2.3 亿农民工，这个群体中相当一部分人被计入城市化人口，但生活质量和公共服务水平，远远不及城镇户籍人员，属于典型的"半城市化"人口，未来需要首先将这部分人转化为城市化人口，将其服务标准提升到城市水平。但也应看到，除了少数核心城市外，我国大部分城市还处于吸附作用时期，对于周围农村乃至小城镇而言，要素收益率较高，是人口和生产要素大量集聚的地区，这加剧了我国城乡、区域发展差距，到 2007 年，我国城乡居民收入差距已经扩大到 3.6 倍，要实现全面小康的目标，必须迅速改变这种状况。

5. 劳动力和生产要素供给成本较低，有利于我国继续较快发展，但面临着成本上涨的巨大压力，促使我国加快经济发展方式转型

改革开放以来，我国凭借着低廉而丰富的劳动力资源和生产要素，经济获得了持续快速增长。到目前为止，我国现有就业总人数超过 7 亿人，我国仍有大量农村剩余劳动力，约有 1.6 亿农村剩余劳动力，我国劳动力成本仅相当于发达国家的 1/20 左右；与同等发展程度的发展中国家相比，我国劳动力成本相差不多，但劳动生产率却远高于这些国家。我国土地、资源、矿产等都归国家或集体所有，要素价格和资源环境使用体制还不很健全，要素价格普遍偏低，资源环境治理成本仍不完全，这些因素降低了企业成本，有利于我国经济持续快速增长。

随着劳动力供需总量和结构变化，以及逐渐完善的社会保障制度，劳动力成本上升压力加大，人口红利正在逐渐衰退，我国 2004 年左右开始出现"劳工荒"，《劳动合同法》实施后，企业普遍反映增加了用工成本。而且，"十二五"期间，这种状况可能会进一步加剧，从 2013 年开始，我国劳动年龄人口比重不在提高，今后 20 ~ 30 年期间，劳动年龄人口的增长速度将逐渐减慢，不仅低于发展中国家和世界平均水平，而且低于北美发达国家（国家发改委宏观经济研究院课题组，2008）。随着我国逐渐逼近 18 亿亩的耕地红线，建设用地的使用价格可能会进一步提高；而且资源的国际依赖度加大，成本上升压力迫近。

6. 社会比较稳定，利于集中精力搞经济建设，但社会矛盾逐渐累积，对经济社会有序运行构成了潜在威胁

改革开放以来，我国经济社会领域的巨大进步，得益于政治社会稳定；另一方面也有效促进了政治社会稳定。尤其是随着中等收入者的不断增多，社会结构稳定性增加，党的执政能力有较大提高，在人民群众中的威信不断增加，与其他发展中国家，尤其是处于工业化过程中国家和转型国家相比，我国政治社会非常稳定，为我国继续保持经济平稳较快发展创造了良好的宏观环境。

但也应清醒地认识到，由于我国分配体制中存在的问题，经济领域的一些矛盾逐渐向社会领域蔓延，再加上公众环境意识和权利意识的觉醒，进一步加剧了社会矛盾的累积。尤其是群众对于贪污腐败、司法不公、环境污染、耕地占用等方面的意见较大，近年来，连续爆发的多次突发公共事件，就是较为明显的表现。

（二）经济发展前景展望

改革开放之前的 28 年里，我国经济增长中存在着三个"古典型周期"，即出现了三次以经济活动绝对量收缩为特征的负增长。改革开放后，经济增长率始终为正，打破了"古典型周期"；1978～2000 年间，经济增长率依然保持着规律性波动，经济增长经历了"2.5 个周期"（其中 1985～1989 年间，经济短期震荡，"峰、谷"不完整），每个周期约为 10 年，震荡中心线为 9.8%，波幅约 5 个百分点。自 2001 年起，这一规律出现了异常，上升周期拉长，经济增长率连续 7 年保持上升态势（中间曾略有震动，但幅度微小），而且增长更加稳定，增长斜率较以前明显缩小。

以下几个因素引起了这种改变，支撑上轮经济增长：我国经济总量逐渐增大，经济增长速度变动趋缓；我国经济广泛融入世界生产链条的推动效应，2001 年我国加入 WTO后，全球产业分工效益迅速凸现，对外贸易量大幅度增长，净出口对于 GDP 增长率贡献持续上升，2007 年达到 21.5%；国内产业结构调整的带动效应，我国产业结构由劳动密集型向资本密集型、由轻型结构向重型结构转型，2007 年规模以上工业企业和全国国有企业人均工业总产值比 2000 年增长 1 倍多，工业投资、城镇投资的大幅增长，成为经济持续增长的主要制动力；信息技术为主体的科技革命的拉动效应，2002 年后，通信、电子设备进入生产生活的速度和广度有了质的改变，提高了经济组织效率、改变了生产要素的组合方式；社会主义市场经济体制逐步完善，宏观调控等政府干预经济运行的水平不断提高，较为成功地抑制了经济过热冲动，经济增长更加有序（见图 5）。

目前，这些因素发生了较大变化。受全球性经济萧条的影响，我国出口将有显著剧烈下降，该因素拉动我国经济增速下探最大幅度可达 3 个百分点。受全球经济环境的影响，我国企业家信心指数显著下降，银行家经济下行风险意识增强，固定投资中占有较大比重的房地产投资将有较大幅度下降，重化工业投资趋稳并较以前有所下降，但受国家经济刺激政策拉动，各地投资冲动明显，投资甚至会有所增长。但我国经济增长的基本面没有改变，仍处于迅速工业化、城镇化时期，仍然具有经济增长的动力和潜力；而且新能源技术已经逐渐显现出拉动效应，再加上我国政府的政策重心逐渐向"保增长、控物价"转移，

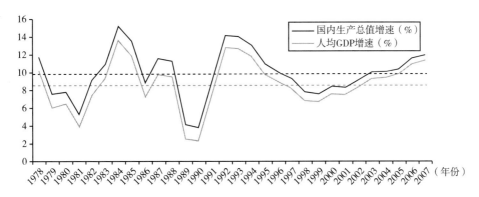

图 5 改革开放以来我国 GDP 和人均 GDP 的增长历程

通过刺激内需、适度放松对加工贸易企业的调整力度等方式，减缓经济增速下滑幅度。总的来看，"十一五"后期几年我国经济增速可能会有较大的调整，下降幅度在 4～5 个百分点左右。这一轮经济调整期的长短，很大程度上取决于国际经济尤其是美日欧等发达经济体的调整时间和深度，考虑到国际经济影响的滞后性，我国经济调整可能会持续到"十二五"初期，"十二五"中后期增速才会缓慢回升，即有 3 年以上的调整期。

"十二五"时期，我国经济处于"前慢后快"逐渐加快增长时期，但经济增长速度由于基数增大的原因，可能会进一步降低。按照统计数据测算，经济增长年均速度每隔 10 年降低 0.7～0.8 个百分点，呈现明显的前高后低特征，自 2001～2007 年，我国 GDP 增长速度约为 9.5%，预计"十二五"期间，我国 GDP 增长速度约为 8% 左右（阶段转换过程中，经济增长速度可能会适度下调），2015 年，我国 GDP 可能达到 600 000 亿元，即比现在翻一番，人均 GDP 达到 40 000 元左右。按美元计，到 2007 年，我国人均 GDP 已经达到 2 460 美元（约合 22 000 元人民币），如果按照 7%～7.5% 的增长速度计算（1978～2007 年，我国人均 GDP 增长速度为 8.6%），到 2015 年，我国人均 GDP 可能达到 3 200～3 600 美元（2000 年/美元）左右，该数值按 2007 年汇率计算，并未考虑汇率波动的影响。

（三）我国经济社会发展的战略选择

科学发展观是指导我国未来经济社会发展的基本战略选择。从世界经济史看，发展观经过了数次嬗变，最初发展主要强调经济总量的增长，把发展等同于经济增长；到 20 世纪五六十年代，关注社会进步问题；七八十年代，增加"可持续发展"的内容；80 年代后，发展又增添了更多的"人文关怀"，"人类发展指数"。60 余年来，发展观由"物"到"人"，由经济发展向社会发展、文化发展、可持续发展拓展，这是当今世界文明发展的共同趋势。

我国经过几十年的探索实践，逐渐形成了"科学发展观"的理念，2003 年，中共十六届三中全会提出"科学发展观"，这成为我党治理国家的新主张，是指导我国各项事业建设的根本方针。对于我国经济领域而言，它明确了发展目的、发展标准、发展目标、发展方式等问题。尤其是经过 5 年来的探索和实践，对科学发展观的内涵有了更明确的认识。科学发展观，第一要义是发展，核心是以人为本，基本要求是全面协调可持续，根本方法是统筹兼顾（见图6）。

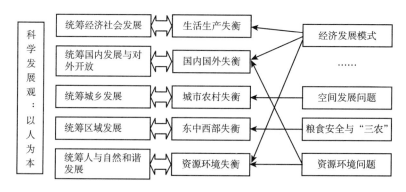

图6　科学发展观视野下经济发展问题

从研究我国经济发展重大问题出发，贯彻落实科学发展观，需要把经济发展现状与科学发展观的要求进行对比，梳理和分析经济发展存在的问题。从科学发展观的基本要求出发，还会发现这些问题的症结，因此，科学发展观提供了评价我国经济发展的基本标准，是研判我国经济发展重大问题的有效工具。

我国经济社会发展战略还包括一些专项战略，如中国特色工业化战略、中国特色城镇化战略、自主创新战略、资源节约和环境友好战略等，这些专业领域内的战略选择既是对科学发展观总体思想的贯彻和落实，也是结合该领域实践进行的探索。

四、"十二五"时期我国经济发展面临的若干重大问题

"十二五"时期，国际环境中不确定性因素空前增多，我国经济社会发展进入新阶段，经济总体上将进入缓慢回升期。国内外环境变化，使"十一五"末期出现的部分问题将逐渐平息和缓解，包括由于经济增长缓慢导致企业经营困难，经济发展中的泡沫刺破后所积累的风险逐渐释放，经济下行带来的严重失业问题。

但经济调整过程中所显露的问题可能会更加突出，包括出口拉动力下降后凸现的内需不足问题、金融开放度增大带来金融安全问题，地区间产业转移困难揭示出地区协调发展机制不健全问题，外贸出口过度依赖出口加工型企业问题等（见图7）。

对比科学发展观的基本要求，国内外环境的综合影响下，我国经济发展中的一些长期性、深层次矛盾将更加突出，而且这些矛盾的内涵、结构、表现形式、作用方式等出现新变化，转变经济发展方式的内涵有了进一步拓展，粮食安全问题的结构发生变化，资源环境和能源问题的表现形式有所不同，收入分配问题的作用方式有所改变等。

而且，"十二五"时期的新环境下，我国也将会出现一些短期问题，长期、中期、短期问题相互交织、纠结，构成了"十二五"时期我国经济发展面临的问题集合。限于时间和作者能力，本文仅对其中的部分问题进行探讨。

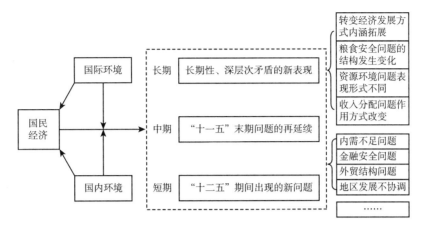

图7 经济发展面临的重大问题的框架

（一）转变经济发展方式的内涵有了进一步拓展

经济发展方式是指推动经济增长的各种要素投入及其组合方式，主要回答依赖什么要素，借助什么手段，通过什么途径，怎样实现经济增长的问题（国家发改委宏观经济研究院课题组，2008）。经济发展方式的核心是促进经济增长的要素及其组合，我国目前经济发展方式存在的核心问题是依靠大量的要素投入（包括劳动力、资源、资本等）促进增长，而不是主要依靠技术创新实现增长。我国经济发展方式中的问题是诸多矛盾的起点，也是各种矛盾的交汇点。

转变经济发展方式是长期任务。自"九五"计划开始，中央就明确提出转变经济发展方式的目标；针对经济增长速度很高，但效率比较低、反复出现投资过热和低水平扩张严重等问题，"九五"计划提出"两个转变"，即"积极推进经济体制和经济发展方式的根本转变"。转变经济发展方式，要处理好速度和效益的关系，提高经济整体素质和生产要素的配置效率，注重结构优化效益、规模经济效益和科技进步效益。"九五"计划主要强调从"粗放"向"集约"转变。"十五"计划编制时期，受亚洲金融危机的影响，我国经济发展速度下滑严重，因此"十五"计划并没有突出强调转变经济发展方式，但提出"坚持把结构调整作为主线"。"十一五"规划将转变经济发展方式作为核心目标之一，提出"加快转变经济发展方式"，并配合以有效的政策手段，典型的如为了改变我国经济发展中高能耗、高排放的问题，"十一五"规划将"节能减排"指标作为约束型指标，甚至分解到各省、市、自治区，明确作为政府部门考核的指标之一。党的十七大报告中也强调要加快转变经济发展方式。但到目前为止，我国经济发展方式还没有得到根本改变，还存在"高投入、高消耗、高排放、不协调、难循环、低效率"的问题。

我国经济发展方式的核心问题是经济增长主要依靠要素投入（包括劳动力、资源、资本等）而不是依靠技术创新。从拉动经济增长的要素来看，我国经济增长过多依赖投资和出口，经济增长高度依赖投资和低成本要素投入，"十五"时期，投资增长相对经济增长的弹性系数高于"九五"时期1倍以上，能源、电力和投资相对于经济增长的弹性系数比"九五"时期提高 1 倍多；投资率不断上升；2001～2006 年，我国全社会固定资产投资年均增长 22.2%，远远高于按现价计算的国内生产总值年均增长 13.3% 的速度。有人认为，工业化中期阶段，经济增长主要依靠投入而不是技术升级，这与发达国家工业化进程的经验不符。根据索洛对美国的研究，1909～1949 年，几乎涵盖了美国工业化中期阶段的全部时间，美国的人均产出增长了 1 倍，其中 87.5% 的增长应归功于技术进步，只有 12.5% 的增长归功于资本使用量的增加；日本和韩国工业化中期阶段尽管技术拉动作用不及美国，但也主要依靠技术拉动（区别在于，美国主要靠原始创新拉动经济增长，日本、韩国主要靠引进技术—消化吸收技术拉动经济增长）。尤其是"十二五"期间，我国将进入阶段转化时期，工业化后期对技术升级的要求更高，转变经济发展方式的需求更加迫切。

由于经济发展方式的核心转变没有实现，使得一些问题在逐步累计，逐渐形成"滚雪球"效应，问题之间环环相扣，极大增加了问题解决的难度。典型的如内外失衡问题，"九五"之前，从拉动经济增长的投资、出口和消费三者关系来看，并没有出现明显的内外失衡，净出口对经济增长拉动作用的波动幅度很大；但由于过于依靠投入而不是技术升级，扩大市场而不是对现有产品的升级成为企业的主要目标，再加上经济全球化开辟了广阔市场，2002 年以来，我国出口迅猛增长，净出口拉动经济增长的作用持续增大，压缩了国内消费的作用空间，导致了内外失衡。这增加了我国经济受到国际游资和国际炒家狙击的可能性，给我国经济安全造成了巨大隐患。而且，由于大量的出口产品是建立在我国廉价的劳动力资源、扭曲的资源价格和极低的资源环境成本基础之上的，通过简单加工，赚取较低的出口利润，将环境污染、安全事故等留在了国内，劳动者权益较低，为我国资源环境造成了较大的压力。再加上我国能源资源的使用一直较为粗放，碳排放量较大，国际社会始终关注这一问题，并利用这一问题在逼迫我国在其他领域内让步。更为严重的是，这种简单靠市场扩大赚取利润的方式，削弱了我国技术进步的动力，使得我国产品的技术含量和技术水平始终处于较低层次，形成了"经济增长依靠投入—技术进步动力不足—进一步加大投入"的恶性循环（见图 8）。

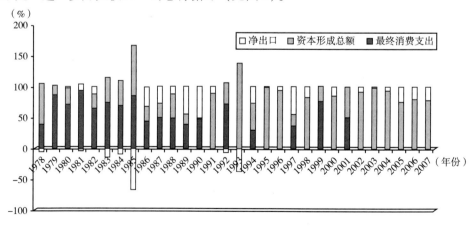

图 8　改革开放以来我国经济增长中的投资、消费、出口的组合关系

因此，转换经济发展方式的核心没有变化，内涵却有了进一步拓展。"九五"时期，注重在经济由外延式增长向内涵式增长转变；"十五"期间，关注产业结构升级调整；"十一五"规划和党的十七大报告中，内涵又进行了丰富，包括经济增长要由高投入拉动向技术进步拉动转变、由主要依靠投资和出口拉动向增强内需的拉动作用转变、由主要依靠第二产业拉动向一、二、三产业协调拉动转变等等，在此基础上，要解决我国经济增长中能源消耗过大、资源浪费、环境污染等问题。"十二五"期间，如果经济发展方式不转变，经济领域内的问题将会继续积累，问题解决的难度也会越来越大，对我国经济社会发展造成的影响也会越来越大，尤其是由于创新动力不足，可能会进一步束缚我国工业产业内部结构升级，甚至影响我国发展阶段的转变，使我国陷入"中等收入"国家陷阱。

（二）粮食安全问题的结构发生变化

粮食安全是经济发展、社会稳定和国家自立的基础，始终是关系全局的重大战略问题。中国人多地少，耕地面积仅占世界7%，却要养活占世界1/5的人口，正如邓小平同志所指出的"如果中国粮食出现问题，世界上谁也救不了我们"。由于我国粮食需求量巨大，我国粮食一直保持较高的自给率；根据国家发展和改革委2008年11月公布的《国家粮食安全中长期规划纲要（2008～2020年）》提出，我国粮食自给率稳定在95%以上，到2020年粮食综合产能达到5 400亿公斤以上。如果我国粮食自给率下降5个百分点，即从国际市场获取500亿斤左右的粮食，世界粮食交易量①将可能增加十几个百分点；如果我国粮食自给率降到日本的水平（约为50%），世界粮食交易量将翻倍增长，粮食市场可能无法提供相应数量的粮食。但与传统的"粮食安全"概念不同，"十二五"时期威胁粮食安全的因素更多，不仅仅来源于生产环节和消费环节，还会拓展到流通环节等，粮食安全问题的结构发生了较大变化。

生产量减少始终是粮食安全的首要威胁。近二十年来，我国粮食产量并不稳定，1998年以后，粮食产量一度连年下滑，2003年跌到8 600亿斤；从2004年以来，粮食生产得到恢复、稳定和发展。2007年粮食总产量达到10 030亿斤，2008年继续稳定在1万亿斤的台阶，这一水平是实现我国粮食规划目标的保证。通过技术手段，促使我国粮食亩产大幅度增加的可能降低，而且如果大量采用这些技术手段，可能会使粮食质量下降。但粮食产量下滑的潜在因素长期存在，造成粮食产量下降的主要原因是耕地数量的减少，包括工业化推进、城镇化推进以及生态建设等占用耕地，土地资源在工业化、城市化、交通现代化和传统的农业间需要重新的分配。其中工业化和城镇化占用耕地是我国耕地减少的主要原因；1949～1996年，全国城乡建设、农业结构调整及因灾弃耕等原因累计占用耕地3 864万公顷，平均每年减少82.2万公顷（0.12亿亩），1997～2000年期间各种原因占用耕地344万公顷，平均每年减少81万公顷。"十二五"期间，

---

① 根据统计，世界粮食贸易量多年一直稳定在5 000亿斤以下。参见《中国农业国际化的战略选择》，www.chinabgao.com。

我国仍将保持每年 1 000 多万人口进入城市，累积 5 000 多万人进入城市，按照目前建设部的标准，每人使用城镇土地面积约 120 平方米左右，也即如果不计已建成用地的内部挖潜，仅城市化大约需要 6 000 平方公里（900 万亩，近年来我国城市用地增长在 300～500 万亩）的建设用地，再加上产业园区用地、交通等基础设施用地、生态建设用地等的需求，如果不加限制，2015 年，我国耕地将很快突破 18 亿亩的红线，考虑到城市周围耕地质量较高，粮食产量可能会因此下降 2%。而且，受全球气候变化的影响，极端天气事件增加，干旱、飓风、霜冻、洪涝、冰雹等都会影响到粮食产量。类似于 2009 年初的大面积干旱等极端天气现象，未来可能还会增加。这进一步增加了粮食供给的困难。粮食单产水平提高是未来保证我国粮食产量的最主要途径，我国 2008 年粮食单产达到 350 公斤/亩左右，使得粮食总产量稳定在 10 000 亿斤左右，根据《国家粮食安全中长期规划纲要（2008～2020 年）》，2010 年我国粮食单产争取稳定在 320 公斤/亩，2020 年争取稳定在 350 公斤/亩。从我国粮食单产来看，尽管比自然条件、机械条件都好的美国、法国单产水平低 15%～20%，但与日本相差不多；到 2015 年，我国粮食产量上升空间已经有限。综合来看，到 2015 年，我国粮食供给量可能会稳定在目前的水平上。

第一方面消费量增长是导致粮食供需不平衡的主要因素。“十二五”时期，我国仍处于人口迅速增长期，据预测，到 2015 年，我国总人口可能达到 14.2 亿左右，增长 5 000 万～55 00 万人，按人均每年需要 400 千克粮食计算（这是我国目前的粮食消费水平，远低于发达国家的水平），将净增 400 亿～450 亿斤的粮食需求。第二方面，我国居民生活消费水平还比较低，未来，消费需求刚性升级的要求大，对粮食需求量下降，但肉、蛋、奶、油等高品质食物需求量增大，这些食物也需要纯粮转化为饲料后再生产等形式，一般来说，大约需要消耗 8 吨粮才能生产 1 吨肉；再加上农村人口进入城市，生活消费水平也有自然升级的现象；消费需求升级还包括，随着生活水平的提高，对于绿色生态产品的需求增加，这种产品单位面积产量要低得多，因此，尽管消费没有升级，但对粮食产量起到了降低作用。该方面产生的需求增长可能也会增加 400 亿～500 亿斤。第三方面的威胁在于生物质能源发展，也需要大量的粮食，这方面的威胁与国家政策关系很大，也取决于其他新能源的发展状况，总量很难估计，但威胁确实存在。总起来看，2015 年，我国粮食需求量大约会增加 800 亿～1 000 亿斤[①]，对比粮食供给量，粮食安全仍是大问题（见表 8）。

---

① 根据马晓河等人的测算，预测到 2010 年和 2020 年，我国国内粮食需求将达到 5 016 亿斤和 5 418 亿斤，即 2020 年比 2010 年国内粮食需求增长 800 亿斤左右（参见朱之鑫：《“十一五”时期中国经济社会发展若干重大问题研究》，中国计划出版社 2006 年版）。农业部的有关预测显示，到 2015 年，我国总人口将达到 14.5 亿人，粮食需求预计为 5 835 亿斤（参见《全国粮食生产发展规划》，农业部网站，2008 年 11 月 10 日），明显大于马晓河等人的测算。笔者的测算介于两者之间。

表8　　　　　　　　　　　　我国城乡居民家庭人均食品消费量变化　　　　　　　单位：千克/人·年

年份	粮食		蔬菜		食油		猪牛羊肉		家禽	
	农村	城市	农村	城市	农村	城市（植物油）	农村	城市	农村	城市
1990	262.08	137.2	134.00	138.7	5.17	6.4	11.34	21.74	1.25	3.42
1995	256.07	97.0	104.62	116.47	5.8	7.11	11.29	19.68	1.83	3.97
2000	250.23	82.31	106.74	114.74	7.06	8.16	14.41	20.06	2.81	5.44
2005	208.85	76.98	102.28	118.58	6.01	9.25	17.09	23.86	3.67	8.97
2006	205.62	75.92	100.53	—	5.84	9.38	17.03	23.78	3.51	8.34
2007	199.48	77.6	98.99	—	5.96	9.63	14.88	22.14	3.86	9.66

　　粮食流通环节可能会成为未来威胁我国粮食安全的新因素。在中国的主要粮食中，一直以来小麦和大米皆能自给，只有大豆严重依赖进口；国内粮食市场又是封闭的，而且粮食生产者是数以亿计的农户，粮食市场因此被认为是完全竞争市场，不可能产生垄断，再加上国家对大规模粮食流通的限制，流通领域一直未被看做影响粮食安全的危险。但自2008年起，中国关于外资企业进入粮食流通领域的WTO过渡期已经结束，跨国公司开始进军中国粮食流通领域，跨国公司通过控制中国粮食收购企业、大量控制个体粮商等方式，对我国粮食流通产生新的威胁。根据跨国公司在南美的控制经验来看，会包括购买土地、生产、运输设施建设、加工、销售等整个链条，从而对该国的粮食供应产生重大影响。一些外资企业通过几年的发展，已占据我国小包装食用油60%～70%的市场份额，呈垄断地位；近几年在外资公司粮食主产区建立、收购大型面粉、大米加工企业和大型粮食收购储存加工基地，并通过食用油的渠道销售面粉及大米，进一步进入粮食消费市场；我国耕地虽然不会被国外粮商购买，但却可以通过粮食合同影响粮食生产，如果外资粮商再进一步向纵深发展到土地耕作，会严重威胁我国的粮食供需安全，如果从源头输入转基因还会威胁到粮食的食用安全。2008年11月，国家海关总署发出预警，指出外资企业在我国粮食领域的控制力正在加强，尤其跨国投资企业丰益国际，斥资30亿美元进驻东北，企图垄断国内非转基因大豆市场。国内企业应对方面显然不足，中国粮食市场调控存在的一大问题是只有储备，没有加工品和销售的控制；中储粮作为中国最大的粮食储备企业，具有较强的实力，却没有粮食加工业务；中粮集团有加工业务，却不能掌控粮源，销售网络也不够。在与跨国粮商竞争中处于不利地位。

　　与粮食安全紧密相关的是"三农"问题，也是我国长期性、战略性问题。我国农村人口过多，农村经济落后，农业经营困难的问题长期存在。"十二五"期间，这些问题仍然严峻，仅以农业经营困难为例。未来，我国农业生产成本还将持续上升，分析引起农产品成本上升的因素，主要来源于农业外的因素，即农业生产资料成本上升是工业化过程中难以避免的现象，仅依靠农业领域内的政策无法解决这一问题，再加上由于总体发展水平的提高，土地和人工的机会成本上升，严重削弱了农业效益空间，使得农业经营困难的问题长期存在（见表9）。

表9　　　　　　　　　　　**2001～2006年三种粮食平均成本上升的组成结构**　　　　　　单位：%

总计	化肥成本	土地成本	人工成本	种子	农药
100	34.0	27.2	25.4	8.8	8.3

资料来源：根据《中国农业发展报告2007》整理，转引自姜长云的《健全完善以工促农、以城带乡的体制机制推进社会主义新农村建设》（国家发改委宏观经济研究院课题组，2008）。

（三）资源环境与能源问题的表现形式发生变化

在我国脆弱的环境本底条件上，重型化产业结构和不完善的资源环境管理体制，使得资源环境污染不断累积，未来将以严重的突发事件形式爆发出来，彻底扰乱关联地区的生产生活，这些地区多是我国的发达地区和生态园区。

我国环境本底较差，人均资源占有量低、适宜人类居住的环境资源有限。我国水资源总量占世界总量的6.5%，用水总量占世界总量的15.4%，黄河流域、淮河流域和海河流域水资源的开发利用率已分别高达70%、60%和90%，而国际上公认的河流水资源开发利用率应低于40%，否则将危害河流健康和流域安全。根据温度、湿度、地形、地貌、土壤等综合自然条件评价，我国适宜人类居住的空间面积狭小，适宜耕作的面积较少。科学界不断发出警告，部分地区资源环境承载力接近极限，但随着人类对生产要素搬运能力的提高，尤其是长距离调水、长距离调能、超高压电能输送等技术进步，某地区资源环境承载力不断被突破，这也使得各地忽视环境限制盲目发展的冲动更加明显。

我国实施追赶型工业化战略，将发达国家几百年走过的工业化在几十年内完成，必然会产生对资源环境的高强度掠取。我国采取的是出口导向型发展战略，在全球经济水平提高拉动工业品市场规模持续膨胀的刺激下，我国工业品生产迅猛增长，产品虽已出口，但产品生产过程中的环境污染却留在了国内，两者综合起来，形成了严重的环境污染事件。我国的污染物排放总量大，单位GDP SO_2 和氮氧化物排放量是发达国家的8～9倍，能源消费量和 CO_2 排放量均居世界第二位，日耗水量和日均污水排放量居世界第一位。生态系统服务功能退化，全国因水土流失每年流失土壤50亿吨，沙化土地面积达174万平方公里，荒漠化加剧，90%以上的天然草原退化，湿地面积不断减少，生物多样性锐减，各类生物物种受到威胁的比例普遍在20%～40%。目前我国受镉、砷、铬、铅等重金属污染的耕地面积近2 000万公顷，约占总耕地面积的1/5；城市空气污染严重，在监测的319个城市中，近45%的城市大气环境质量达不到二级标准，SO_2 和颗粒物污染严重；每年产生1亿多吨的城市生活垃圾，带来严重的固体废弃物污染。重大突发性环境污染事件频发，已经直接影响到地区生产生活。仅2008年，青岛附近黄海海域大规模藻类爆炸式增长，为了保证奥运帆船比赛顺利举办，山东省投入大量人力物力全力治理，成为影响全省生产生活近一个月的头等大事。太湖蓝藻暴发，给环太湖地区生产生活用水造成了困难，影响也长达数月。

我国能源问题主要表现在三个方面：

一是以煤炭为主的能源供应结构与工业化演进方向不符。人类发展过程中，能源利用结构与经济发展存在着对应关系。第一次工业革命之前主要能源是木材、薪炭等生物能源，热值低，用途是生产和生活；第一次工业革命开始大量使用煤炭，在工业生产和交通（主要是火车）以及生活方面大规模使用。自第二次工业革命以来，石油使用量增大并占据主导地位，工业部门、工业动力设备、交通运输工具等也由于能源升级而获得了升级；从18世纪到本世纪，在经济和环境污染压力下，经历了从以煤为主向石油、气体燃料为主的转变。2006年，世界化石燃料占总能源供应的87.9%。其中石油占35.8%、煤占28.4%，天然气占23.7%。我国正处在工业化快速发展过程中，但我国最丰富的能源资源是煤炭，据有关资料显示，我国已经查证的煤炭储量达7 241.16亿吨，其中生产和在建已占用储量为1 868.22亿吨，尚未利用储量达4 538.96亿吨；从我国能源消耗结构也可以看出，我国煤炭占总能源供应的75%左右，也即我国能源供应方向与工业化升级方向出现"背道而驰"。即使考虑到煤炭也可以技术转化为热和电，能源转换会产生一系列问题，包括终端能源利用效率无法提高，大规模的能源需求，要求大容量的转换和输送系统，中间损失自然会增加；其次是必须大规模利用资源，小规模的资源被浪费，还可能出现资源供应"瓶颈"；其三是由于效率无法提高，导致环境污染加剧（见图9）。

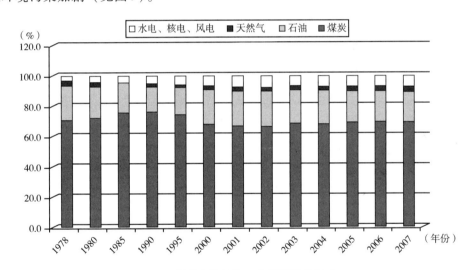

图9　中国改革开放以来能源消费组成

二是能源消费增长速度迅猛，但利用和转化效率不高，能源浪费现象非常严重。我国能源消耗迅猛增长，从2000年的13.9亿吨增加到2006年的24.3亿吨；增加近75%。2006年中国GDP占世界总量的5.5%左右，但能源消耗达到24.6亿吨标准煤，大约占世界能源消耗的15%左右。但钢材消费量达到3.88亿吨，大约占世界钢材消耗的30%。水泥消耗达到12.4亿吨，大约占世界水泥消耗量的54%。目前，我国已经成为世界上煤炭、钢铁、铁矿石、氧化铝、铜、水泥消耗最大的国家，是世界上能源消耗的第二大国。

目前中国能源系统的总效率仅为9%，不到发达国家的1/2，这意味着，能源在开采、加工、转换、输送、分配到终端利用，90%以上被损失和浪费掉。其中开采效率为32%，中间环节（加工、转换、储运）效率为70%，终端利用效率为41%，中间环节和终端利用效率的乘积通常被称为"能源效率"，为29%，比国际先进水平大约低10%。

能源消耗弹性系数是指能源消耗的增长速度与经济发展增长速度的比值。能源消耗弹性系数与产业结构关系密切，20世纪90年代中期以来，我国能源消费弹性系数迅速上升。"十一五"规划中重视了能源使用效率问题后，逐渐改变了能源消费弹性系数增大趋势。从单位GDP能耗来看，我国近年来有所下降，但幅度不大，2006年我国单位GDP能耗下降1.33%，2007年下降2.66%。国家能源研究中心的数据表明，每创造100万美元GDP，中国能耗是美国的2.5倍，欧盟的5倍，日本的9倍（见图10）。

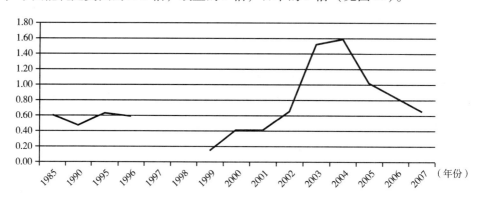

图10　我国能源消费弹性系数

发达国家生产、生活、交通用能各占1/3左右，我国情况有所不同，我国工业能源消费量占能源消费总量的70.77%（见图11），仅石油加工、炼焦及核燃料加工业、化学原料及化学制品制造业、非金属矿物制品业、黑色金属冶炼及压延加工业、有色金属冶炼及压延加工业、电力、热力的生产和供应业等6个产业耗能就占我国全部能耗的51%。工业用能效率不高是我国能源消费弹性系数不能迅速下降的主要原因。从工业用能来看，进入工业化中期阶段后，我国工业用能能源利用效率有了较大提高，但这是在我国工业化前期（即改革开放初期）能源利用极为粗放的基础上有所下降，也包含了由于世界和我国技术进步所产生的效率提高。自2000年以来，我国工业用能水平变动不大，单位工业增加值能源消耗量甚至有上升态势。

三是能源依赖度不断增大，使得我国经济发展受国际影响尤其是能源领域国际炒家狙击的对象。从我国工业化发展历程来看，我国一直试图加大石油的使用量，适应工业产业升级和生活、建筑等消费结构的升级，而我国石油储量相对不足，因此，从1993年中国成为石油净进口国以来，中国的石油进口增长突飞猛进，2007年中国的石油进口量近2亿吨。2008年国际原油价格经历"过山车"效应，随着石油价格的高涨，我国经济热度上升、全盘绷紧现象非常严重；油价下跌时，企业生产停顿，经济进入调整期。国际油价涨跌很大程度上与国际炒家有关，我国石油依赖度增大后，国际炒家通过狙击油价，从我国经济中攫取了巨额利润，我国经济成为国际炒家狙击的对象（见表10、表11）。

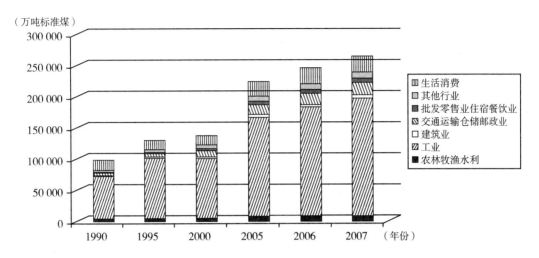

图 11　我国能源消费的行业构成

表 10	我国主要行业能源消费结构			单位：%
行　　业	能源消费总量 （万吨标准煤）	煤炭消费量 （万吨）	原油消费量 （万吨）	天然气消费量 （亿立方米）
消费总量	265 582.99	258 641.41	34 031.60	695.23
采掘业	14 055.77	17 659.86	1 203.93	96.32
制造业	156 218.80	94 188.36	32 655.33	333.21
石油加工、炼焦及核燃料加工业	13 176.51	25 655.94	30 309.24	26.52
化学原料及化学制品制造业	27 245.27	12 272.26	2 315.05	223.43
非金属矿物制品业	20 354.84	17 105.39	14.66	31.25
黑色金属冶炼及压延加工业	47 774.37	22 504.92	0.10	14.22
有色金属冶炼及压延加工业	10 686.37	2 633.73	0.31	5.79
电力、热力的生产和供应业	18 474.59	131 922.92	8.42	70.78
建筑业	4 031.44	565.33	—	2.09
交通运输、仓储和邮政业	20 643.37	685.45	163.66	16.89
批发、零售业和住宿、餐饮业	5 962.11	868.27	—	17.11
其他行业	9 744.40	811.43	—	16.09
生活消费	26 789.71	8 100.61	—	133.39

表 11	我国能源矿产资源的对外依赖度		单位：%
项　　目	2000 年	2010 年	2020 年
石油	31	50	58
铁	33	34	52
锰	16	31	38
铜	48	72	82

资料来源：根据《中国能源发展报告 2007》的研究预测表。

（四）收入分配领域的问题作用方式有所改变

我国收入分配制度的核心问题是分配过渡向政府、向企业倾斜，这种收入分配格局带来了社会领域内一系列问题的同时，不利于推动我国工业化阶段转变。

改革开放以来，我国国民收入分配格局有了明显的变化。到1998年之前，居民、企业和政府三者的分配比例，1978年为55.0%:11.1%:33.9%，1998年为68.6%:13.9%:17.5%，变动趋势是居民的份额不断提高，企业的份额有所上升，政府份额大幅下降。但此后（我国总体开始进入工业化中期阶段），这种变动趋势发生了较大变化，居民分配的份额明显下降，企业份额进一步上升，政府的份额大幅度回升，到2006年，居民、企业和政府三者的分配比例为57.1:21.4:21.5，也即资本和资源在分配中所占的比重继续上升，劳动所占的比重大幅下降。

这种收入分配格局与我国工业化中期阶段结合在一起，不利于经济发展方式转变。根据美国的收入分配经验，美国在大萧条前收入分配中资本居于强势地位，政府再分配力度微弱；大萧条后分配模式发生了巨大变化，各分配主体地位逐渐趋于均衡，并略向普通劳动群体倾斜，政府再分配力度加大，差距趋于收缩。考虑到美国大约在1920年左右进入工业化中期阶段，因此，美国工业化中期阶段的分配模式与我国工业化中期阶段的分配模式是不同的。我国收入分配模式的问题在于，初次分配向企业和资本倾斜，使得各类企业更容易进行资本积累，也更愿意进行资本扩张，企业投资扩张冲动明显，而进行技术创新、提高生产率的动力较少；尽管还存在再分配，但通过个人所得税、最低社会保障、社会救济等方面的政策措施，无法从根本上扭转初次分配领域的扭曲，而且，部分再分配政策甚至存在着逆向调节的情况，使得我国居民消费受到较为明显的限制，因此，投资拉动、消费疲软的经济发展方式迟迟没有转变。

由于收入分配中向资本和政府倾斜，因此，资本密集型和资源开采加工工业（资源多是受政府控制）所占的优势更大，尤其是垄断性重化工业部门，如"石油和天然气开采业"，和一些带有垄断性质的部门（主要是资源开采加工业），如"黑色金属矿采选业"、"有色金属矿采选业"等的成本费用利润率远高于全国平均水平。这类产业的高回报率因此吸引了大量资本进入，对其他技术密集企业产生了挤出效应，将我国产业结构长期锁定在较低水平（见表12）。

表12　　　　　我国垄断部门与机械电子行业城镇单位就业人员劳动报酬比较

行业门类	城镇单位就业人员劳动者报酬（元）	该行业与全国平均水平比较
部分垄断部门		
石油和天然气开采业	38 283	1.55
烟草制品业	52 418	2.12
石油加工、炼焦及核燃料	31 614	1.28
黑色金属冶炼及压延加工业	30 786	1.25

续表

行业门类	城镇单位就业人员劳动者报酬（元）	该行业与全国平均水平比较
电力、热力的生产和供应业	36 325	1.47
机械及电子行业		
通用设备制造业	22 854	0.92
专用设备制造业	22 232	0.90
交通运输设备制造业	26 922	1.09
电气机械及器材制造业	21 141	0.86
通信设备、计算机及其他电子设备制造业	26 934	1.09
全国平均	24 721	1

　　这种分配模式必然会带来收入差距过大，掌握资本和资源的人获得收入最高，垄断部门职工也会获得较高收入，而其他人收入相对较低。我国居民个人收入的基尼系数1996年为0.424，1998年为0.456，1999年为0.457，2000年为0.458。到目前为止，我国的收入差距在持续扩大过程中，2006年，我国基尼系数达到0.47，成为现代社会中难见的高值；尽管美国历史上收入基尼系数最高值（见图12）远高于我国目前水平，但其工业化中期阶段，也是居民收入差距迅速缩小的阶段。我国居民内部收入差距过大，进一步限制了消费对我国经济的拉动能力。这是因为高收入群体的消费空间往往是全球化的，是拉动世界品牌，而低收入群体由于收入增长过慢，消费能力有限，居民收入增长过慢使得我国消费增长速度慢，尤其是在社会保障制度还未健全的环境下，不稳定的收入预期下，居民消费增长缓慢是正常的。

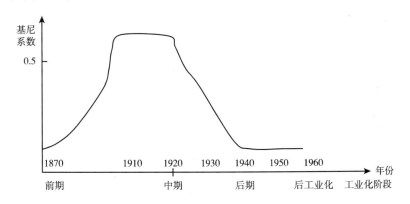

图12　美国工业化过程中收入分配差距（基尼系数）演变

　　资料来源：王迎春等《工业化阶段的收入分配：美国的教训和中国的挑战》，载于《中国国情国力》，2007年12月21日，根据当中有关数据绘制。

　　这种分配模式在空间上使得资本密集区域获得更多利润，我国收入分配不平衡程度也较大。东中西部地区农村居民人均纯收入的比例关系，1978年为1.09:1:0.91（以中部地区为1），2007年东中西以及东北的比例关系为1.46:1:0.97:0.99；城镇居民人均可支配收入的比例关系，1978年东中西部比例为1.10:1:1.01，2007年东中西以及东北比例为1.52:1:0.79:1.13，这与我国东中西经济发展差距相互影响，放大了区域差距。城乡居民收入差距经历了由迅速缩小到逐渐扩大、由逐渐扩大到逐渐缩小再到加速扩大的发展过程。1978年城乡居民收入比为2.57:1（以农村居民收入为1），1985年达到历史最低点1.8:1，1994年达到历史高点2.86:1，超过了改革开放前的水平，1997年城乡居民收入比达到新的谷底2.47:1，但之后再次加速扩大，2007年已经扩大到3.55:1，成为改革开放以来的最高点。再加上城市居民的社会保险和福利等，城乡居民收入比的实际值可能要超过5:1。我国城乡居民收入比虽然远超过国际上公认的警戒线，但由于我国国土辽阔、人口众多，地区物价水平差别较大，居民可购买能力差别要小于收入差别，因此并未发生严重的社会问题，但其中蕴藏的社会风险不可忽视，因"仇富"而引起的暴力事件增多。

（五）区域发展不协调的问题更加严重

实现区域协调发展是一个长期的、艰巨的系统工程，区域之间经济社会发展差距逐渐拉大，累积了社会风险及政治风险；区域产业分工趋向混乱，导致资源无序开发，产业重复建设，市场相互分割，全国统一市场迟迟无法形成。

1. 区域经济发展差距过大

改革开放之前，由于实行均衡的区域发展政策，较多照顾"公平"，区域之间发展差距不大，但却损失了效率。改革开放初期，在"两个大局"思想的指导下，我国实行倾斜发展政策，东部地区经济获得迅速增长，国土经济空间迅速向东南倾斜，这种现象一直持续到目前，2007年，东部、中部、西部和东北地区GDP占全国的比重分别为55.3%、18.9%、17.4%、8.5%。但差距扩大趋势似乎得到遏止，近几年，我国中部、西部和东北部分地区的增速均超过了东部地区，而且，增速最快的多是中西部地区的省份，这些地区的经济总量在全国的比重均有所提高。

在各省区市人均GDP基础上测算的地区发展差距基尼系数显示，改革开放初期至1990年，中国地区差距呈现缩小趋势；1990~1995年，地区差距呈现扩大趋势，1995~2004年，中国地区差距趋稳，升幅放缓。2004年地区差距基尼系数达到0.350，为30年来最高点，其后趋势发生变化。2004~2007年，按基尼系数计算的中国地区差距呈现缩小趋势，基尼系数下降了0.005（张军扩，2008）。由于我国幅员辽阔，人口众多，很难从国际经验上得出我国能够承受的基尼系数最高值，但与其他国家对比可以发现，我国目前地区差距问题已经非常严重。

另外，基尼系数趋向缩小是否意味着区域发展差距开始进入拐点区域，将进入区域协调发展态势？从差距缩小的原因和区域间关系透视，区域协调发展任务远没结束。目前，中西部地区迅速增长的主要原因在于，这些地区资源型产业尤其是矿产资源开采和加工业在市场刺激下爆炸式"增长"，连续5年位居全国增长首位的内蒙古，正是依托丰富的煤炭资源发展起来的，其他增长较快的还包括山西、新疆、宁夏等资源大省（区）。随着本轮经济调整，这种产业格局凸现出了重大问题。

2. 区域产业分工更加混乱

到21世纪初，中西部地区以资源型工业为主，而东部地区多是劳动密集型工业和技术含量较高的工业。按照我国区域发展目标设计，东部劳动密集型产业生产成本提高、发展空间压缩后，应向中西部地区转移，东部地区集中发展技术和资本密集型产业，东中西地区互为市场，产业分工合理有序，东中西地区协调发展。但自新一轮重化工业化以来，尤其是2000年以来，东部地区掀起了"沿海大开发"热潮，大量利用国外进口矿产资源，利用地区资金条件，或吸纳中西部地区重化工企业向沿海地区搬迁或建立分厂，使得中西部地区一些发展条件较好的企业搬迁，经营较差的企业倒闭破产，资源型工业规模压缩。但沿海地区的劳动密集型产业向外转移较慢，资本密集型产业增长较快，东部地区没有向西部地区转移产业反而吸引中西部产业外流，西部地区为了促进经济增长，大规模开采矿产资源，供应东部或国外地区；或不顾本地区脆弱的生态环境，大量发展资源初加工项目，造成全国范围的能源原材料工业产能过剩。

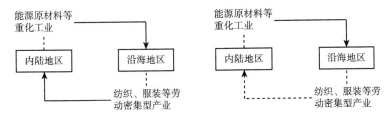

图13　内陆与沿海地区产业转移的理想模式（左）与实际模式（右）

劳动密集型产业向中西部地区转移困难，不是暂时现象。根据国家发展改革委中小企业司的统计数据显示，前8个月，东南沿海地区就有6.7万家规模以上的中小企业倒闭（大部分为出口导向的劳动密集型企业），约有2 000万人被解雇，对我国经济增长和就业产生了较大的不利影响。这些企业并没有大规模向生产成本相对较低的中西部地区转移。其中原因包括如下几个方面：

（1）生产要素成本差距不大。与改革开放初期，东部地区接受劳动密集型产业时不同，此轮转移主要在国内地区间，劳动力的流动性较强，与上一轮国家间产业转移时劳动力流动性较差不同，东部地区的许多工人是中西部地区的劳动力，在实际工资有着较大幅度的差异时，西部地区劳动力会向东部地区转移，而不是在西部地区赚较少的工资，这在西部年轻的熟练工人身上体现得更为明显；而且即使东西部目前存在着工资差距，有企业家判断这种差距可能会在2年内消失。目前，从劳动力成本的绝对差距来看，尽管东部地区账面上比西部地区高200～400元，但由于东西部地区存在着劳动生产率的差异，很大程度上抵消了工资差异，甚至还出现倒挂现象，即单位产出的工资东部地区小于西部。中西部地区其他生产要素的成本，与东部地区相比差距也不很大。如土地成本，东部地区账面地价较高，但部分地区采取了多种形式暗补地价，包括返还土地税款、租赁厂房、代建厂区和厂房、分期付款等，地价远低于账面数目；目前国家对地价实行指导价和限制价，中西部地区财力有限，账面地价与实际地价差别不大，地价优势并不明显。

（2）配套产业基础差。我国东部地区转移出的纺织服装、电子信息产业、塑料陶瓷等产业，都是分工细、链条长、时效性强的产业，对于配套产业发展的要求相对较高，但中西部地区至今仍缺乏可以配套的生产环节。如服装产业链的上游、下游、面料、涂料、加工、设计、营销的加工配套极强，时效性要求高；虎门的服装产业，巴黎时装设计师做设计，日本提供面料，经过当地加工链条配套，7 天时间虎门的最新款服装就能进入国内大中城市，15 天以后就会出现在欧美市场上。电子信息产业从生产到市场，其过程甚至用小时来计算。但中西部地区这些产业发展缓慢，配套极差。

（3）最大的难点在于物流成本过高。东部地区的劳动密集型产业，多是出口加工型，运输量巨大，交通成本所占比重较高，出海港口，甚至通关关口都已经固定。中西部地区离出海港口远，交通成本高；因此东部地区的许多产业向东南亚一些发展条件相对较差、但港口条件较好的国家、地区转移。

因此，产业发展与地区优势和资源环境条件的空间错位，东部地区资金雄厚、技术先进，但其主导产业却以劳动密集型产业和重化工业为主；西部地区劳动力成本低，矿产资源禀赋较好，生态环境承载力较差，但其主导产业却以矿产资源采掘业和能源原材料工业为主，由此出现了全国能源原材料工业，包括钢铁、电解铝、化工材料等出现大规模产能过剩，地区优势没有转化成产业优势。

3. 产生经济、市场、生态和社会等连锁问题

由于区域产业分工无序，如果缺乏东部地区的产业转移，再加上能源原材料工业的发展空间也被东部地区挤占后，中西部地区产业发展可选择余地进一步缩小。在我国政府主导经济发展的大环境下，中西部地区的盲目发展冲动会更加明显，可以预料到，在“十二五”期间，如果经济体制改革中一些重大问题不能得到突破，地方政府动用行政资源，不顾资源条件和生态环境压力，分割市场，争先上同类项目，发展同层次、同类型的产业的现象将会更加明显，我国极有可能将出现新一轮的区域无序发展。

地方政府不断利用各种行政手段分割市场，使得全国统一市场迟迟无法形成，变相削弱了我国国内市场巨大的优势，也是社会主义市场经济体制中的重大问题。有些地区为此不惜搞行政垄断、地区封锁、市场分割或者竞相优惠、相互打压，损害国家整体利益。

中西部地区大规模依靠资源开采与加工以获得发展，会造成严重的资源环境问题，受到技术水平限制，资源开发水平低，浪费极为严重，环境污染事故频发，而中西部地区生态承载力较低，并且是我国生态安全重要保障区，听任资源大规模无序开发，将会影响到我国生态安全。

积累社会风险和矛盾。由于资源管理体制不健全，为了加快发展，地方政府一旦放松管制，资源开发中毁坏耕地、侵占群众利益、安全生产事故极多，造成社会矛盾累积，2008 年发生在云南、贵州、湖南、山西的众多社会突发事件，背后都有资源使用造成利益纠结的影子。

参考文献

1. 国家发改委宏观经济研究院课题组：《"十一五"时期国民经济和社会发展若干重大问题研究》，载于《国家发展改革委宏观经济研究院内部报告》，2005 年 7 月。

2. 钱纳里等：《工业化和经济增长的比较研究》（中译本），上海三联书店 1989 年版。

3. 拉吉·帕特尔：《粮食战争：市场、权力和世界食物体系的隐性战争》（中译本），东方出版社 2008 年版。

4. 常修泽：《人本体制论》，中国经济出版社 2008 年版。

5. 国家发改委宏观经济研究院课题组：《我国经济社会发展战略和规划研究》，载于《国家发展改革委宏观经济研究院内部报告》，2008 年 6 月。

6. 吴敬琏：《中国增长模式抉择：在发展的关键时刻》，上海远东出版社 2006 年版。

7. 刘世锦等：《传统与现代之间：增长模式转型与新型工业化道路的选择》，中国人民大学出版社 2006 年版。

8. 陆大道等：《中国区域发展的理论与实践》，科学出版社 2003 年版。

9. 武建东：《奥巴马的能源变革战略透视》，载于《改革内参》2009 年第 5 期。

10. 陈佳贵等：《中国地区工业化进程报告》，载于《学术动态》2006 年第 6 期。

11. 马凯：《加快转变经济发展方式 实现"三个转变"》，载于《解放日报》，2007 年 11 月 13 日。

12. 李佐军：《美国工业化特点及对我国的借鉴意义》，载于《新经济导刊》第 54 期。

13. 李佐军：《我国区域经济形成四大板块，投资重心向北偏西转移》，载于《人民日报》（海外版），2008 年 12 月 24 日。

14. 相伟、朱庆伟：《加强对新世纪沿海大开发的引导》，载于《宏观经济管理》2008 年第 11 期。

15. 相伟：《南宁市承接东部地区产业转移的调研报告》，载于《经济决策参考》2008 年第 59 期。

16. 王迎春等：《工业化阶段的收入分配：美国的教训和中国的挑战》，载于《中国国情国力》2007 年第 12 期。

17. 中华人民共和国科学技术部发展计划司：《国家科技计划年度报告 2007、2008、2009》。

"十二五"时期促进产业组织结构优化及制度创新研究

课题承担人　郭春丽■■

指导专家　臧跃茹■■

内容提要：报告分析了优化产业组织结构在当前我国的战略意义、我国产业组织结构存在的突出问题及影响其优化的因素，并结合全球化背景，提出了优化产业组织结构的思路："打造三种模式"即大企业主导寡头竞争型、公共企业垄断竞争型、中小企业密集竞争型产业组织模式；"形成两个结构"即竞争有效的所有权结构、特色鲜明的区域空间结构；"实现三大转变"即规模经济显著的行业实现行政割据型垄断向经济集中型垄断转变、低水平无序竞争向分层次有效竞争转变、国内市场竞争向全球市场竞争转变。最后，提出了优化垄断性行业和竞争性行业产业组织结构的对策建议。

作者简介：郭春丽，女，1971 年生，经济学博士，企业研究室副主任，副研究员。
主要研究领域：产业发展和体制改革。

按照产业组织奠基人之一贝恩（1959）的定义，产业组织是分析厂商和市场的相互关系及企业结构与行为、市场结构与组织、市场与厂商相互作用和影响的关系。由于我国市场发育程度低，关于厂商与市场关系的研究，似乎还不很重要。理论界对产业组织的研究主要集中在同一产业内企业的集中或分散程度（即企业规模结构），以及大、中、小企业之间的分工协作关系等方面，并创造性地使用了产业组织结构这一概念①。产业组织结构优化或合理化，是要力求找到兼顾规模经济和竞争效率的均衡的产业组织形式，解决同一产业内大、中、小企业以什么样的比例结构及什么样的分工协作关系组织起来，以提高产业运行效率，提高资源配置效率。

我国产业发展基础差，加之计划经济体制下，地区和部门内部自成体系，大多数行业组织性差、规模不经济、分工协作水平低。经过 30 年的改革和发展，尽管有所改观，但竞争性行业"大而全"、"小而全"问题仍然很突出，垄断性行业兼顾规模经济和竞争效

---

① 笔者在本课题《综述报告》第 2 页分析了我国学者创造性地使用"产业组织结构"的背景和原因。产业组织结构、产业组织、市场结构，三者的含义没有明显差异，只是强调问题的侧重点不同，使用的场合不同。产业组织结构更多地从产业层面强调同一产业内企业规模结构及企业之间的分工协作关系；市场结构更多地从市场层面上强调厂商之间的垄断与竞争关系；产业组织则是产业组织结构、市场结构的笼统表述。我国学者在研究竞争性行业时，一般使用"产业组织结构"，在研究垄断性行业时，一般使用"市场结构"，但也没有十分严格的区分。本报告根据行文需要，在不同的场合交替使用以上三个概念，不存在偷换概念的问题。

率的市场结构还没有形成。随着全球化进程不断加快，跨国公司在更大范围内配置资源，国际产业分工不断调整，国与国之间产业组织的关联性和互动性日益增强。面对新情况，理清优化产业组织结构的战略意义，准确判断我国产业组织结构存在的问题及变化趋势，把握全球化对我国产业组织结构的影响，提出产业组织结构优化的思路和对策，是"十二五"乃至今后相当长一段时期面临的重大问题。

一、优化产业组织结构的战略意义

产业内的企业以什么方式组织起来进行生产，影响的不仅是企业之间的关系，而且在产业层面影响到产业竞争力、产业结构优化升级及产业安全，在宏观层面影响到经济发展方式转变。

（一）优化产业组织结构是转变经济发展方式的重要手段

我国经济发展中存在的资源浪费、环境污染严重、技术水平低等问题，很大程度上与很多行业的产业组织分散、同一产业内企业之间过度竞争和无序竞争有很大关系。典型的如钢铁、水泥等行业，低水平重复建设屡禁不止，多数企业技术水平低，走的是粗放式经营发展路子，造成资源浪费，环境污染，严重影响到经济发展方式转变。

优化产业组织结构，可以促进经济发展方式转变。一是通过提高产业集中度，可以获得规模经济，进而提高生产要素的综合利用率，提高投入产出率。二是通过强化产业内企业之间的分工协作，获得专业化分工效应，进而提高劳动生产率，促进技术进步。三是通过规范企业间的竞争与合作行为，减少过度竞争、无序竞争，提高资源使用效率。

通过建立合理的产业组织体系，实现规模经济和分工效应，建立资源高效利用的竞争秩序，不仅是转变经济发展方式的应有之义，更是转变经济发展方式的重要手段。

（二）优化产业组织结构是培育和增强产业竞争力的重要途径

产业竞争力通常用一国特定产业相对于他国是否具有更高的生产力及是否具有可持续盈利能力两方面来衡量。换言之，生产力和市场力是产业竞争力的基本构件。国与国之间的产业竞争，竞争实质是以产业内企业的生产效率提高为基础，以获得更高的生产力；竞争结果是持续获得盈利，由产品的国际市场占有率来体现。而提高企业生产效率，必须以企业之间的专业化分工为基础；提高产品在国际市场上的占有率，则必须以培育和发展大企业和企业集团、提高产业集中度为途径。因此，从提高产业集中度、加强专业化分工协作入手，优化产业组织结构，是培育和增强产业竞争力的重要途径。

当前，产业集中度偏低已成为我国一些产业参与国际竞争的"软肋"。典型的如钢铁行业，由于企业多而散，尽管铁矿石进口量在国际市场上占有很大份额，但缺乏联合谈判能力，面对国际市场铁矿石价格连年暴涨，却没有话语权。又如稀土行业，由于企业点"多"而"散"，尽管我国出口量占国际市场份额90%以上，在稀土需求急剧上升的国际市场上，定价权掌握在国外厂商手里，多年来一直廉价出口。由于产业集中度偏低，造成我们买什么，什么就涨价，我们卖什么，什么就降价，极大地影响到我国产业参与国际合作的主动权和竞争力。

此外，不少行业按照"大而全"、"小而全"的生产方式组织生产，既不利于大企业发挥规模经济效应，也不利于中小企业发挥分工协作效应，产业竞争力难以提高。无论是主动走出去参与国际竞争，还是在本土迎接跨国公司挑战，都不可能成为赢家。

（三）优化产业组织结构是产业结构调整和升级的重要基础

产业结构的实质是生产要素在各个部门或产业之间的配置；产业组织结构的实质则是生产要素在同一产业内部的配置，是产业结构的微观载体，即"微观的产业结构"。产业结构调整和升级必须是宏观和微观、表层和深层的结合，必须有产业组织的再造，必须以微观载体的优化为保障。没有合理的产业组织结构作为微观基础，产业结构对生产要素的宏观配置就无法完成；没有"微观产业结构"的改变，单纯通过调整产业之间的比例关系，很难实现产业结构调整和升级的目标；没有微观产业组织的积极反应，产业政策作用机制就会受阻，国家通过产业政策来引导产业升级的目标也很难实现。

在规模经济显著的产业中，优化产业组织结构的核心是提高产业集中度，发挥规模经济效应，主要途径是培育和发展大企业。经验表明，大企业在产业结构调整中具有政府和其他企业无法替代的作用：（1）大企业具有融资、技术开发和资本经营等综合性功能，能够承担起对产业结构调整具有重大带动作用的资金数额大、技术含量高、建设周期长的项目建设，从而成为产业结构调整的基础。（2）产业结构调整和升级需要技术进步支撑，而大企业是推动产业技术进步和科研成果转化的主体，从而成为产业结构调整和升级的重要支撑。（3）大企业一般以企业集团为其组织形式，集团内集合着众多依托大企业而确定经营行为的中小企业，从而使大企业在政府和中小企业之间可以发挥政策传导作用，是产业结构调整政策得以有效执行的传导主体。

规模经济是否显著的产业，产业组织结构优化都需要提高产业内企业之间的分工协作水平，发挥分工效益，主要途径是培育和发展"专、精、特、新"的小企业。国外经验表明，分工协作效应明显的"专、精、特、新"小企业是产业结构调整的主体。一方面，这类小企业是经过市场机制优胜劣汰后生存下来的优强企业，富有开拓、冒险和创新精神，因而最具活力和效率，能够适应产业结构调整的需要，进行技术创新和产品开发，从而成为产业结构调整的主体。另一方面，这类小企业与大企业具有明确的分工协作关系，能够作为大企业传导产业调整政策的执行主体，随着大企业经营行为变化而调整自身的经营，是产业结构调整政策取得预期效果的基础。

当前，我国钢铁、汽车等行业出现生产能力过剩，而高新技术产业发展不足。以上属于产业结构方面的问题。但由于过剩产业的集中度低，产业内绝大多数企业属于"全能型"，专业化优势不明显，很难结合产业结构调整方向，找到发挥自身优势的突破点，因而增加了退出和调整的难度；另外，在"全能型"企业居主导地位的产业中，产业结构调整时需要集中退出的企业多，容易给社会带来震荡，而不像分工协作关系明显的产业，结构调整时企业可以渐次退出，具有"温和效应"。在这种情况下，如果微观上的产业组织结构得不到优化，供给过剩产业的闲置资产不能及时、有效地退出，供给短缺产业不能及时、有效地吸纳资本、技术等生产要素，产业结构调整目标就难以实现。

（四）优化产业组织结构是保障关键性、战略性产业安全的迫切需要

加入 WTO 以后，我国参与国际产业分工的广度、深度都进入新阶段，其突出表现之一就是外资并购在我国全面兴起。近年来，受外资在华并购出现整体布局、系统化布点的影响，我国一些行业的产业链，从主要原料、零配件供应到销售网络，都出现被外资寡头控制的苗头，面临被整合的隐患。卡特彼勒进军和整合我国工程机械行业就是典型的例子。作为全球最大的工程机械制造商，卡特彼勒在完成对徐工的部分控股之后，兼并了山东工程机械公司，并将厦工、三一重工、广西柳工列入其并购版图。又如汽车零部件行业，在国际汽车零部件巨头的重组下，我国 3/4 的市场已经归几家外资巨头占有，外资巨头对有些核心零部件的市场占有率甚至达到 90% 以上。关键性、战略性行业遭遇外资整合，与国内企业分散经营、产业集中度低，难以"抱团打天下"，有很大关系。

如果说竞争性行业是由于产业集中度低、难以形成竞争合力而出现产业安全隐患的话，那么垄断性行业则是由于行政保护，没有形成兼顾规模经济和竞争效率的有效竞争市场结构，加入 WTO 后，面对跨国公司的竞争，虽然规模很大，仍然将面临产业安全问题。我国的电信、民航、铁路、电力等行业，国有资本长期垄断经营，尽管产业集中度很高，但缺乏效率和国际竞争力，如果不加快改革，面对外资的渗透，一旦放开闸门，将不堪一击，产业安全乃至国家战略安全将受到威胁。

二、我国产业组织结构存在的问题及影响因素

结合行业特性，下面分别从垄断性行业和竞争性行业两方面进行分析。

（一）垄断性行业[①]

1. 产业组织现状及存在的问题

20 世纪 90 年代以来，我国对具有网络属性、成本弱增性的"自然垄断性"行业进行了以分拆重组、引入竞争者为主题的改革。目前，除了铁路行业改革尚没有取得实质性进展外，电力、电信、民航分别按照业务性质进行纵向分拆和按照区域进行横向分拆的思路，进行重组改革；邮政主业和邮政储蓄业务已经分离，快递等现代邮政业务也在"体制外"获得了快速发展。

（1）分离垄断性业务和竞争性业务。

垄断性行业纵向一体化的格局开始被打破，部分竞争性业务得到剥离。电信领域，历

---

① 本报告主要研究电力、电信、航空、铁路和邮政等具有网络特性或成本弱增性特征的垄断性行业的产业组织结构。关于这类行业，研究者有自然垄断产业、"自然垄断性"行业、垄断行业等多种表述方式，本文采用垄断性行业进行表述。

经四次分拆重组，目前形成了中国电信、中国移动、中国联通三家全业务运营商，国际长途、国内长途、本地、移动等基础电信业务都已有三家运营商开展竞争，形成了寡头竞争的市场格局；增值电信领域已经全面放开经营。电力行业实行了"厂网分开"改革，对国家电力公司分拆重组，组建五家发电集团（中国华能、中国大唐、中国华电、中国国电、中国电力投资）、两家电网公司（国家电网、南方电网）和四家辅业集团（中国电力工程顾问集团公司、中国水电工程顾问集团公司、中国水利水电建设集团公司和中国葛洲坝集团公司）。民航业经过联合重组，原民航总局直属的九家航空公司和四家服务保障企业，联合重组为三大航空集团公司（中国航空集团公司、中国东方航空集团公司、中国南方航空集团公司）和三大航空服务保障集团（中国航空信息集团公司、中国航空油料集团公司和中国航空器材集团公司），机场属地化改革全面完成。邮政业完成了邮政主业和储蓄业务分离工作，速递业务出现了充分竞争。

（2）仍处于垄断地位的业务没有形成兼顾规模经济和竞争效率的市场结构。

目前仍处于垄断地位的业务有两类：一类是具有潜在竞争性的业务，目前在我国还处于垄断地位，如基础电信业务中的移动、长话等。另一类是自然垄断性业务，如电力行业的输配电等。这两类业务目前还没有形成兼顾规模经济和竞争效率的市场结构。

基础电信业务。经 2008 年 5 月重组后，移动业务，中国移动、中国联通、中国电信的用户数分别为 3.866 亿户、1.2237 亿户、0.4193 万户，市场份额分别为 70%、22.34%、7.66%。全国移动用户达 5.4 亿，远大于固定电话用户数，中国移动处于一家独大的绝对优势地位。固话业务，中国电信、中国联通、中国移动的用户数分别为 2.26 亿户、1.1878 亿户、0.20668 亿户，市场份额分别为 61.84%、32.5%、5.64%，中国电信市场份额几乎是中国联通的一倍；而且，中国电信在南方固话占有垄断地位，南方省份较多，经济收入水平高，并入中国联通的中国网通，主要占领北方十省的主要市场，南北地区经济发展水平的差异，进一步加剧了固话市场失衡。宽带业务，中国电信、中国联通、中国移动的用户数分别为 3 817 万户、2 266 万户、563.4 万户，市场份额分别为 57.43%、34.06%、8.4%[①]。从重组后的市场格局看，每个分业务市场，名为三家运营商在竞争，实际上都有一个具有市场控制力的主导运营商。由于市场份额相差悬殊，强弱分明，不能形成抗衡之势，难以形成有效竞争。

电力行业中的输配电业务。从市场格局看，2002 年改革以来，国家电网公司（下辖 5 个区域电网公司）和南方电网公司大致保持 80%:20% 的市场比例。2007 年两家电网公司的销售收入之比达到 88%:12%。从交易格局看，尽管发电领域基本形成投资主体多元化、充分竞争的格局，但绝大多数发电量按照"计划指标"上网，竞价上网的电量很少，实际上是电力输配环节实行区域独家垄断经营，对发电企业是"买方垄断"，对最终用户是"卖方垄断"，国有电网企业的输配一体化并没有打破。由于输配电体制改革滞后，单一电力购买方的格局无法建立真正意义上的电力市场，形成有效竞争，导致厂网分开的效果

---

① 根据工业和信息化部网站上发布的电信业相关业务完成情况月报整理计算得到。由于 2008 年数据还没有公布出来，重组后市场份额使用 2007 年底数据，结合重组方案计算出来。

不能充分发挥；同时，输配电一体化垄断经营模式，也不利于建立公平、公正的电力市场交易秩序。

（3）已分离出来的竞争性业务并没有全部形成有效竞争。

已分离出来的竞争性业务，民航客货运输业、电信增值业务及互联网业务、邮政快递业务等，基本形成了充分竞争的市场格局。电力行业的发电业务没有形成有效竞争。一方面，在电网公司对发电环节实施"买方垄断"的管理体制下，国家电网公司及下属省级电网公司自办的电厂，与电网公司存在千丝万缕关系的五家发电集团公司，及近年来各地自办的"独立电厂"，以上三类发电企业之间很难展开公平、有效竞争。另一方面，近年来，不少地方政府越权审批电厂建设项目，盲目上马，一些地区出现电厂发电能力闲置问题，发电环节在一定程度上出现过度竞争。

2. 影响产业组织结构优化的因素

垄断性行业经过分拆重组，将独占垄断变为寡头垄断，综合垄断变为专业垄断，全国垄断变为地域垄断，一定程度上促进了产业组织结构优化，但距离建立兼顾规模经济和竞争效率市场结构的目标还很远。从理论上说，通过分拆重组，形成几个势均力敌的寡头企业是优化产业组织结构的基础。但我国每次在对垄断性行业实施拆分重组时，面对部门之间利益纷争，很难摆脱既得利益集团的干扰，也很难打破不平衡的市场格局。此外，即使在某一时点上实施了看似平衡的重组，但市场需求的改变、技术的不断进步和发展惯性的存在，会使市场出现新的不平衡。这一点突出表现在电信行业。为了解决中国电信一家独大问题，1999年分离移动业务，成立中国移动，2002年又将中国电信南北拆分，但在"移动替代固网"的技术发展趋势下，中国移动快速发展，最终以营业收入是其他几家运营商之和的2~3倍的绝对优势地位，使电信市场再次严重失衡。于是，2008年5月实施了第四次分拆重组，但重组后，由于中国移动具有运营能力和技术优势领先于竞争对手的发展惯性，"强者恒强"，一家独大的市场结构短期内还难以改变。由此可见，在部门利益、技术进步、市场需求变化、发展惯性等多重因素的影响下，通过分拆重组，形成相对均衡的市场份额，进而优化产业组织结构，难度很大。

不能通过分拆重组形成相对均衡的市场份额，形成实力相当的寡头企业抗衡之势，固然是影响垄断性行业产业组织结构优化的因素，但垄断性行业绝不仅仅是通过分拆重组就可以实现有效竞争的。事实上，在我国，更为深层次的问题，如产权制度不合理，政府规制改革不到位，都将影响有效竞争市场格局的形成。从产权制度来看，按照目前改革思路重组后的垄断行业，是在"国有经济框架"内的拆分，并没有产生以明晰产权为基础的更严格意义上的市场竞争主体，最终只能是预算软约束下国有企业之间的"兄弟之争"（常修泽，2008）。而且，垄断性行业的几家企业同属国资委管理，国资委集出资人和监管者双重职能于一身，有时鼓励几个兄弟竞争，有时又采用各种措施限制竞争（如限制电信运营商降价），造成拆分重组后的竞争主体之间很难展开实质性的竞争。从政府规制看，存在对监管机构授权不够、对监管者缺乏监管、监管方式和监管手段不完善等问题。此外，以往的分拆重组改革，由于没有能够充分把握技术进步、市场需求变化及制度环境对垄断性行业经济运行的影响，探寻顺应动态技术进步和市场需求变化，且与我国经济制度和行政体制相匹配的监管制度，也在一定程度上影响到兼顾规模经济和竞争效率的有效竞争市场结构的形成。

（二）竞争性行业

1. 产业组织结构存在的问题

20世纪90年代以来，竞争性行业集中度大多有所提高，但产业组织结构仍然存在规模经济显著行业的集中度还很低、外资在提高高技术和高附加值行业的集中度同时带来产业安全风险、专业化分工协作水平低、同一产业内企业之间过度竞争等问题。

（1）产业集中度大多有所提高，但规模经济显著行业的集中度还很低。

产业集中度指一个行业中少数几个大企业所占的市场份额。理论研究中经常用前四大、前八大厂商的市场份额在全行业中占的比重来表示产业集中度（简称"四厂商集中度"、"八厂商集中度"）。本报告根据数据的可得性和可比性，计算2007年我国制造业分行业（28个）的四厂商集中度（CR4），并与1990年、2000年这些行业的集中度进行对比，结果如表1。

表1　　　　　　　　　　中国制造业四厂商集中度及变化情况　　　　　　单位：%

行业名称	1990	2000	2007	1990（2000）～2007年集中度增减值
食品加工业	—	3.7	4.7	+1.0
食品制造业	1.4	6.0	4.7	+3.3
饮料制造业	3.4	8.8	15.1	+11.7
烟草加工业	18.1	28.2	30.8	+12.7
纺织业	0.8	2.1	7.7	+6.9
服装及其他纤维制品制造业	3.3	3.1	10.7	+7.4
皮革毛皮羽绒及其制品	2.4	3.2	3.6	+1.2
木材加工及竹藤棕草制品业	5.1	5.5	5.7	+0.6
家具制造业	3.4	3.7	4.8	+1.4
造纸及纸制品业	7.5	4.3	8.3	+0.8
印刷业和记录媒介的复制	3.7	4.2	3.2	-0.5
文教体育用品制造业	5.3	6.6	5.9	+0.6
石油加工、炼焦及核燃料加工业	33.4	22.6	25.6	-7.8
化学原料及化学制品制造业	12.1	7.7	7.4	-4.7
医药制造业	6.5	7.9	16.2	+9.7
化学纤维制造业	38.4	19.8	17.7	-20.7
橡胶制品业	7.8	11.3	12.2	+4.4
塑料制品业	4.5	2.6	2.9	-1.6
非金属矿物制品业	—	1.6	7.5	+5.9
黑色金属冶炼及压延加工业	22.3	20.1	15.6	-6.7

行业名称	1990	2000	2007	1990(2000) ~ 2007 年 集中度增减值
有色金属冶炼及压延加工业	13.3	8.6	10.5	-2.8
金属制品业	2.4	2.4	6.9	+4.5
通用设备制造业	2.3	4.6	9.9	+7.6
专用设备制造业	—	5.2	6.6	+1.4
交通运输设备制造业	14.9	16.9	24.7	+9.8
电气机械及器材制造业	5.8	8.9	11.0	+5.2
通信设备、计算机及其他电子设备制造业	8.1	10.5	7.7	-0.4
仪器仪表及文化办公用品机械制造业	7.1	8.6	9.8	+2.1

资料来源：1990 年的数据引自马建堂：《结构与行为——中国产业组织研究》，中国人民大学出版社 1993 年版；2000 年的数据来自戚聿东：《中国经济运行中的垄断与竞争》，人民出版社 2004 年版；2007 年的数据系笔者根据《2008 年中国工业经济统计年鉴》、《2008 年中国企业集团年鉴》中的相关数据整理计算而得到的。

注：（1）由于统计口径发生了变化，影响了部分行业的可比性，这里根据所能获得的资料对部分数据进行了调整。

（2）最右一列中，" + " 表示产业集中度提高，" - " 表示产业集中度降低。表 2、表 5、表 6 的 " + "、" - " 含义相同。

对表 1 进行比较分析可以得出以下结论：

第一，20 世纪 90 年代以来，我国制造业分行业的集中度大多有所提高。

按照四厂商集中度增减值大小，对表 1 进行归类，得到表 2。从表 2 可以看出，1990 年以来，在制造业下属的 28 个分行业中，20 个行业的集中度有所提高。规模经济显著的行业（如交通运输设备制造业、通用设备制造业等）集中度提高幅度大于规模经济不显著的行业（如家具制造业、皮革毛皮羽绒及其制品业等）。规模经济显著的行业集中度提高是近 20 年来我国技术进步、企业兼并重组、工业化进程加快、产业结构优化升级共同作用的结果。

集中度下降的行业有 8 个。其中 3 个属于资源加工类，可能与近年我国资源过度开发有关；通信设备、计算机及其他电子设备制造业，在过去 20 年中获得了快速发展，集中度下降可能与进入企业过多有关；印刷业和记录媒介的复制、化学纤维制造业、化学原料及化学制品制造业、塑料制品业的集中度下降，可能与企业规模经济要求低、进入企业多有关。

第二，规模经济显著的行业集中度仍然很低。

贝恩（1959）用"四厂商集中度"来划分产业和市场结构类型的标准，被国内外研究者广泛采用。按照该标准，并结合表 1，得到表 3。表 3 表明，在制造业 28 个分行业中，除了烟草加工业外，其余 27 个行业都属于原子型结构。原子型结构具有以下特征：产业集中度很低，企业数量很多，企业规模很小且分布比较均匀。原子型结构的形成原因大体有三个：一是立足于地方市场（销售半径小）的产业，如食品加工业中的碾米、糕点等；二是行业特性决定规模经济不显著的产业，如玩具、制鞋、家具、服装等；三是达不到最低有效规模，缺乏规模效益的产业。前两类原子型结构是合理的，第三类则由于导致规模效益丧失和资源浪费，是不合理的。我国绝大多数规模经济显著行业具有的原子型结构属于第三类。

表2　　　　　　　　　　1990～2007年我国制造业分行业集中度变化

大幅提高（CR4增加值大于10%）	2个行业：烟草加工业（+12.7）；饮料制造业（+11.7）
有所提高（CR4增加值大于0.5%但小于10%）	18个行业：交通运输设备制造业（+9.8）；医药制造业（+9.7）；通用设备制造业（+7.6）；服装及其他纤维制品制造业（+7.4）；纺织业（+6.9）；非金属矿物制品业（+5.9）；电气机械及器材制造业（+5.2）；金属制品业（+4.5）；橡胶制品业（+4.4）；食品制造业（+3.3）；仪器仪表及文化办公用品机械制造业（+2.1）；专用设备制造业（+1.4）；家具制造业（+1.4）；皮革毛皮羽绒及其制品业（+1.2）；食品加工业（+1.0）；造纸及纸制品业（+0.8）；文教体育用品制造业（+0.6）；木材加工及竹藤棕草制品业（+0.6）
降低（CR4降低值大于0.5%）	8个行业：化学纤维制造业（-20.7）；石油加工、炼焦及核燃料加工业（-7.8）；黑色金属冶炼及压延加工业（-6.7）；化学原料及化学制品制造业（-4.7）；有色金属冶炼及压延加工业（-2.8）；塑料制品业（-1.6）；印刷业和记录媒介的复制（-0.5）；通信设备、计算机及其他电子设备制造业（-0.4）

表3　　　　　　　　　我国制造业分行业的产业组织结构类型

类　　型	CR4	行业名称及个数
高度寡占型	75%以上	无
高度集中寡占型	65%～75%	无
中（上）集中寡占型	50%～65%	无
中（下）集中寡占型	35%～50%	无
低集中寡占型	30%～35%	1个：烟草加工业
原子型	30%以下	表1中除烟草加工业外的其余27个行业

以上分析的是按照两位数代码划分的制造业分行业的集中度。下面分析按照三位数代码划分的钢铁、汽车行业的集中度。表4是1999年、2007年我国钢铁行业集中度与其他国家的比较。可以看出，我国钢铁行业集中度不仅与国外相差悬殊，而且与其他国家不断上升的趋势完全相反，近年来下降趋势明显。这固然与近几年我国经济高速增长，对钢铁的需求量很大有关，也与新增企业多有关。按照贝恩标准，我国钢铁行业属于原子型或分散竞争型市场结构。2005年7月颁布的《中国钢铁产业发展政策》提出"到2010年，钢铁冶炼企业数量较大幅度减少，国内排名前十位的钢铁企业集团钢产量占全国产量的比例达到50%以上；到2010年达到70%"。而2005、2006年，这个数字分别为35.4%、32.6%，与规划目标相距甚远。

表4		2007 年钢铁集中度（CR4）比较				单位：%
	欧盟	美国	日本	韩国	俄罗斯	中国
1999	54.29	37.9	58.75	79.16	—	31.3
2007	90.73	52.90	74.77	88.93	76.72	19.3

资料来源：上海证券交易所研究报告《国内外钢铁产业集中度比较》。

注：（1）表中韩国钢铁业集中度为前 3 家企业产量比重，其他国家和地区为前 4 家企业产量比重。

（2）1999 年我国最大的 4 家钢铁公司分别为宝钢、鞍钢、首钢、武钢；2007 年我国最大的 4 家钢铁公司分别为宝钢、唐钢、鞍钢、沙钢。

　　我国汽车制造业集中度尽管呈现上升态势（见图1），但与发达国家相比，还存在明显差距。2006 年，美国、日本三大汽车制造商的汽车产量占本国市场份额分别为 60%、97%，而我国四厂商集中度同年才达到 56.1%。按照贝恩标准，属于中（下）集中寡占型市场结构。国际上单个汽车厂商的最低有效经济规模为 400 万 ~600 万辆/年，2007 年我国排在行业前三位的汽车制造商分别为上汽、一汽和东风，其产量分别为 156 万辆、146 万辆、115 万辆。这样的生产能力不仅与国际单个汽车厂商的最低有效经济规模差距很大，而且与为应对金融危机颁布的《汽车产业调整振兴规划》目标相距甚远。按照该规划，在未来 2 ~3 年内，我国要形成 2 ~3 家产销规模超过 200 万辆的大型企业集团，培育 4 ~5 家产销规模超过 100 万辆的汽车企业集团。

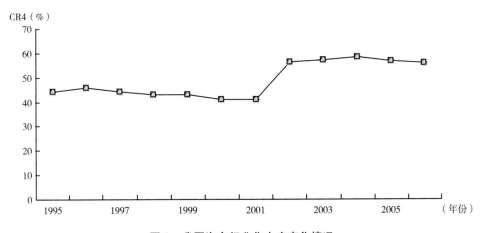

图1　我国汽车行业集中度变化情况

　　（2）外资在提高高技术和高附加值产业集中度的同时带来了产业安全风险。

　　全球化背景下，研究产业组织结构优化问题，一个不可忽略的因素是外商直接投资。关于外资对我国产业集中度影响的实证研究极为少见①。表5 列出了制造业 28 个分行业中外商投资企业 2007 年的资产总额、主营业务收入占全行业的比重。这些数据反映的是

---

　　① 极少见的一篇实证研究文献由江小涓（2002）做出。江研究了汽车、无线通讯设备和洗涤用品三个行业。笔者在综述报告中评述了这篇文献的局限性。

改革开放以来外资进入我国相应行业的综合体现和累积效应。因此，将这些表示外资进入程度的数据与1990年以来这些行业集中度增减值进行比较，大致可以判断外资对这些行业集中度的影响，结果如表5。

表5　　　　　　　　　　　1990～2007年外资进入与产业集中度的变化　　　　　　　单位：%

制造业门类	行业代码	外资企业资产所占比重	外资企业主营业务收入所占比重	集中度增减值
食品加工业	13	31.2	28.5	+1.0
食品制造业	14	38.9	39.4	+3.3
饮料制造业	15	37.0	38.4	+11.7
烟草制品业	16	0.4	0.2	+12.7
纺织业	17	28.0	23.8	+6.9
纺织服装、鞋、帽制造业	18	47.7	45.4	+7.4
皮革、毛皮、羽毛（绒）及其制品业	19	57.5	50.2	+1.2
木材加工及木、竹、藤、棕、草制品业	20	25.5	19.0	+0.6
家具制造业	21	50.0	47.0	+1.4
造纸及纸制品业	22	45.7	35.3	+0.8
印刷业和记录媒介的复制	23	33.0	31.0	−0.5
文教体育用品制造业	24	63.8	61.8	+0.6
石油加工、炼焦及核燃料加工业	25	17.3	14.5	−7.8
化学原料及化学制品制造业	26	29.1	27.8	−4.7
医药制造业	27	24.1	25.3	+9.7
化学纤维制造业	28	31.1	29.7	−20.7
橡胶制品业	29	43.5	35.5	+4.4
塑料制品业	30	46.1	39.6	−1.6
非金属矿物制品业	31	24.5	18.8	+5.9
黑色金属冶炼及压延加工业	32	11.3	13.6	−6.7
有色金属冶炼及压延加工业	33	15.4	15.6	−2.8
金属制品业	34	37.4	34.8	+4.5
通用设备制造业	35	31.1	28.2	+7.6
专用设备制造业	36	29.1	27.8	+1.4
交通运输设备制造业	37	37.4	46.2	+9.8
电气机械及器材制造业	39	36.8	37.3	+5.2
通信设备、计算机及其他电子设备制造业	40	72.6	83.6	−0.4
仪器仪表及文化、办公用机械制造业	41	48.2	63.6	+2.1

资料来源：增减值数据来自表1，其余数据根据《2008年中国统计年鉴》相关数据整理计算而得。

注：表中数据为规模以上"三资企业"相应指标占我国规模以上工业企业的比例。

为了便于分析，根据表5的数据，我们将外资企业资产、主营业务收入占全行业比重分成小于20%、20%~50%、大于50%三组，分别研究外资进入程度小、外资进入程度较高、外资进入程度高三种情况下，制造业分行业集中度变化情况，结果如表6。

表6　　　　　　　　　　　　外资进入程度与集中度变化趋势（2007年）

外资企业资产、主营业务收入占全行业比重	行业部门及集中度增减值（%）
小于20%（即外资进入程度低）	提高1个：烟草制品业（+12.7） 降低3个：石油加工、炼焦及核燃料加工业（−7.8）；黑色金属冶炼及压延加工业（−6.7）；有色金属冶炼及压延加工业（−2.8）
20%~50%（即外资进入程度较高）	提高15个：饮料制造业（+11.7）；交通运输设备制造业（+9.8）；医药制造业（+9.7）；通用设备制造业（+7.6）；纺织服装、鞋、帽制造业（+7.4）；纺织业（+6.9）；非金属矿物制品业（5.9）；电气机械及器材制造业（+5.2）；橡胶制品业（+4.4）；金属制品业（+4.5）；食品制造业（+3.3）；仪器仪表及文化、办公用机械制造业（+2.1）；专用设备制造业（+1.4）；食品加工业（+1.0）；木材加工及木、竹、藤、棕、草制品业（+0.6） 降低4个：化学纤维制造业（−20.7）；化学原料及化学制品制造业（−4.7）；塑料制品业（−1.6）；印刷业和记录媒介的复制（−0.5）
大于50%（即外资进入程度高）	提高4个：皮革、毛皮、羽毛（绒）及其制品业（+1.2）；家具制造业（+1.4）；造纸及纸制品业（+0.8）；文教体育用品制造业（+0.6） 降低1个：通信设备、计算机及其他电子设备制造业（−0.4）

从表6可以看出：外资进入程度低的行业共4个。除了烟草制品业的集中度上升外（该行业属于限制外资进入行业，2007年外资资产占全行业比例仅为0.4%），集中度下降的行业均系资源加工类。这些行业的集中度下降，可能与20世纪90年代以来企业进入多有关，外资对这些行业集中度的影响还不明显。

外资进入程度较高的行业共19个。其中集中度上升的行业有15个，集中度下降的行业有4个。塑料制品业、印刷业和记录媒介的复制、化学纤维制造业、化学原料及化学制品制造业等4个行业的集中度下降，可能与这些行业规模经济不显著、进入企业很多有关。值得注意的是，集中度上升的15个行业存在如下规律：即集中度增加值越大的行业，恰恰是技术含量或附加值越高的行业，也恰恰是这几年外资在华并购的热门领域，这些行业都曾发生过一起起在业界引起震动、并引起政府高层关注的并购事件①。

———————————

①　饮料行业，可口可乐收购汇源果汁，法国达能通过控股并购持有乐百氏和娃哈哈92%和51%的股份，世界第一大啤酒巨头美国AB公司收购了百年哈啤99.66%的股权；通用设备制造，凯雷收购徐工，舍弗勒收购洛轴，被我国政府叫停；橡胶制品业，世界上最大的轮胎生产企业——法国米其林公司控制我国轮胎行业龙头企业上海轮胎橡胶集团70%的股份；电气机械及器材制造业，国内最大的柴油燃油喷射系统厂商无锡威孚、国内唯一的大型联合收割机佳木斯、中国最大的电机生产商大连电机厂等，纷纷被外资控股并购；交通运输设备制造业，一汽、东风、上汽和广州本田等汽车厂商的背后都有跨国汽车巨头的影子；医药行业，我国大的制药企业几乎都被外资通过控股并购纳入麾下；金属制品业，苏泊尔收购案在国内引起广泛争论；食品加工业，美国高盛通过罗特克斯控制双汇集团60.72%的股份。

外资进入程度高的行业共 5 个。皮革、家具、造纸、文教用品等 4 个行业属于规模经济不显著的行业，进入这些行业的外资可能大多来自港澳台地区，投资项目多为中小型，因此，这些行业的集中度仅有小幅提高。通信设备、计算机及其他电子设备制造业中外资所占比例很高（外资资产占全行业的比例已达到 70%），但行业集中度仍然保持 20 世纪 90 年代初的水平，可能是由于这个行业在过去十多年发展势头好，进入的国内外企业都很多，外资对集中度影响不明显。

以上分析表明，目前外资对我国产业集中度的影响主要表现在高技术和高附加值领域，是欧美等发达国家和地区的跨国公司在华投资相对集中的领域。一般来说，欧美等发达国家和地区的跨国公司资金规模大，多投资于大型项目，通过先合资后独资或并购投资的方式取得控股权。这些公司利用巨大的品牌优势、雄厚的资本实力和先进的技术优势，挤占民族企业发展空间，影响国内企业规模扩张。部分跨国公司进入高技术和高附加值领域后，还按照其国际分工体系，将在华投资和产品系统化布点，形成自成一体的分工体系，打破我国运行已久的产业链，我国产业面临被整合的隐患。外资在提高我国高技术和高附加值产业集中度的同时，引起的产业安全隐患，需要引起注意。

（3）专业化分工协作水平低。

专业化分工协作是生产社会化和市场经济发展的客观要求，也是提高产业运行效率的基本条件。新中国成立 60 年以来，我国已形成独立的、比较完整的产业体系，但由于体制转轨不到位，当前，多数企业仍然自成体系，企业之间还没有形成合理、高效的分工协作关系，生产专业化水平较低。据机械部门统计，在机电制造业 12 万个企业中，80% 企业是"全能型"的，不少主机厂除了轴承、液压件、标准电器外，其他机械零部件几乎都是自己生产。由于企业都是全能型的，零部件专业化水平低，与美国、西欧、日本等发达国家和地区零部件专业化水平高达 75% ~95% 相比，我国机械行业主机厂的零部件专业化水平只有 15% ~30% 左右[①]。这样，大、中、小企业之间不能形成优势互补，没有产生分工效益和规模经济，必然影响到产品质量和产业组织效率。

（4）同一产业内的企业存在过度竞争。

我国很多行业的企业都出现不同地区之间过度竞争，"小、散、乱、差"和低水平重复建设问题突出，小钢厂、小水泥厂、小纺织厂遍地开花，多数企业达不到规模经济要求，耗能高，污染重，水平低，经济效益差。地方政府不能结合各地资源禀赋，发展有特色的产业集群，而是想方设法维持这些小企业的生存，利用行政手段实行地方保护、封锁市场，阻扰外地产品进入本地。为争夺市场，企业之间恶性竞争，如处于铁矿石产地的小钢铁厂阻扰矿石外运，不同生产厂商互相殴打对方销售人员、采取不正当手段损毁对方商誉等，严重影响了市场秩序。

产业内企业之间过度竞争，与我国地区之间产业同构有密切关系。大部分省（直辖市、自治区）都有电视机、洗衣机、电冰箱生产企业，是 20 世纪八九十年代各地一哄而上投资热门产业的结果。这些行业的分散经营、规模不经济问题至今还没有得到妥善解

① 耿弘、孙学玉：《中国产业组织国际竞争力问题探讨》，载于《财经研究》2000 年第 1 期。

决，"十一五"时期，新一轮热门产业（如石化、生物制药、电子信息、汽车、装备制造业、钢铁等）重复建设又出现了。笔者对全国31个省（直辖市、自治区）的"十一五"规划进行了分析，发现石化被29个省（直辖市、自治区）作为支柱产业，生物制药被26个省（直辖市、自治区）作为支柱产业，电子信息被25个省（直辖市、自治区）作为支柱产业，汽车被24个省（直辖市、自治区）作为支柱产业，装备制造业、钢铁则分别被23、21个省（直辖市、自治区）作为支柱产业。地区之间产业同构，从产业组织角度看，表现为产业组织分散化、规模不经济，专业化分工协作差。

2. 影响产业组织结构优化的因素

我国竞争性领域产业组织结构不合理，既与长期实行条块分割的管理体制，部门和地区自成体系有关，也与近年来新上项目多、存量调整难有关，其背后存在深层次的体制性根源。企业自身存在的问题，也是影响产业组织合理化的因素。

（1）产业组织政策不完善，政策实施手段单一。

从政策导向看，产业组织政策可分为两类：鼓励竞争、限制垄断的竞争促进政策，主要用于反垄断、反不正当竞争和扶持中小企业；鼓励专业化和规模经济的产业合理化政策，主要用于限制过度竞争。

第一类产业组织政策，至今我国共颁布过四个，发挥的作用都很有限。1993年9月颁布的《反不正当竞争法》，主要用于限制一般市场主体的不正当竞争行为，部分行业行政垄断盛行与此不无关系。在鼓励中小企业发展方面，2002年颁布了《中小企业促进法》，2005年颁布了《国务院关于鼓励支持和引导非公有制经济发展的若干意见》（简称"非公经济36条"），由于地区和部门的具体法规滞后，扶持中小企业的效果非常有限。酝酿了多年的《中华人民共和国反垄断法》（以下简称《反垄断法》），千呼万唤始出来，2008年颁布并被实施。但这部法律在立法上还存在有一定阶段性和局限性，表现在：对竞争性行业而言，由于存在对外资并购行为是否属于垄断行为的前置性审查不完备，对关键性国有企业引进外资限制性规定不明确等漏洞和问题，外资可以绕过《反垄断法》中关于外资不能控股，行业集中度，以及对垄断行为的认定、监督、管理等规定，收购我国企业，因而不能有效防止竞争性领域的关键行业被外资收购并控制；对垄断行业而言，由于存在对政企不分行为没有做出禁止性规定，对垄断行业中的企业阻碍市场竞争行为没有做出相应规定，对垄断行业政企合一、政监合一、政资合一以及政企、政资、政监"三合一"没有做出明确的禁止性规定，因而不能有效防范政府部门和垄断企业"借自然垄断之名"、"行行政垄断之实"。

第二类产业组织政策，最早见于1994年3月颁布的《90年代国家产业政策纲要》。在这个指导我国90年代产业发展的纲领性文件中，"促进企业合理竞争，实现规模经济和专业化协作"，作为产业组织政策的目标被明确提出。随后出台的《汽车工业产业政策》（1994年颁布）、《钢铁工业产业政策》（1995年颁布）、《钢铁产业发展政策》（2005年颁布）等针对具体行业的产业政策，不断强调、明确甚至具体化这一政策目标，但由于配套措施不到位，政策实施手段比较单一，政策实施效果不理想。

我国实施产业组织政策的手段一直比较单一，主要是关、停、并、转等强制性的行政措施，以及少量的经济鼓励，即便是少量的经济鼓励，也不一定能完全落实到位。在政策手段的设计和运用上，未能将资本市场与落实产业组织政策结合起来，特别是在企业重组等环节，未能充分发挥资本市场在贯彻产业组织政策方面的作用。此外，对于企业、地方政府和行业主管部门违反国家产业组织政策的行为，监督不够，约束和惩治不力，相当一部分政策不能得到有效实施。

（2）在地方政府助推下，各地大兴项目投资热。

《90年代国家产业政策纲要》附录中明确规定了产业准入的经济规模标准，此后随着工艺技术变化，多次颁发《产业结构调整指导目录》，提高一些行业的准入标准。但受现行财税体制、政绩考核制度及投资体制改革不到位的影响，地方政府具有强烈的投资冲动，经常违反法规审批项目，并利用掌握的权力，对土地、资金、资源等生产要素进行行政化配置，助推项目投资。

地方政府助推项目投资的方式大致有三种。第一，绕过法规，越权审批项目，采取大项目"化整为零"、"先斩后奏"、"谎报军情"等方式，默许、纵容甚至帮助企业违反规定取得投资资格。第二，开展招商大比拼，各地竞相实行"优惠政策"，在项目审批、建设用地、环保审查、银行贷款、税收优惠等环节大开绿灯，一个项目被几个地方争夺，最后分散在几处投资的现象时有发生；一些地方"饥不择食"，甚至"饮鸩止渴"，引进国家明令关停的小钢厂、小炼油厂等。第三，利用卖地生财或举债方式，直接上阵铺摊子，发展钢铁、汽车等价高利大的项目，与其他地区展开竞争。在地方政府助推的项目投资热中，各地都在为局部利益"拼搏"，很少考虑规模经济及与其他地区的分工协作。

（3）在地方政府和中央有关部门的保护下，企业进入和退出机制不能有效发挥作用。

进入机制不健全与地方政府和中央有关部门有关。在地方政府保护和扶持下，不少地方企业，尤其是国有企业，很少考虑成本优势、产品差异、规模经济和特有资源等进入壁垒，甚至不执行产业准入标准。一些中央企业也频频涉足钢铁、化工等盈利能力强的行业。在政府条块分割主导下的经济中，进入壁垒在我国不能有效发挥作用，是近年来我国钢铁、水泥、电解铝等行业出现产能过剩、产业集中度难以提高的主要原因之一。

退出机制不健全与地方保护等方面有关。地方政府在利益驱动下，纷纷从财政、金融及市场提供（封锁市场，禁止外地产品进入）等方面扶持本地企业，结果是保护了经营不善的企业。非但如此，在执行调整产业结构的政策中，不少地方政府与中央政府展开博弈，为需要淘汰的企业"保驾护航"。博弈的结果是形成倒逼机制，中央政策不得不做出让步，政策陷入尴尬境地的情况时有出现①。此外，资本市场不完善、社会保障制度不健全，也在一定程度上影响到经营不善企业的顺利退出。

（4）受政绩考核、税收等因素的影响，兼并重组机制不能有效发挥作用。

兼并重组作为提高产业集中度的重要途径，近年来尽管在我国取得了一些进展。但由于涉及地方的GDP增长、税收、就业等实际利益，加之企业隶属关系复杂，一些经营不

---

① 2006年，国家发改委联合七部委重新发文，将2005年提出的全国淘汰小钢厂时限由2007年推迟到2001年，就是中央向地方做出让步的典型例子（载于《经济观察报》2007年11月10日）。

善的企业还涉及银行债务处置、职工安置、社会保障欠交等问题,目前跨地区、跨省市重组进展缓慢,尤其是缺乏强强联合重组,因而在优化产业组织结构方面发挥的作用还很有限。

以钢铁行业为例。自2005年国家颁布《钢铁产业发展政策》以来,先后有十多家钢铁企业推进联合重组,但以区域内联合重组、强弱联合重组以及民营企业与国有企业之间的联合重组居多,大型企业集团一般限于新建钢铁基地在增量上联合重组(如首钢与唐钢在曹妃甸项目上的合作,武钢与柳钢共建防城港钢铁基地),真正意义上涉及存量资产的跨省市、跨地区强强联合重组还不多。

又如汽车行业。相关年度的《中国汽车工业年鉴》显示,2001年以来,我国先后有百余家汽车企业进行联合重组,但多为外资合资或收购、国内"行外汉"(民营企业、投资公司)参与汽车企业增资扩股、与科研院所合作或汽车企业之间的增量合作等,真正意义上的跨地区强强联合重组也不多。

(5)国企产权改革不到位,民营企业素质低下,产业组织结构优化的微观基础不健全。

国有企业历经30年改革,到今天,改革滞后的领域,恰恰多是规模经济显著的支柱产业,如钢铁、装备制造业等。由于产权改革不到位,一些地方国有企业还没有真正成为自主经营、自负盈亏的市场主体,在行政保护下,缺乏通过扩大生产规模、提高专业化分工协作水平,进而提高竞争力的压力和动力。中央企业虽然"做大"动力很足,但存在盲目扩张的倾向,一些央企兼并重组后没有进行有效整合,对优化产业组织结构的效应也不明显。

民营企业素质低下,国有大型企业不愿意将其列入配套服务体系,是影响我国产业分工体系完善的一个原因。当前,不少民营企业只注重眼前利益,注重短期行为。一些企业不是运用技术进步、改进产品质量、提高效率的手段竞争,而是采取不正当竞争手段,排挤竞争对手,没有将通过正常手段竞争做大做强作为提高自身竞争力的基础。

以上这些影响我国产业组织结构优化的因素都与一些深层次的体制性因素有关,即与我国财税体制、行政管理体制、投资体制改革不到位,我国社会保障体系和体制不完善,全国统一开放的市场体系建设缓慢有关。从这个意义上,可以说,产业组织结构优化问题与体制改革进程密切相关。

三、产业组织结构优化的总体思路、目标和方向

(一)总体思路

结合全球化背景,从提高产业运行效率进而提高资源配置效率、保障产业安全进而保障国家战略利益这一双重目的出发,按照大企业主导寡头垄断型、公共企业垄断竞争型、中小企业密集竞争型三种产业组织模式,分类促进产业组织结构优化。通过体制改革和制度创新,建立起以经济性进入壁垒初步形成,体制性进入和退出壁垒逐步取消为特征的进

入、退出机制，形成国有经济与其他经济协调发展、且能体现国有经济影响力控制力、民族资本在关键领域具有竞争力的所有权结构，能够发挥地区优势、具有区域特色、产业集群发展的区域空间结构。规模经济显著的行业，要着力实现行政割据型垄断向经济集中型垄断的转变，低水平无序竞争向分层次有效竞争的转变，国内市场竞争向全球市场竞争的转变。

以上思路可概括为："打造三种模式、形成两个结构、实现三大转变"。总体思路包含的逻辑关系："三种模式"是促进产业组织结构优化的目标；"两个结构"是优化产业组织结构的基础；"三大转变"是促进规模经济显著行业产业组织结构优化需要努力的方向。为了实现以上总体思路，需要加快体制改革和制度创新。

（二）优化目标：打造三种模式

依据技术复杂程度、资产专用性、规模经济、进入壁垒、退出壁垒等表征产业特征的因素，对产业进行分类，可以归纳出我国产业组织结构优化的三种模式[①]：

1. 大企业主导寡头竞争型产业组织模式：重化装备工业

这一产业组织模式适用于技术比较复杂、所需资金规模大、资产专用性较强、产业分工协作关系密切、最终产品由多个零部件构成的产业。这类产业具有明显的规模经济特征，需要以大企业为主体，因而产业集中度高。产业关联性强，分工协作关系明显，要求有相当数量的中小企业为大企业配套生产和营销产品。

钢铁、汽车、化工等规模经济显著的资本和技术密集型产业，改变"大而全"、"小而全"的产业分工体系，实现从分散型、原子型产业组织结构向兼顾规模经济和竞争效率的经济集中型产业组织结构转变，需要采用这种模式。

2. 公共企业垄断竞争型产业组织模式："自然垄断性"行业

这一产业组织模式适用于具有网络传输性质、规模经济和范围经济、提供服务环节复杂且关联性强、资产专用性强的垄断行业。这些产业兴建一个企业，通常需要巨额资本，且多为专用性投资，一旦投入往往很难挪作他用。由于这些产业资产专用性强，规模经济十分明显，政府通常实行严格的进入管制。

电信、电力、邮政、铁路等自然垄断性行业需要采用这种模式，具有网络传输性质的自然垄断部分，可由一家或极少数几家企业实行垄断经营；竞争性业务领域，应当开放市场，实现公平、充分竞争，但避免走向另一极端，出现过度竞争。

3. 中小企业密集竞争型产业组织模式：小商品生产等劳动密集型行业

这一产业组织模式适用于生产技术简单、资产通用性强、劳动密集度高、企业生产经营独立性较强的产业。这些行业规模经济不显著，适宜由中小企业分散经营。由于生产技术简单，且容易取得所需原材料和企业创办资本，企业进入、退出壁垒低。

我国食品加工业、玩具、制鞋、工艺品、小商品生产等基本上属于这种产业组织模式。提高这些行业的产业运行效率，关键要加强市场秩序建设，规范企业经营行为，坚决

---

① 王俊豪（1996）年提出依据产业特性构建不同产业组织模式的思想，本报告结合行业进行了丰富。

杜绝"三鹿奶粉"类事件的发生；同时，要加强社会性规制，使企业节约资源、保护环境，转变生产经营方式。

（三）产业组织结构优化的关键：形成两种结构

1. 竞争有效的所有权结构

在全球化背景下，为了防止跨国公司整合我国关键性、战略性产业，要着力形成国有经济与其他经济协调发展，且能体现国有经济影响力和控制力，民族资本在关键领域具有竞争力的所有权结构，以提高产业的国际竞争力。

2. 特色鲜明的区域空间结构

形成特色鲜明的区域空间结构，需要发展产业集群。作为一种特殊的产业组织形式，产业集群可以提高专业化分工协作水平，引导企业竞争从无序走向有序，可以协调企业行为，产生联合行动效应，提高集群内企业的技术创新能力、生产能力和市场开拓能力，可以吸引生产要素向同一区域集中，产生规模经济、范围经济及集聚效应，从而达到优化资源配置的目的，因而可作为产业组织优化的区域空间结构加以推广。结合各地的资源禀赋，制定财政、投融资、信贷等优惠政策，引导企业在空间地理上相对集聚，在关联配套上互为环境，在资源利用上实现集约，形成能够发挥地区优势、特色鲜明的产业集群，是优化产业组织结构的有效途径。

（四）产业组织结构优化方向：实现三大转变

需要指出的是，对于规模经济显著的行业（含竞争性行业和垄断性行业的竞争性业务），优化产业组织结构的方向是努力"实现三大转变"。

1. 实现行政割据型垄断向经济集中型垄断的转变

行政割据型垄断是在缺乏竞争的条件下，借助于行政保护、市场分割形成的部门"条条"垄断和地方"块块"垄断，对应的是低集中度和低关联度的产业组织。经济集中型垄断是市场机制作用下生产集中的产物，对应的是规模经济显著、以大企业和企业集团为主导、具有寡头垄断特征的产业组织。基于以下考虑，规模经济显著的行业，产业组织结构优化的方向是实现经济集中型垄断。

（1）经济集中型垄断是很好地兼顾了规模经济和竞争效率的产业组织结构。

在具有经济集中型垄断特征的产业中，起支配作用的寡头垄断企业，一般来说实力雄厚，不仅具备实现规模经济的条件，而且与垄断竞争市场结构相比，几个寡头实力相当，势均力敌，可以展开更有意义的竞争，因而是很好地兼顾了规模经济和竞争效率的产业组织结构。

（2）经济集中型垄断是发达国家产业组织结构演变的趋势。

工业化过程中，产业组织结构在市场规律作用下，经历从分散到集中的过程，最终形成以寡头垄断为主导，大、中、小企业并存的格局，是发达国家产业组织演变的规律。典型的如美国，20世纪90年代以来，受第五次企业并购浪潮及政府放松反垄断政策的影响，主要产业的集中度由下降转为上升，具有寡头垄断市场结构的产业范围，也在由规模经济要求高的技术或资本密集型产业，向技术含量提高的劳动密集型产业扩展①。

经济集中型垄断不仅出现在一国范围内，而且在全球范围内也已经出现。当前，全球10大化学公司、10大半导体公司分别垄断了本行业90%以上的国际市场；10大轮胎企业则一直占据着世界轮胎市场80%以上的份额。在航空制造业，自麦道公司被波音兼并后，波音公司和欧洲空中客车公司几乎占据了全球市场份额。在汽车领域，通用、福特、戴勒姆—克莱斯勒、丰田等几家厂商控制着全球90%以上的汽车生产和销售②。

2. 实现低水平无序竞争向分层次有效竞争的转变

以经济集中型垄断为优化方向，构造大企业主导、大中小企业有序分工、高效协作的产业组织结构，可以实现低水平无序竞争向分层次有效竞争的转变。突出表现在分工协作关系明显的制造业中，处于核心层的大企业，可以将其产品的零部件、专项工艺向参与协作的专业化企业层层扩散，形成分层竞争的格局。这样，一方面，承包体系的垂直分工界定了大企业与中小企业在不同层次竞争，可以获得专业化分工协作效应和规模经济效应；另一方面，由于大企业按最终产品的竞争价格倒推成本，与承包企业制定承包单价，因此，可以把竞争压力层层传递到中小企业。

3. 实现国内市场竞争向全球市场竞争的转变

在全球化和技术进步两种力量的驱动下，市场范围跨越国界不断延伸和扩大。企业无论在本国国土上经营，还是走出去参与国际合作，面临的都是全球范围内的竞争对手。以经济集中型垄断为优化方向，构建大企业主导、大中小企业有序分工、有机协作的产业组织结构，打造出我国产业走向国际市场的"航空母舰"和与之分工协作、专业特色鲜明的"联合舰队"，是我国产业在参与国际分工中赢得主动权的基础。

四、促进产业组织结构优化的对策建议

（一）在继续推进部分垄断性行业或环节分拆重组的同时，加快推进产权改革和管制改革

按照公共企业垄断竞争型模式来优化垄断性行业的产业组织结构，一个需要回答的问题是，应该如何确定垄断性业务的产业组织结构。早在1883年，研究博弈论的先行者伯川德（Bertrand）用一个简单的模型令人心服地证明了一个结论：即使只有两家企业的垄断也足以可以实现完全竞争③。但在设计垄断性行业改革方案时，似乎没有多少国家以此为依据来拆分重组市场。以美国为代表的发达国家电信业经过风起云涌的兼并重组，有走向双寡头垄断的趋势，是否能为伯川德模型提供现实佐证，还需要继续观察。

---

① F. L. Pryor（2001）：*New Trends in U. S. Industrial Concentration*. Review of industrial Organization 18，p. 309.

② 王喜、韩玉梅：《世界产业组织结构变化及我国企业组织结构的发展构想》，载于《河北青年管理干部学院学报》2005年第1期。

③ 企业产品价格博弈的结果是，产品只能按边际成本定价，企业没有经济利润，等同于完全竞争的结果。推导过程参见泰勒尔著《产业组织理论》，中国人民大学出版社1997年版，第270～271页。

从理论上说，在垄断业务领域，政府允许一家企业还是允许两家或两家以上企业经营，需要考虑具体业务成本弱增的范围、自然垄断与竞争的比较效率等因素，属于技术问题。现实中，在对垄断性业务进行拆分重组时，考虑更多的似乎不是技术问题，而是利益分配问题。这可能是我国基础电信领域、电力输配环节市场结构不合理的主要原因之一。

我国已经进行重组改革的基础电信领域和电力输配电环节，最优市场结构到底应该是什么？基础电信领域，三家全业务运营商刚刚重组成立，从形成实力相当、相互抗衡的寡头垄断市场结构来看，我们当然希望每家运营商的业务相对均分，但短期内很难冲破利益集团的阻力，继续重组分割。在这种情况下，微观上以资本形式引入社会资本（尤其是民营资本）实现投资主体多元化，管理层面上推进管制改革，显得更加重要。从长远看，全球化背景下，为了提高参与全球竞争的能力，电信业不宜选择更为分散的市场结构，巴西将国有电信公司分拆成12家公司，最终电信业基本由外资控制，值得我们反思。

电力行业，通观世界其他国家，目前大致有三种产业组织模式：发、输、配、售各个环节独立运营的分离模式（如英国和智利）；垂直一体化运营的整合模式（如欧盟和美国大部分电网）；引入有限竞争的单一买家模式（如日本和爱尔兰）。以上国家改革结果也是成败互见，问题多于成绩，电力行业还没有一个公认的产业组织模式。既然我国已经基本确定了改革方向，按照路径依赖原则，"十二五"时期，优化电力行业的产业组织结构，重点应该放在巩固"厂网分开"的改革成果，逐步实现发电企业竞价上网，推进大用户与发电企业直接交易；同时，加强对垄断的输配电环节的监管，适时推行输配分开。

改革进展缓慢的铁路和邮政行业，优化产业组织结构的任务还很艰巨。铁路行业，我国先后酝酿了纵向分拆的"网运分离"方案和横向分拆的"网运合一、区域竞争"方案。前一种方案参考英国的铁路运营和管理体制，将路网与运输分离，分别组建公司；后一种方案参考美国与加拿大的铁路运营和管理体制，组建多个铁路运输集团公司及铁路建设投资公司开展区域竞争。"网运分离"会失去部分纵向一体化的效率，相比之下，"网运合一、区域竞争"方案更适合我国。"十二五"时期，建议以各铁路局为基础，组建若干个网运一体化的区域铁路公司。与之相配套，加快政企分开，在现有铁道部的基础上，组建国家铁路监管委员会，对各区域公司实施必要的准入、价格、安全和服务质量等经济性和社会性管制。

综上分析，适时推行输配分开，完成电力行业拆分重组，择机推进铁路和邮政行业横向拆分，引入"标杆竞争"，对优化垄断性行业的产业组织结构是必要的；与此同时，在管理层面推进管制改革，在微观层面上推进投资主体多元化，也是必不可少的。有三方面的原因：其一，一些业务（如基础电信）受部门利益、技术进步、市场需求变化、发展惯性等多重因素的影响，通过分拆重组，形成相对均衡的市场结构，难度很大，而另一些业务，如电力行业的输电环节，将向全国联网趋势发展的电网分成几大块，是违背电力经济的内在特性和电力市场发展规律的；其二，拆分重组通过改变垄断结构，最终是为了达到反垄断、促竞争的目的，但垄断结构并不必然导致垄断行为，国际反垄断也正在发生由反垄断结构向反垄断行为的重大转变；其三，从其他国家的改革实践来看，拆分重组仅仅是垄断产业组织合理化的一个方面，各国无论是否拆分、如何拆分，都很注重管理层面的管制改革。

结合以上分析及我们的国情，报告认为，"十二五"时期，优化垄断性行业产业组织结构，重点应该放在在制度创新上，即微观层面的产权制度改革和管理层面的政府管制改革。一方面，加快推进产权层面的改革，鼓励社会资本（尤其是民营资本）以企业形式或参股形式进入，变国有经济主导的"同质竞争"为国有经济和社会资本共存的"异质竞争"，着力形成政企分开、公平竞争、开放有序的市场结构；另一方面，通过健全监管机构组织体系建设、创新监管方式和手段等，推进政府管制改革，并在准确把握技术进步、市场需求变化对垄断行业运行影响的基础上，建立起适应市场需求发展和技术进步的监管体制与产业政策形成机制，使垄断行业能够获得更经济（不必为不断地进行拆分重组付出改革成本）、更可持续的发展。

（二）加快完善政策和制度创新，优化竞争性行业的产业组织结构

以下建议不仅适用于竞争性行业，也适用于垄断性行业已经实施拆分重组的竞争性业务（如电力行业的发电业务等）。

1. 出台《反垄断法实施细则》，完善"实现规模经济和专业化协作"的配套政策，灵活采用多种政策手段

完善现有产业组织政策，需要出台《反垄断法实施细则》，提高《反垄断法》的可操作性。重点放在以下几方面：（1）加强对外资并购行为的前置审查，除对集中度进行前置审查外，还要把是否形成垄断地位作为前置审查内容，借鉴国外反垄断的实践经验，对不能认定不会形成垄断的外资并购行为一律不予审批。（2）关于集中度和市场占用率的审查条款，应指明市场占有率是指该企业某类产品的市场占有率还是某种产品的市场占有率，避免企业钻空子而不予报告。（3）完善《反垄断法》和《国务院关于经营者集中申报标准的规定》关于经营者营业额的计算办法，在计算营业额、市场份额时应对关联企业的数据进行合并计算。（4）在反垄断法中增加反垄断部门对并购行为进行事后监督的有关规定，定期对已经发生的并购行为进行垄断调查，如果发现在并购后形成事实上的垄断，应严格按照反垄断法有关规定进行处理。（5）增加禁止政企合一、政资合一、政监合一的内容，切断行业监管部门与企业的利益联系，促进有效竞争。（6）增加对自然垄断行业中"一家独大"企业的拆分条款，限制市场份额。

完善配套政策措施，重点放在如何落实"实现规模经济和专业化协作"的产业组织政策目标。实现规模经济，要通过制定财税、金融等优惠政策，推动大企业和企业集团发展，促进企业联合重组，提高产业集中度。实现专业化分工协作，要通过制定财税、金融优惠政策，引导并支持大企业把"非核心技术"的生产制造环节分离给中小企业，引导并支持中小企业提高自身技术水平，在更高层次上与产业内大企业搞好协作，引导并支持中小企业之间加强分工协作，通过产品联盟、技术联盟等方式，提高专业化分工协作水平。

灵活采用多种政策实施手段。第一，逐步减少强制性的行政措施，建立健全调整产业组织结构的经济补偿制度。第二，在国有经济成分居主导地位的部分行业（如钢铁、船舶等），明确要求国资委制定产业组织调整规划，把实施产业组织政策与国有资产管理和

重组结合起来。第三，从法律法规上明确企业、地方政府和行业主管部门违反国家产业组织政策应该承担的责任。

2. 规范地方政府助推项目投资的行为，弱化地方政府助推项目投资的动机

通过法律法规，规范地方政府助推项目投资的行为。第一，明确规定地方政府投资决策必须实施听证制度、公示制度和专家评议制度；明确政府审批的项目，除涉及国家机密外，要对外公布，接受社会各界的查询和监督；明确要求各地组建项目论证专家库，项目论证评审时随机抽取，并对专家实行动态管理。第二，从法律法规上明确对越权审批、违规审批行为的惩罚方式（如行政问责、责任追究等）。

适时推进财税体制和政绩考核制度改革，弱化地方政府助推项目投资的动机。第一，建立地方主体税种，增加地方可支配的财力，"十二五"时期，较为可行的是改革现行房产税，建立新型的房产税或物业税制度；同时，择机开征环境保护税、遗产税和赠与税。第二，深化税制改革，将企业所得税全部划归中央，增值税全部划归地方所有。第三，探索建立与科学发展观相适应、适用于不同地区的政绩考核标准。

3. 完善进入和退出机制，为产能过剩行业中的企业整合和退出创造条件

结合产业振兴规划，综合运用财税、土地、金融、环保手段，对重点地区和重点行业实行更严格的准入标准。针对当前资源浪费、环境污染及事故频发等问题，提高能耗、水耗、资源综合利用和安全、质量及职工健康、劳动者权益保护等方面的要求，提高进入壁垒。

建立产能过剩行业企业退出援助制度。鉴于社会保障制度不健全是影响经营不善企业退出的一大障碍，结合产业振兴规划，设立钢铁、汽车等产业调整援助基金，用于需要退出企业的职工养老保险、医疗保险、失业保险的统筹接续、职工再就业培训、再就业补贴。

配合产业振兴规划，通过创办补助、减免税费等方式，建立和发展资产收购、租赁公司，鼓励这类公司收购退出企业的专用设备并租赁给新进入市场或扩大生产规模的企业，降低企业退出成本，实现专用设备的有序流转。

配合产业振兴规划，大幅提高资源税率，扩大资源税征收范围，适时开征环境税，使社会成本企业化、外部成本内部化，迫使产能过剩行业中的中小企业退出市场。

4. 改革财税分配和政绩考核制度，加快体制机制创新，推进企业兼并重组

抓住金融危机给产业组织结构调整带来的难得机遇，结合国务院颁布的产业振兴规划，创新促进兼并重组的体制机制，着力消除企业跨地区、跨所有制重组的体制障碍。

消除跨地区重组的体制障碍，重点放在财税分配和政绩考核方面。财税分配方面，按照前述将企业所得税全部划归中央，增值税全部划归地方的思路深化税制改革，可以比较彻底地消除现行税收制度对并购的影响。政绩考核方面，改革现行有形和无形的以 GDP 为中心的干部业绩考评体制，考核指标设置上要偏重于社会发展和民生，考核制度建设方面要充分发挥人民参与政治的积极性，吸收不同阶层的代表参与干部政绩考评。

促进企业跨所有制重组，重点放在放宽民营企业的市场准入方面。制定融资、税收等方面的优惠政策，鼓励并大力支持管理水平高、经营业绩好的民营企业兼并重组国有企业。建立对"国进民退"的警戒制度，谨防地方政府在产业振兴中利用行政力量，将民营企业纳入国有企业重组版图。

各级政府都要通过体制机制创新，帮助企业解决兼并重组中遇到的实际困难。中央财政设立专项基金，用于解决被兼并企业的社会保障缺口、职工安置就业、转岗培训等。地方政府依据财力，为兼并企业融资贷款提供财政贴息；实施税收减免等优惠政策，鼓励并支持优势企业兼并经营不善的企业。政府和兼并企业联合建立"厚养制度"，妥善安置被兼并企业的高层管理人员，消除兼并重组的阻力。

充分发挥国资管理部门、行业协会、国家开发银行、各大商业银行和专业性投资公司在推进兼并重组中的作用。国有资产占主导地位的行业（如钢铁业），国资管理部门要积极帮助企业协调兼并中遇到的问题，但要遵循市场规律，切忌"拉郎配"。行业协会要加强行业与政府之间的沟通，加强信息咨询服务，引导并促进产业内企业兼并重组。国家开发银行、各大商业银行要在推动兼并重组中发挥更加主动的金融服务业务，在依法合规、审慎经营、风险可控、商业可持续的原则下，积极稳妥地开展并购贷款业务，满足合理的并购融资需求。制定税收优惠等政策，鼓励专业性投资公司参与企业并购重组。

建立兼并重组效果后评价制度。为了防止企业重扩张、轻整合，结合产业振兴规划，建议发改委、工信部等政府部门牵头成立由专家、企业代表组成的企业兼并重组效果后评价小组，对重组后企业整合效果好、在促进集中度提高的同时真正有利于提升产业竞争力的并购企业，给予一次性奖励或一定时期的税收减免优惠。

5. 加快国企产权改革，引导民营企业规范经营，创造优化产业组织结构的良好基础

加快国企产权改革，使国企真正成为独立的法人实体和市场竞争主体，具有不断追求规模经济、提高市场占有率的内在动力。国企尤其是央企产权改革要与企业体制重构和业务流程再造结合起来。在宏观层面上，以占据国际产业价值链的重要环节为目标，国企改革要与业务流程再造结合起来，带动产业组织结构优化和竞争力提升。在微观层面上，要通过组织重构、制度创新，加强企业一体化建设，整体优化产业布局和产业组织，促进业务单元之间、单元内部的子公司实行规模化发展、专业化经营。

通过政策引导、加强教育，帮助企业树立同业"竞合"的竞争理念，引导同业建立合作关系。完善剽窃知识产权惩戒制度，建立企业失信惩戒制度，引导竞争目标短期化、竞争手段不正当的企业，改变经营行为，提高自身素质，以更高的技术水平、更好的社会信誉，与大企业配套合作。

6. 完善外商在华投资审查和监控制度，敦促外商投资朝着有利于产业组织结构优化的方向发展

建议国家工商管理总局等部门，将外资项目（尤其是同一个国家、同一个跨国公司的项目）在我国的投资是否构成系统布点或是否具有系统布点意图，作为审查的常规内容。

建立外资损害产业组织的监控机制。建议在重要产业部门，建立科学合理的产业组织损害预警指标、监控体系和应对机制，并配以必要的手段。监控对象重点放在跨国公司以先合资后独资或并购形式对高技术、高附加值领域骨干企业的控制情况。

完善产业安全审查制度。鉴于外商直接投资在促进我国高技术、高附加值行业集中度提高的同时带来了产业安全隐患，建议尽快建立起以《反垄断法》和《产业安全法》共同作用的外资审查制度。除了完善《反垄断法》实施细则，加强对外商直接投资中单纯的企业行为进行审查外，还要加快制定《产业安全法》，将审查范围拓宽到外商投资对产业上下游及对产业内企业之间的分工协作关系的影响。同时，在产业安全审查制度下，建立由国家发改委、商务部、国家工商总局、国防科工委、国务院国资委、科技部等部门组成的外资投资国家产业安全审查协调小组，通过联席会议制度的形式，联合审查关系国民经济命脉的关键行业和重要领域中的外商投资项目对我国产业安全的影响。

小　　结

产业组织结构优化与财税体制、行政管理体制、投资体制、社会保障体制等领域的改革及全国统一开放的市场体系建设进程密切相关，本报告仅仅就"十二五"时期可推进的工作进行了探索。从长远看，优化产业组织结构，有赖于加快推进财税体制改革，合理划分中央与地方政府的财权和事权，完善中央对地方的转移支付制度，消除地方政府追求财源的体制根源；有赖于加快推进政府尤其是地方政府职能转变，改革现行有形和无形的政绩考评制度，消除地方政府片面追求 GDP 高速增长的政治诱因；有赖于深化投资体制改革，提高地方政府投资决策的科学化、民主化水平，健全政府投资的责任约束机制，同时加快完成政府投资从产业部门向公共部门的转变，弱化地方政府扩张投资的条件；有赖于完善社会保障体系和体制，着力解决跨地区社会保障转移接续问题，为建立与市场经济相适应的企业进入、退出机制创造条件；有赖于全国统一开放的市场体系建设，着力清除条块分割的行政壁垒，打破地区封锁和行业垄断，并加快建立多层次的资本市场，为优化产业组织结构提供良好的外部环境等。

参考文献

1. 杨治：《产业经济学导论》，中国人民大学出版社 1985 年版。

2. 王慧炯、陈小洪：《产业组织和有效竞争——中国产业组织初步研究》，中国经济出版社 1991 年版。

3. 马建堂：《结构与行为——中国产业组织研究》，中国人民大学出版社 1993 年版。

4. 毛林根：《结构·行为·效果——中国工业产业组织研究》，上海人民出版社 1996 年版。

5. 王俊豪：《中国市场结构理论模式研究》，载于《经济学家》1996 年第 1 期。

6. 泰勒尔：《产业组织理论》，中国人民大学出版社 1997 年版。

7. 杨蕙馨：《企业的进入退出与产业组织政策》，上海三联书店、上海人民出版社 2000 年版。

8. 王俊豪：《对中国竞争性产业进入与退出壁垒的分析》，载于《财经论丛》2001 年第 1 期。

9. 杨瑞龙：《产业组织能力与企业竞争优势》，载于《教学与研究》2001 年第 4 期。

10. 俞建国：《中国小企业发展战略》，人民出版社 2002 年版。

11. 江小涓：《跨国投资、市场结构与外商投资企业的竞争行为》，载于《经济研究》2002 年第 9 期。

12. 魏后凯:《市场竞争、经济成效与产业集中》,经济管理出版社 2003 年版。

13. 杜传忠:《寡头垄断市场结构与经济效率》,经济科学出版社 2003 年版。

14. 刘世锦:《产业集群及其对经济发展的意义》,载于《经济学动态》2003 年第 8 期。

15. 陈春、干春晖:《产业组织优化与产业结构的调整和升级》,载于《山东工商学院学报》2003 年第 5 期。

16. 赵秀丽、王晓峰:《大企业是我国产业结构优化升级的主导力量》,载于《中国特色社会主义研究》2003 年第 4 期。

17. 戚幸东:《中国经济运行中的垄断与竞争》,人民出版社 2004 年版。

18. 李勇:《寡头垄断市场结构与我国烟草产业组织效率》,载于《经济理论与经济管理》2006 年第 7 期。

19. 戚聿东、柳学信:《中国垄断行业的竞争状况研究》,载于《经济管理·新管理》2008 年 1 月第 2 期。

20. 常修泽:《中国垄断性行业深化改革研究》,载于《经济研究所 2006 ~ 2007 年度基本科研业务专项资金课题内部报告》。

21. 臧跃茹等:《深化中央企业改革的思路和对策研究》,载于《宏观院 2007 年重点课题内部报告》。

22. 王俊豪:《中国垄断性产业结构重组分类管制与协调政策》,商务印书馆 2006 年版。

"十二五"时期财政支出政策研究

课题承担人　许　生■■

指导专家　孙学工■■

内容提要：本文实证分析我国财政支出的规模、结构以及预算内投资可能的发展趋势，对"十二五"时期财政支出规模、结构及预算内投资的相关指标进行规划和设计，提出了制定我国"十二五"时期财政支出政策的相关建议。文章认为，"十二五"时期，必须适度提高财政支出规模，大力调整支出结构，依据经济周期相机决定预算内投资规模，努力实现财政支出的民生性和公共性。

作者简介：许生，男，1968年生，经济学博士，财政与金融研究室副研究员。主要研究方向：财税经济计量研究、财政税收理论与政策、经济预测与分析。

"十二五"时期，财政支出政策制定的指导思想是：围绕贯彻落实科学发展观、转变经济发展方式的总体要求，从发展改革工作的实际情况出发，科学设计财政支出制度，合理确定财政支出的适度规模，大力优化财政支出结构，促进公共服务均等化，体现国家财政支出的民生性和公共性。

根据这一指导思想，总结我国改革开放以来，特别是近几年来财政支出工作方面存在的经验和教训，对"十二五"时期的财政支出总量、财政支出结构调整和预算内投资战略作出以下分析判断。

一、财政支出规模

（一）对"十一五"财政支出总量形势的估计

自"九五"以来，受财政收入持续增长的推动，我国财政支出[①]总量一直保持逐步增长势头。进入"十一五"时期，虽然后期受全球经济危机的影响，财政收入增速出现下降，但是财政支出依然保持了较高增长，2010年的财政支出（不包括体制外支出，下同）占GDP的比重预计达到24%～27%，为1994年税制改革以来的最高值。但是，历史地看，到2010年时的财政支出水平，基本相当于改革开放以来的平均水平。1982～2007年

---

　　① 财政支出规模的界定范围，包括我国财政支出统计中的一般预算支出、基金预算支出、债务预算支出、实行专户管理的财政预算外支出等体制内支出，不包括体制外支出。

体制内财政支出占 GDP 的比重平均为 25%，最高水平为 1984 年的 39%，最低水平为 1995 年的 15%。改革开放以来财政支出的变化趋势如图 1 所示：

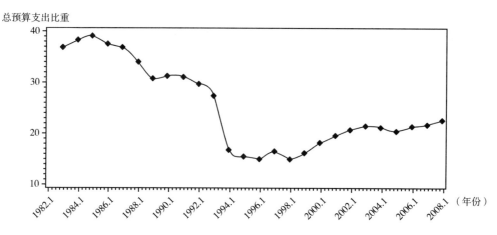

图 1　财政支出占 GDP 的百分比：1982～2007 年

对于如何看待我国的财政支出水平，各种评论较多，我们认为应作具体分析，不宜简单化。

首先，对于我国财政支出现阶段究竟处于何种水平上，学术界尚有不同看法。有人认为，我国一般预算支出并不高，财政支出占 GDP 的比重 2007 年不足 20%；而有人则认为，虽然我国一般预算支出并不高，但是，如果将体制外支出计算在内，我国现阶段财政支出水平并不低，2007 年我国政府支出水平占 GDP 的比重则在 31% 左右。我们认为，财政支出既有别于一般预算支出，也不同于与政府活动范围相关联的政府支出概念，它大于预算体系中的一般预算支出，却也小于与政府活动成本相对应的政府支出。它包括我国财政支出统计中的一般预算支出、基金预算支出、债务预算支出、实行专户管理的财政预算外支出等体制内支出，但却不包括体制外支出。根据这一界定，2007 年我国财政支出占 GDP 的比重应该在 23% 左右。

其次，我国的财政支出 1994 年前后总体上可区分为两种不同的阶段。第一阶段是改革开放以来至 1993 年。在这一阶段，总体上属于从计划经济时代向市场经济时代的探索阶段，财政体制分别经历了"分灶吃饭"和"分级包干"两种体制，中央财政向地方财政放权让利成为这一阶段的主调，造成了财政支出占 GDP 比重的逐步下降。第二阶段是 1994 年以来的社会主义市场经济阶段。在这一阶段，财政体制总体上实行的是相对规范的"分税制"体制，从而充分调动了中央和地方两个积极性，在财政收入逐步提高的基础上，财政支出也逐年大幅提高。

最后，我国财政支出水平很大程度上受到财政收入水平的推动，本质上属于"以收定支"的财政支出体制，反映出我国财政支出责任在社会主义建设中的规划性和目标性并不十分明确。1994 年实行分税制财税体制以来，我国财政支出水平出现了持续增长的态势，但是，财政支出水平的持续增长，主要得益于多年来财政收入的持续增长，总体上属于收入推动的支出增长，多数情况下属于收入推动的被动性增长，与社会主义市场经济体制下有效发挥财政支出职责相适应的财政支出主动性增长并不明显，财政支出的"越位"与"缺位"同时并存。关于这一点,尤其需要引起特别重视。

从经济运行周期角度分析,受投资拉动的根本影响,我国经济增长存在一个为期8年左右的长周期,继1999年成为上一轮经济增长的"谷底"之后,2007年成为我国本轮经济增长的波峰,该两轮经济增长分别呈现非经典的单边下降和单边上扬态势。预计2008年我国经济增长将处于9%左右,成为经济增长的"拐点",我国经济增长开始进入下一个增长周期。受世界经济危机的影响,我国新一轮经济增长周期将首先以下降为特征,预计经济调整将有可能横跨"十一五"后期和"十二五"前期。据测算,经济"谷底"将可能维持在6%~7%的水平。随着经济增长进入下行通道,财政收入将进入低速增长甚至负增长状态。由于财政支出具有一定程度的刚性特点,由经济增长上升时期高速增长的财政收入所推动的较高水平的财政支出将在一定程度上得到维持并会继续保持增长状态。这将在一定程度上加大财政支出的压力并将加大财政对债务收入的依赖。因此,我们认为,进入"十二五"时期,虽然财政收入将进入低速增长时期,但是,为了实施反周期的积极财政政策,财政支出有必要继续保持较快增长状态。

(二) 对"十二五"财政支出总量基本态势的估计

从时间序列的角度看,我们认为,财政支出规模的大小不仅取决于当期财政支出职责范围的大小,同时也深受上期或者以前年度财政支出规模的影响,与以前年度的财政支出规模高度相关。财政支出具有比较强的刚性特点,体现出比较突出的自回归特性。尤其是在我国"以收定支"的财政支出体制下,财政支出的自回归特性要远比财政收入的自回归特性高得多。在市场经济条件下,我国1994年以来所确立的新的税收体制具有比较明显的效率性,财政收入的短期波动和长期趋势与经济系统的增长趋势表现出比较明显的一致性。然而,财政支出的变化趋势却不尽然。历史地看,虽然我国财政收入的快速增长一定程度上推动了我国财政支出的快速增长,但是,随着我国公共财政制度的建立和日臻完善,即使我国财政收入出现低速增长甚至负增长也较难改变我国财政支出长期增长的趋势。因此,在整个"十二五"时期,即使在"十一五"下半期和"十二五"上半期我国经济增长进入下行区间,我们预计,财政支出也会继续保持一定的增长态势。

从我国财政支出所发挥的长期职能来看,考虑到我国属于发展中的社会主义市场经济国家,政府的职能不完全等同于一般的市场经济国家,尤其是在改变我国工农两种生产方式、城乡二元经济结构、大幅度弥补社会保障历史欠账、修复、校正市场经济改革所造成的比较严重的社会不公问题等方面,政府所承担的职能与责任比较突出,我国财政支出规模到2015年时可能达到占GDP的25%,包括体制外支出的政府支出规模可能达到占GDP的33%。"十二五"期间的财政支出规模可能从"十一五"期末2008~2010年占GDP23%左右上升到占GDP的25%左右(参见以下测算部分)。

从国际经验[①]对比来看,根据国际经验,世界各国政府支出规模各不相同,发达国家

---

① 国家发改委宏观经济研究院课题组:《深化财税体制改革研究》,国家发改委宏观经济研究院2006年度重点课题。

和转轨经济国家的政府支出规模一般高于发展中国家。发达国家政府支出占 GDP 的比重平均为 48.4%。其中，加拿大 46%，德国 50.2%，美国 37.1%，法国 49.3%。转轨经济国家政府支出占 GDP 的比重平均为 42.6%。其中，匈牙利 64.5%，罗马尼亚 32.3%。发展中国家政府支出占 GDP 的比重平均为 27.1%。其中，印度 22.6%，巴西 34.1%，南非 33.3%。从时间纬度看，近十年来，除法国政府支出规模略有增长外，无论发达国家，还是发展中国家，政府支出占 GDP 的比重均呈现出一定的下降趋势。但是，总体来看，发达国家政府支出规模的稳定性一般要好于发展中国家，这主要是与发达国家的市场经济体制普遍比较成熟有关。根据预测，到 2015 年时，包括体制外支出的我国财政支出规模也就是政府支出规模将达到 33%，其上限也可能达到 39%。这一水平比发达的市场经济国家平均低 9 ~ 15 个百分点，比发展中国家平均水平又高出 6 ~ 12 个百分点，属于发展中国家的高水平，但又低于发达而成熟的市场经济国家，总体上属于适度规模，与我国政府履行职能的需要基本相适应。

（三）基本结论

"十二五"期间我国的财政支出规模将继续保持增长态势。但由于经济周期和世界性经济危机的影响，与"十一五"前期相比，"十二五"期间我国财政支出压力明显加大，财政支出对国债收入的依赖程度将明显增强。与"十一五"期间相比，"十二五"期间财政支出增长速度将有一定程度下降。这属于财政收入增长进入调整时期后对财政支出所产生的间接反映（见表1）。

表1　　　　　　　　　　　**"十二五"时期我国财政支出规模指标**　　　　　单位：%

项　　目	指　　标	
	2010 年	2015 年
财政支出占 GDP 比例	23	25
包括体制外支出的政府支出占 GDP 比例	31	33

（四）"十二五"财政支出规模预测

1. 预测方法

通常，财经变量之间不仅是同期相关的，它们与其过去值之间也是相关的。基于此，我们可以充分利用财政支出的时间序列数据，回归预测测算年度或者一定测算时期的财政支出规模。在此，我们重点使用一种在多变量时间序列中与变量自回归和带外生变量的滑动平均过程有关的动态模拟方法对"十二五"时期的财政支出规模进行估计。

在许多财经统计应用过程中，人们所感兴趣的诸多变量（比如依赖变量、反应变量或者内生变量等）常常会受到所考察变量以外的变量（比如独立变量、输入变量、预测变量、回归变量或者外生变量等）的影响。Varmax 方法能够为依赖变量之间的动态关系和依赖变量与独立变量之间的动态关系同时建立相应统计分析模型。动态模拟方法 ARI-

MAX 是时间序列和回归分析的组合模型，它通过其自身的过去值、过去误差、其他时间序列的当前值和过去值的线性组合来预测依赖变量。它将回归分析和误差时间序列模型有机地结合在一起，在某些情况下是一种兼顾两者之长的非常有效的预测方法。

ARIMAX（p，q，s）模型的基本形式如下：

$$Y_t = \sum_{i=1}^{p} \Phi_i Y_{t-i} + \sum_{i=0}^{s} \Theta_i^* X_{t-i} + \varepsilon_t - \sum_{i=1}^{q} \Theta_i \varepsilon_{t-i} \tag{1}$$

其中，$Y_t = (y_{1t}, \cdots, y_{kt})'$，是时间序列的依赖变量；$X_t = (x_{1t}, \cdots, x_{kt})'$是时间序列的独立变量。$Y_t$ 受 X_t 的影响，X_t 由系统以外的因素所决定。$\varepsilon_t = (\varepsilon_{1t}, \cdots, \varepsilon_{kt})'$，是不可观测的噪声变量，它是一个向量白噪声过程，是模型估计的残差部分。该模型表现的是由一系列依赖变量 Y_t 关于不同独立变量 X_t 所构成的一个方程组。

关于模型的估计过程基本由四步完成。首先，在适当的条件（比如静态）下，运用无穷阶的滑动平均过程对独立变量 X_t 的基本形式做出估计；其次，对独立变量 X_t 做出相应的前置预测；再次，根据所估计出的独立变量 X_t 及其预测值对依赖变量 Y_t 的基本形式做出估计；最后，对依赖变量 Y_t 再做出相应的前置预测。

对于财政支出规模的估计与预测，我们使用 Varmax 分析系统中的变量自回归分析过程来实现，基本模型描述如下：

假定 $Y_t = (y_{1t}, \cdots, y_{kt})'$，$t = 0$，1，$\cdots$，表示一个我们所关注的随机变量（比如财政支出规模）的 k 维时间序列向量，其 p 阶向量自回归过程可以表示为：

$$Y_t = \delta + \Phi_1 Y_{t-1} + \cdots + \Phi_p Y_{t-p} + \varepsilon_t \tag{2}$$

其中，ε_t 是一个向量白噪声过程，$\varepsilon_t = (\varepsilon_{1t}, \cdots, \varepsilon_{kt})'$，$E(\varepsilon_t) = 0$，$E(\varepsilon_t \varepsilon_t') = \sum$，且当 $t \neq s$ 时，有 $E(\varepsilon_t \varepsilon_s') = 0$。

对这些时间序列进行联合分析和建模可以帮助我们很好地理解伴随着时间的推移序列之间动态关系的变化情况。同时，利用相关序列及其它们的预测值所体现出来的额外信息可以在很大程度上提高对各个序列的预测精度。

2. "十二五"财政支出预测

我们采用 Varmax（1，0）动态模拟模型，分两种时间段（1982~2007 年和 1994~2007 年）对我国财政支出的基本走势进行估计与预测。1994 年以来，我国开始实行全面的市场经济体制，财政支出体制也曾进行过一些零星的改革。鉴于 1994 年我国推出了适应市场经济体制的现行税收体制，我国财政支出规模又存在依据政府收入（主要是税收收入）的增长不断增长的趋势，所以，我们更加重视 1994~2007 年期间我国财政支出规模所体现出来的性质与特点。预测中所用数据均采用相关年度统计年鉴和财政统计年鉴数据计算得出，数据预测不包括体制外支出。关于 Varmax（1，0）动态模拟模型的估计结果如表 2 所示：

表2　　　　　　　　　　我国财政支出规模 Varmax（1，0）自回归结果

项　　　目	1982~2007 年	1994~2007 年
常数项	1.57465 ****	1.68239 ****
	(0.99)	(0.81)
$TB_{(t-1)}$	0.91530 *	0.93914 *
	(15.26)	(8.55)
观测值数量	26	14
拟合优度	0.9101	0.8693
Prob > F	<0.0001	<0.0001
DW（1）	1.37	2
AIC	1.884033	0.184748

注:"*"表示置信度在99%以内;"**"表示置信度在95%以内;"***"表示置信度在90%以内;"****"表示参数不显著。

我国财政支出规模估计方程为:

$$TB_t = \underset{(8.55)}{0.93914} TB_{(t-1)} + \varepsilon_t$$

$$R^2 = 86.93\%$$　　　　　　　　　　　　　　　　　　　（3）

"十二五"期间我国财政支出规模的预测结果如表3所示:

表3　　　　　　　　"十二五"我国财政支出占 GDP 的百分比预测　　　　　单位:亿元、%

年　　份	预测值	标准差	置信下限	置信上限
2011	23.736	1.87	20.0709	27.4012
2012	23.9739	2.0321	19.9911	27.9567
2013	24.1973	2.165	19.9541	28.4406
2014	24.4072	2.2758	19.9467	28.8676
2015	24.6042	2.3692	19.9607	29.2477

"十二五"期间我国财政支出规模的基本走势如图2所示:

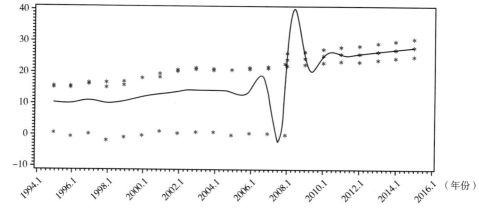

图2　我国财政支出占 GDP 的百分比预测趋势:1994~2015

二、财政支出结构调整

(一)"十一五"期间财政支出结构变动特征

1."十一五"中央和地方财政支出结构变动

一方面,从总体结构看,进入"十一五"时期后,承接"十五"时期中央财政支出逐步下降的趋势,我国中央财政支出继续下降,地方财政支出则逐年上升。与2005年相比,2007年中央财政支出占全国财政支出的比例下降了2.88个百分点,由2005年的25.86%下降为2007年的22.98%;地方财政支出占全国财政支出的比例则上升了2.88个百分点,由2005年的74.14%上升为2007年的77.02%。"十五"以来中央和地方财政支出基本情况如表4所示:

表4   "十五"以来中央和地方财政支出及比重   单位:亿元、%

年 份	财政支出			比 重	
	总额	中央	地方	中央	地方
2001	18 902.58	5 768.02	13 134.56	30.51	69.49
2002	22 053.15	6 771.70	15 281.45	30.71	69.29
2003	24 649.95	7 420.10	17 229.85	30.10	69.90
2004	28 486.89	7 894.08	20 592.81	27.71	72.29
2005	33 930.28	8 775.97	25 154.31	25.86	74.14
2006	40 422.73	9 991.40	30 431.33	24.72	75.28
2007	49 781.35	11 442.06	38 339.29	22.98	77.02

另一方面,从中央和地方财政支出的内部结构[①]看(以2007年财政支出结构为例),中央财政支出结构中占据前三位的财政支出项目依次分别为国防支出(30.43%)、一般公共服务支出(18.88%)和工业商业金融事务支出(12.61%);地方财政支出结构中占据前三位的财政支出项目则依次分别为教育支出(17.55%)、一般公共服务支出

---

① 为完整、准确反映政府收支活动,规范预算管理、强化预算监督,自2007年1月1日起我国全面实施了政府收支分类改革。在支出分类中根据政府职能活动和开支的具体用途,设置了政府支出功能分类和支出经济分类两类科目。其中,支出功能分类为我国首次采用,包括一般公共服务、外交、国防、公共安全、教育、科学技术、文化体育与传媒、社会保障和就业、社会保险基金支出、医疗卫生、环境保护、城乡社区事务、农林水事务、交通运输、工业商业金融等事务、其他支出、转移性支出17类;支出经济分类包括工资福利支出、商品和服务支出、对个人和家庭的补助、对企事业单位的补贴、专业性支出、赠与、债务利息支出、债务还本支出、基本建设支出、其他资本性支出、贷款转贷及产权参股、其他支出12类。2006年以前我国预算收支科目包括一般预算收支、基金预算收支、债务预算收支3类,在财政支出项目中仅按照经济建设费、社会文教费、国防费、行政管理费、其他支出等大类支出进行分类,难以准确反映政府的活动范围和财政支出的具体用途。在对比分析中,由于不能获得口径完全一致的分类数据,因此,在对财政支出进行结构分析时,对2006年以前的财政支出按照以前年度的统计口径进行分析和预测,对2007年的财政支出只能按照断面数据进行相应分析。

（16.57%）、社会保障和就业支出（13.31%）。在全国财政支出结构占据前三位的财政支出项目中，除一般公共服务支出（17.10%）分别属于中央和地方的重点支出项目外，教育支出（14.31%）、社会保障和就业支出（10.94%）仅属于地方财政支出的重点项目，而不属于中央财政的重点支出项目，这基本反映了现阶段我国中央财政和地方财政在支出功能上的职责分工。2007年国家财政支出、中央财政支出和地方财政支出构成状况分别如图3、图4、图5所示：

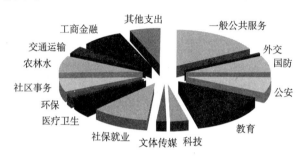

图3　2007年国家财政支出结构（%）

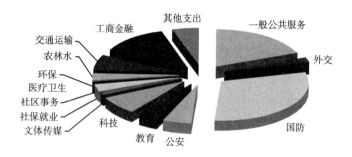

图4　2007年中央财政支出结构（%）

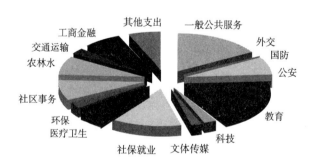

图5　2007年地方财政支出结构（%）

2. "十一五"财政支出经济结构变动

（1）从经济建设费用支出的变化来看，自"六五"以来，我国经济建设费支出逐年下降。1978～2006年29年间，经济建设支出占财政支出总额的比例平均为44.29%，最大值为 1978 年的 64.08%，最小值为 2006 年的 25.56%。"十五"时期，经济建设支出下降 4.78 个百分点，由 2001 年的 34.24% 下降为 2005 年的 27.46%。进入"十一五"时期后，经济建设支出继续下降，2006 年比 2005 年下降 0.9 个百分点。由于 2007 年我国正式实施政府收支分类改革，财政统计不再报告经济建设费支出，因此，我们无法获得 2007、2008 年的经济建设费支出数据，不过，我们预测，"十一五"期间，经济建设支出将继续下降。到 2010 年，预测经济建设支出占财政总支出的比例将下降为 26.52%，其下限将达到 20.49%（有关预测数值请参见其后相应预测部分，下同）。

（2）从社会文教费用支出的变化来看，自"六五"以来，我国社会文教费支出波动上升。1978～2006 年 29 年间，社会文教支出占财政支出总额的比例平均为 23.45%，最大值为 2000 年的 27.6%，最小值为 1978 年的 13.1%。"十五"时期，社会文教支出波动下降 1.34 个百分点，由 2001 年的 27.58% 下降为 2003 年的 26.24%，2005 年又重新上升为 26.39%。进入"十一五"时期后，社会文教支出继续上升，2006 年比 2005 年上升 0.44 个百分点。我们预测，"十一五"期间，社会文教支出将继续上升。到 2010 年，预测社会文教支出占财政总支出的比例将上升为 27.8%。

（3）从国防费用支出的变化来看，自"六五"以来，我国国防费支出波动下降。1978～2006 年 29 年间，国防支出占财政支出总额的比例平均为 10.04%，最大值为 1979 年的 17.37%，最小值为 2005 年的 7.29%。"十五"时期，国防支出波动下降 0.45 个百分点，由 2002 年的 7.74% 下降为 2005 年的 7.29%。进入"十一五"时期后，国防支出又有所上升，2006 年比 2005 年上升 0.08 个百分点。我们预测，"十一五"期间，国防支出将继续有所上升。预测 2010 年国防支出占财政总支出的比例将上升为 7.4%。

（4）从行政管理费用支出的变化来看，自"六五"以来，我国行政管理费支出波动上升。1978～2006 年 29 年间，行政管理费支出占财政支出总额的比例平均为 12.79%，最大值为 2004 年的 19.38%，最小值为 1978 年的 4.71%。"十五"时期，行政管理费支出波动上升 0.8 个百分点，由 2001 年的 18.58% 上升为 2004 年的 19.38%。进入"十一五"时期后，行政管理费支出略有下降，2006 年比 2005 年下降 0.46 个百分点。我们预测，"十一五"期间，行政管理费支出将继续上升。到 2010 年，预测行政管理费支出占财政总支出的比例将上升为 19.48%（见图 6、图 7）。

3. "十一五"财政支出功能结构

（1）从一般公共服务支出来看（以 2007 年财政支出结构为例，下同），这是国家财政支出中最大的支出项目，2007 年占国家财政支出总额的 17.1%，而且自"六五"时期以来一直处于波动上升状态。在一般公共服务支出总额中，中央财政支出比例为 25.37%，地方财政支出比例为 74.63%。也就是说，在我国政府总体规模中，中央本级和地方各级政府的规模比例大体为 1:3。在各级政府的各项功能支出中，中央政府的一般事务性支出（工资福利性支出占据重要比例）占据重要位置，中央一般公共服务支出在全国一般公共服务支出中所占的比例高于中央财政支出在全国财政支出中的比例 2.39 个百分点，而地方一般公共服务支出在全国一般公共服务支出中所占的比例则低于地方财政支出在全国财政支出中的比例 2.39 个百分点。这大体可以说明，中央政府的财政支出效

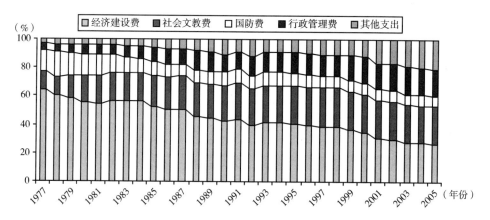

图6　改革开放以来我国财政支出结构变化：1978~2006 年

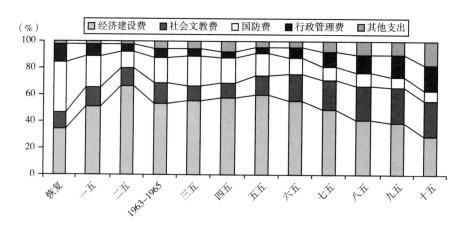

图7　新中国成立以来各五年计划时期财政支出结构变化

率并不比地方政府的财政支出效率高，或者可以说明，地方政府的福利和服务条件一般要差于中央政府。

（2）从教育支出来看，这是国家财政支出中第二大支出项目，2007 年占国家财政支出总额的 14.31%。在教育支出总额中，中央财政支出比例为 5.55%，地方财政支出比例为 94.45%。在各级政府的各项功能支出中，地方政府的教育支出占据相当重要的位置，地方教育支出在全国教育支出中所占的比例高于地方财政支出在全国财政支出中的比例17.43 个百分点，而中央教育支出在全国教育支出中所占的比例则低于中央财政支出在全国财政支出中的比例 17.43 个百分点。这基本可以说明，我国政府关于社会教育的职能基本赋予了各级地方政府，中央政府仅承担了很少的发展社会教育的职责。

（3）从社会保障和就业支出来看，这是国家财政支出中第三大支出项目，2007 年占国家财政支出总额的 10.94%。在社会保障和就业支出总额中，中央财政支出比例为6.29%，地方财政支出比例为 93.71%。在各级政府的各项功能支出中，地方政府的社会保障和就业支出同样占据相当重要的位置，地方社会保障和就业支出在全国社会保障和就业支出中所占的比例高于地方财政支出在全国财政支出中的比例 16.69 个百分点，而中央社会保障和就业支出在全国社会保障和就业支出中所占的比例则低于中央财政支出在全国财政支出中的比例 16.69 个百分点。这基本可以说明，我国政府关于社会保障和就业的职能基本赋予了各级地方政府，中央政府仅承担了很少的社会保障和就业的政府职责。

（4）从工业商业金融事务支出来看，这是国家财政支出中第四大支出项目，2007 年占国家财政支出总额的 8.55%，分别高于国防和公共安全支出。在工业商业金融事务支出总额中，中央财政支出比例为 33.88%，地方财政支出比例为 66.12%。在各级政府的各项功能支出中，中央政府的工业商业金融事务支出占据重要位置，中央工业商业金融事务支出在全国工业商业金融事务支出中所占的比例高于中央财政支出在全国财政支出中的比例 10.9 个百分点。这基本可以说明，工业商业金融事务在我国成为中央政府的一项重要职能。

（5）从农林水事务支出来看，2007 年占国家财政支出总额的 6.84%，在我国财政支出中并不占重要位置。在农林水事务支出总额中，中央财政支出比例为 9.21%，地方财政支出比例为 90.79%。在各级政府的各项功能支出中，地方政府的农林水事务支出占据相当重要的位置，地方农林水事务支出在全国农林水事务支出中所占的比例高于地方财政支出在全国财政支出中的比例 13.77 个百分点。这基本可以说明，在我国这样一个地大物博、人口众多、城乡二元结构突出、农业仍然具有相当重要性、"三农"问题依然相当严重的国家，规模有限的农林水事务支出绝大程度上是由地方政府承担的。

（6）从医疗卫生支出来看，2007 年占国家财政支出总额的 4%，在我国财政支出中不占重要位置。在医疗卫生支出总额中，中央财政支出比例为 1.72%，地方财政支出比例为 98.28%。在各级政府的各项功能支出中，地方政府的医疗卫生支出占据相当重要的位置，地方医疗卫生支出在全国医疗卫生支出中所占的比例高于地方财政支出在全国财政支出中的比例 21.26 个百分点。这基本可以说明，在我国这样一个发展中的大国，规模有限的医疗卫生支出基本上完全是由地方政府承担的。

（7）从交通运输支出来看，2007 年占国家财政支出总额的 3.85%，在我国财政支出中不占重要位置。在交通运输支出总额中，中央财政支出比例为 40.84%，地方财政支出比例为 59.16%。这基本可以说明，在我国交通事业的发展中，来自中央和地方财政的支出比例大体为 4:6。在各级政府的各项功能支出中，中央政府的交通运输支出占据相当重要的位置，中央交通运输支出在全国交通运输支出中所占的比例高于中央财政支出在全国财政支出中的比例 17.86 个百分点。

（8）从环境保护支出来看，2007 年占国家财政支出总额的 2%，在我国财政支出中所占比例很小。在环境保护支出总额中，中央财政支出比例为 3.47%，地方财政支出比例为 96.53%。在各级政府的各项功能支出中，地方政府的环境保护支出占据相当重要的位置，地方环境保护支出在全国环境保护支出中所占的比例高于地方财政支出在全国财政支出中的比例 19.51 个百分点。这基本可以说明，在我国这样一个经济高速增长、环境遭受严重破坏的发展中大国，规模相当有限的环境保护支出基本上完全是由地方政府承担的。

由以上分析我们不难看出，"十一五"期间，我国中央政府的财政支出重点主要分布于国防、一般公共服务、工商金融事务、科技、交通运输等领域；地方政府的财政支出重点则主要分布于教育、一般公共服务、社保就业、医疗卫生、农林水、环境保护、社区事务、工商金融等领域。除去规模庞大的一般公共服务分别为我国中央政府和地方政府共同的重点支出以外，关系民生的财政支出职能在我国基本上全部赋予了地方政府，中央政府在这方面所承担的责任相当有限。在我国地方政府尤其是省以下地方财政相当困难的情况下，从总体上改善我国的民生状况已是相当困难。2007 年我国中央财政和地方财政支出功能结构状况如图 8 所示：

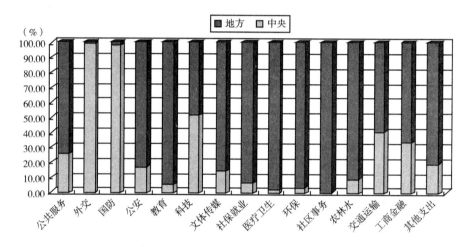

图8　我国中央和地方财政支出功能结构：2007 年

（二）"十二五"时期财政支出结构变动趋势

1. 对"十二五"财政支出结构基本态势的估计

（1）基本趋势判断。

在不对我国现行财政支出结构做出重大调整的情况下，预计"十二五"时期我国中央财政支出平均每年上升 0.1 个百分点，地方财政支出平均每年下降 0.1 个百分点；两者的平均占比将由"十一五"时期的 23.54%、76.46% 分别变动为 23.82%、76.18%。预计"十一五"后期和"十二五"时期中央和地方财政支出结构及其变动情况如表5、表6所示：

表5　　　　　　　"十一五"和"十二五"时期中央和地方支出比重预测　　　　单位：%

时　　　期	中央财政支出比重	地方财政支出比重
"十一五"时期	23.54	76.46
"十二五"时期	23.82	76.18

表6   **"十一五"和"十二五"时期中央和地方支出变动预测**   单位：%

年　份	中央财政支出比重变动	地方财政支出比重变动
2009	0.17	−0.17
2010	0.15	−0.15
五年平均	−0.47	0.47
2011	0.13	−0.13
2012	0.11	−0.11
2013	0.10	−0.10
2014	0.09	−0.09
2015	0.08	−0.08
五年平均	0.10	−0.10

在不对我国现行财政支出结构做出重大调整的情况下，预计"十二五"时期我国经济建设支出平均每年降低 0.23 个百分点，社会文教支出平均每年上升 0.09 个百分点，国防费用支出平均每年降低 0.03 个百分点，行政管理费平均每年上升 0.1 个百分点；四项支出的比例结构将由"十一五"时期的 26.71:27.39:7.41:19.15 变动为 25.81:28.1:7.31:19.81（参见以下测算部分）。预计"十一五"后期和"十二五"时期财政支出结构及其变动情况如表7、表8所示：

表7   **"十一五"和"十二五"时期财政支出结构预测：年度平均值**   单位：%

时　　期	经济建设费	社会文教费	国防费	行政管理费
十一五时期	26.71	27.39	7.41	19.15
十二五时期	25.81	28.10	7.31	19.81

表8   **"十一五"后期和"十二五"时期财政支出结构变动预测**   单位：%

年份	经济建设费	社会文教费	国防费	行政管理费
2009	−0.14	0.19	0.00	0.16
2010	−0.21	0.15	−0.02	0.14
五年平均	−0.19	0.28	0.02	0.06
2011	−0.23	0.12	−0.03	0.12
2012	−0.24	0.10	−0.03	0.11
2013	−0.24	0.09	−0.04	0.10
2014	−0.23	0.08	−0.04	0.10
2015	−0.22	0.07	−0.03	0.09
五年平均	−0.23	0.09	−0.03	0.10

（2）变动原因分析。

由模型分析可知，一方面，在我国中央与地方财政支出结构中，中央（地方）财政支出是一个系数为0.88的一阶自回归过程。即如果中央（地方）财政支出本期增长（下降）1个百分点，那么，它会影响下一期的中央（地方）财政支出增长（下降）0.88个百分点。这说明，中央和地方财政支出的增长变动主要取决于现行财政收支体制，尤其是现行支出体制。在不对事权划分和支出责任做出重大调整的情况下，中央和地方的现行支出比例具有很强的自我延续性。

另一方面，在我国财政支出项目结构中，财政支出各项目分别与其自身和有关其他项目支出的上期数存在相关关系，即，财政支出各项目的变动除与其自身变动有关外，还与其他项目的变动存在一定的联系。其中：

经济建设支出除与其上期支出正相关外，还与上期行政管理支出负相关，相应参数分别为：0.59、-1.05。即，如果本期经济建设支出增长1%，它会影响下一期的经济建设支出增长0.59%；如果本期行政管理费支出增长1%，相应会使经济建设支出下降1.05%。进入"六五"时期以来，我国经济建设支出一直存在一种下降趋势，而行政管理费用支出则一直存在上升趋势，预计"十二五"时期将继续承接这种基本态势。根据预测，从经济建设支出中调整下来的这部分财政支出将会主要用于增加行政管理费用支出，而行政管理费用增长的支出来源中将有很大一部分是从经济建设支出中压缩下来的。

与影响经济建设支出变动的因素不同，社会文教支出的变动只与其自身的变动有关，其自回归参数为0.86。即，如果本期社会文教支出增长1%，它会影响下一期的社会文教支出增长0.86%。也就是说，自"六五"以来直至"十二五"时期，社会文教支出总体上升趋势主要取决于其自身的支出需要增加。

与经济建设支出变动相类似，国防费支出除与其上期支出正相关外，还与上期社会文教支出负相关，相应参数分别为：0.77、-0.22。即，如果本期国防费支出增长1%，它会影响下一期的国防费支出增长0.77%；如果本期社会文教支出增长1%，相应会使国防费支出下降0.22%。进入"六五"时期以来，我国国防费支出一直存在一种下降趋势，而社会文教支出则存在上升趋势，预计"十二五"时期将继续承接这种基本态势。根据预测，从国防费支出中调整下来的这部分财政支出将会主要用于增加社会文教支出，而社会文教费用增长的支出来源中将有很大一部分是从国防费支出中压缩下来的。

与社会文教支出的变动相类似，行政管理费支出的变动只与其自身的变动有关，其自回归参数为0.72。即，如果本期行政管理费支出增长1%，它会影响下一期的行政管理费支出增长0.72%。也就是说，自"六五"以来直至"十二五"时期，行政管理费支出总体上升趋势主要取决于其自身不断扩张。

（3）调整因素。

第一，中央政府与地方政府事权划分与支出责任调整。事权划分影响支出责任确定，从而决定中央政府和地方政府在财政支出中的比例构成。理论上讲，全国性公共品由中央政府提供，地方性公共品由地方政府提供。由于大部分公共品的公共程度在地域上存在差异，各级政府提供该类产品的职能分工又受各国政治、文化、历史传统等多种因素影响，因此，各国在中央与地方政府事权划分上存在较大差异，目前尚缺乏一致公认或普遍适用的事权划分模式。根据国际经验①，从发达国家来看，中央政府一般承担了大部分的事权与支出责任，中央财政支出占67%。其中，联邦制国家中央财政支出大致在40%～60%，单一制国家中央财政支出大致占70%～80%。显然，单一制发达国家的中央政府承担着比联邦制国家更大的事权与支出责任。从发展中国家来看，中央政府一般承担着更大的事权与支出责任，中央财政支出比例平均为80%。其中，主要联邦制发展中国家中央财政支出比例大致在45%～65%，而单一制发展中国家这一比例则在70%以上。再从转轨中国家来看，中央财政支出的比例平均为62%，不仅低于发达国家，也低于发展中国家的平均水平，而地方政府财政承担着相对较高的支出责任。

从政府体制看，我国属于处于转轨过程中的单一制发展中国家，单一制是其核心特点。从国际对比来看，无论是现阶段还是直至"十二五"期末，我国中央财政支出在全国财政支出中的比例都显然是非常低的，即使按照预测上限，到2015年时，中央财政支出的比例也仅有32%多一点，无论是从发展程度还是从体制转轨角度来看，基本都是最低的。但是，这只是问题的一个方面，不能就此认为我国中央财政过低而难以满足其事权需要。相反，这只是说明我国中央政府承担的具体事权和直接支出责任过少、地方政府承担的具体事权和直接支出责任过多。同时，也难以排除存在相对于中央政府现阶段的事权范围而支出过多的不合理状况。这说明，与世界上绝大多数市场经济国家相比，我国中央政府的公共服务职能承担不足，地方政府因财力所限其公共服务职能也将呈现履行不足，国民福利将长期处于较低水平。因此，按照市场经济一般规律，有必要在调整中央与地方事权范围与支出责任的基础上，结合编制五年发展规划，逐步调整财政支出在中央与地方之间的配置比例，根据公共产品特性相应提高中央政府的事权和财政支出比例，降低地方政府的支出责任，使计划经济时期的政府管理方式真正适应市场经济体制下的公共服务职能。

如果按照"十二五"时期每年中央财政支出平均增长0.1个百分点，并将相应事权和直接支出责任划归中央政府的速度来测算，那么，我国中央政府直接支出责任若要达到单一制发展中国家中央政府支出平均70%的比例所需要的时间将要超过4个半世纪；即使按照中央财政和地方财政支出比例各占50%测算，那也需要至少270年才能达到。显然，这是不可能发生的事情。我们认为，调整中央和地方事权与支出责任必然属于根本性体制变革，绝对不可能是小步慢跑、循序渐进。即使是逐步到位，那么，所迈出的每一步都将是革命性的，都是对政府管理体制的重大变革，都将对居民福利产生重要影响，没有坚强决心绝难完成。但是，如果我们目标明确，并且具有坚强决心，也许最多只需3～5个五年规划就完全有能力做到。为此，我们建议，可以根据轻重缓急，分阶段推进中央与地方的事权划分和支出责任改革，在每个五年规划中将中央财政的直接支出责任提高10%，争取到2030年时将我国中央财政的直接支出责任提高到占全国总财政支出70%的

---

① 国家发改委宏观经济研究院课题组：《深化财税体制改革研究》，国家发改委宏观经济研究院2006年度重点课题。

单一制发展中国家平均水平。"十一五"后期和"十二五"期间，可以率先对各级政府职责交叉或重叠、存在问题比较多的教育、医疗、社会保障等基本公共服务领域的直接支出责任进行调整改革，将中央财政支出的直接责任提高 10～15 个百分点，使中央财政直接支出比例到 2015 年达到 40%。

第二，中央政府与地方政府基本公共服务事权划分与支出责任调整。市场经济体制下，提供基本公共服务是各级政府的基本职能和各级财政的基本支出职责。尽管世界各国对基本公共服务在各级政府之间的事权和支出责任配置并不完全一致，但是，根据各项公共服务的受益范围和排他性的难易程度大小，基本公共服务的事权划分和支出责任承担在中央和地方各级政府之间的配置仍然服从一定规律性。教育、社会保障、医疗卫生是我国与国外在基本公共服务提供方面存在差别最大、需要进行重要改革与调整的三大领域。

首先，从教育的事权与支出责任划分来看，根据国际经验[1]，大多数国家实行免费初等教育，不少发达国家的中等教育也是免费的，并对高等教育提供大量补贴。从总体情况看，发达国家的中央、省和地方三级政府教育开支占总教育开支的比重分别为 30.1%，28.2% 和 41.8%；发展中国家的中央政府则承担更多教育职责，其教育开支占总教育开支的比重达到近 70%，省以下地方政府在教育上的支出比重仅为 7.6%。这一点与我国明显不同。我国政府关于社会教育的职能基本赋予了各级地方政府，中央政府仅承担很少职责。在 2007 年的教育支出总额中，中央财政支出比例仅为 5.55%，而地方财政支出比例则高达 94.45%。因此，长远看，必须按照教育产品公共程度的差异对义务基础教育、非义务基础教育、高等教育及职业教育进行必要划分，并按照性质差异将其支出职责在中央和地方各级政府间进行重新配置，加大中央政府对公共教育的支出责任，提高中央政府在教育上的财政支出比例，逐步使其在 2030 年时可以达到 50% 左右，从而较大幅度超过发达国家平均水平，又较低于发展中国家平均水平，使之更好地适应我国赶超型发展中国家的基本国情。我们建议，为彻底解决义务教育支出对地方政府财政支出的拖累，"十一五"后期和"十二五"期间，可以率先将全国义务教育全部纳入中央财政支出，将中央财政支出的比例提高到 20% 左右，以后再按照公共程度的先后顺序逐步在每个五年规划中提高 10%，争取在"十五五"期间将中央财政在教育上的支出提高到占全国教育支出的 50% 左右。

其次，从社会保障的事权与支出责任划分来看，社会保障与福利体系属于全国性公共物品，根据国际经验[2]，无论是发达国家还是发展中国家中央政府在社会保障与福利体系中都起主导作用。发达国家中央政府支出占社会保障与福利总支出的平均比例为 80%，无论是联邦制国家还是单一制国家中央政府均承担大部分责任，一般均在 65%～95%。发展中国家中央政府支出占社会保障与福利总支出的平均比例为 75%。省以下地方政府社会保障与福利开支所占比重约为 10%～20%。这一点与我国也明显不同。我国政府关于社会保障和就业的职能基本赋予了各级地方政府，中央政府仅承担很少职责。在 2007

①② 国家发改委宏观经济研究院课题组：《深化财税体制改革研究》，国家发改委宏观经济研究院 2006 年度重点课题。

年的社会保障和就业支出总额中,中央财政支出比例为6.29%,地方财政支出比例高达93.71%。因此,长远看,必须加大中央政府对社会保障和就业的支出责任,提高中央政府在社会保障和就业上的财政支出比例,使其在2030年时初步达到60%左右,突出中央政府在这项公共服务支出中的主要责任,2030年之后再继续提高这一比例,使中央政府的社会保障功能到2050年时最终能够达到该类支出的80%以上,从而使我国的中央政府真正变革为现代意义上的具有保障全体公民的民主集中制政府,推动我国在新中国成立100周年时再一次实现历史跨越。我们建议,为切实弥补政府在社会保障和就业方面的历史欠账,"十一五"后期和"十二五"期间,可将中央财政在社会保障和就业方面的支出比例提高到占该类支出的30%左右,以后再逐步在每个五年规划中提高10%,争取在"十五五"期间将中央财政在社会保障和就业上的支出提高到占全国社会保障和就业支出的60%左右。

最后,从医疗卫生的事权与支出责任划分来看,医疗卫生是私营部门和各级公共部门交叉、事权划分比较复杂的一个领域。根据国际经验①,在公共卫生方面,一般性疾病的预防和诊断工作一般由市级政府负责,治疗性医院或是专业性医院由于具有规模经济效益而一般由更高一级如地区、省甚至中央政府负责。传染性疾病防治由于具有很强的公共产品性质,一般由高一级的如省级或中央政府负责。发达国家卫生支出中,中央政府开支所占比重最高,平均61%。主要单一制发达国家中央政府卫生支出占国家卫生总支出的比例高达95%以上,省州政府和基层地方政府基本上不承担支出责任。发展中国家医疗卫生的集中程度最高,中央政府的医疗卫生开支占了全部医疗卫生开支的72.9%。这一点与我国更不相同。在我国这样一个发展中大国,规模有限的医疗卫生支出基本上完全由地方政府承担。在2007年的医疗卫生支出总额中,中央财政支出比例为1.72%,地方财政支出比例为98.28%。因此,长远看,必须按照医疗卫生公共程度的差异将其支出职责在中央和地方各级政府之间进行重新配置,加大中央政府的医疗卫生支出责任,提高中央政府在医疗卫生上的财政支出比例,逐步使其在2030年时可以达到60%左右,突出中央政府在这项公共服务支出中的主要责任,2030年之后再继续提高这一比例,使中央政府的医疗卫生保障功能到2050年时最终能够达到该类支出的80%以上,使其略高于发展中国家平均水平,但又低于主要单一制发达国家的平均水平。为此,我们建议,"十一五"后期和"十二五"期间,按照医疗卫生产品公共程度的大小,可将中央财政在医疗卫生方面的支出比例提高到占该类支出的30%左右,以后再逐步在每个五年规划中提高10%,争取到2030年时将中央财政支出提高到占全国该类支出的60%左右。

(4)基本结论。

在不对我国现行财政支出结构进行重大调整改革的情况下,预计"十二五"时期我国中央财政支出将缓慢增长,地方财政支出将缓慢下降;经济建设支出和国防费支出将分别有所下降,社会文教支出和行政管理费支出将保持上升趋势;经济建设支出所压缩的开

① 国家发改委宏观经济研究院课题组:《深化财税体制改革研究》,国家发改委宏观经济研究院2006年度重点课题。

支将主要用于增加行政管理费支出，国防费支出所压缩的开支将主要用于增加社会文教支出。

考虑到中央政府与地方政府的事权划分与支出责任改革，必须对我国的财政支出结构进行重大调整。"十一五"后期和"十二五"期间，建议将中央财政与地方财政的直接支出比例调整为 40:60；中央与地方关于教育的直接支出比例调整为 20:80，中央与地方关于社会保障与就业的直接支出比例调整为 30:70，中央与地方关于医疗卫生的直接支出比例调整为 30:70（见表 9）。

表 9　　　　　　　　"十二五"时期我国财政支出结构趋势与指标调整

项　　目	指　　标	
	2010 年	2015 年
趋势预测		
中央财政与地方财政直接支出比例	23. 49:76. 51	24:76
经济建设支出比例（％）	26. 52	25. 36
社会文教支出比例（％）	27. 8	28. 25
国防费支出比例（％）	7. 4	7. 24
行政管理费支出比例（％）	19. 48	20. 01
调整指标		
中央财政与地方财政直接支出比例	—	40:60
中央与地方关于教育的直接支出比例	—	20:80
中央与地方关于社保与就业的直接支出比例	—	30:70
中央与地方关于医疗与卫生的直接支出比例	—	30:70

2. "十二五"财政支出结构预测

（1）对中央和地方财政支出基本趋势的预测。

我们采用一阶自回归模型对 1994 ~ 2007 年期间我国中央和地方财政支出的基本走势分别进行了估计，并对"十二五"期间的变量趋势进行预测，所得到的估计方程为：

$$ZY \ (DF)_{(t)} = 0. \ 87768 ZY \ (DF)_{(t-1)}$$
$$\underset{(3.69)}{}$$
$$R^2 = 55. 35\% \tag{4}$$

中央和地方财政支出基本趋势如图 9、图 10 所示：

（2）对财政支出项目基本趋势的预测。

我们采用 Varmax（1，0）动态模拟模型，对 1978 ~ 2007 年期间我国经济建设支出、社会文教支出、国防费支出、行政管理费支出的基本走势进行了估计，并对"十二五"期间的变量趋势进行预测，获得了各相关财政支出项目的估计方程。其中：

我国经济建设支出估计方程为：

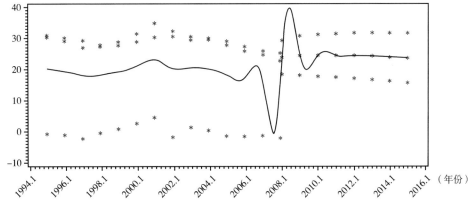

图 9 中央财政支出基本趋势预测:1994~2015 年

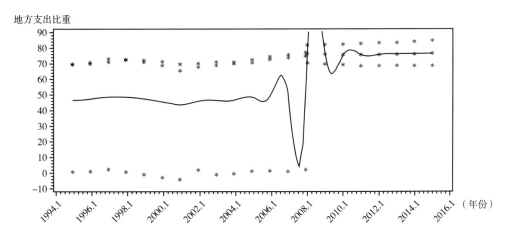

图 10 地方财政支出基本趋势预测:1994~2015 年

$$jjjs(t) = \underset{(3.17)}{0.59241} jjjs(t-1) - \underset{(-2.21)}{1.04828} xzgl(t-1)$$
$$R^2 = 98.07\% \tag{5}$$

我国社会文教支出估计方程为:

$$shwj(t) = \underset{(9.48)}{0.86213} shwj(t-1)$$
$$R^2 = 97.54\% \tag{6}$$

我国国防费支出估计方程为:

$$gff(t) = \underset{(5.01)}{0.76949} gff(t-1) - \underset{(-1.97)}{0.21739} shwj(t-1)$$
$$R^2 = 92.82\% \tag{7}$$

我国行政管理费支出估计方程为：

$$xzgl(t) = 0.72023xzgl(t-1)$$
$$(2.88)$$
$$R^2 = 97.1\%$$ 　　　　　　　　　　　　　　　　（8）

我国经济建设支出、社会文教支出、国防费支出、行政管理费支出基本趋势如图 11～图14 所示：

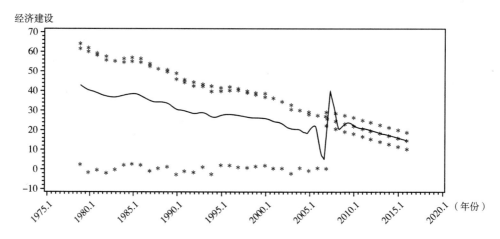

图11　经济建设支出基本趋势预测：1978～2015 年

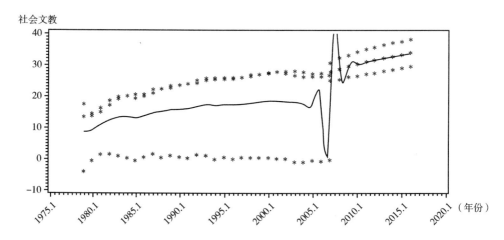

图12　社会文教支出基本趋势预测：1978～2015 年

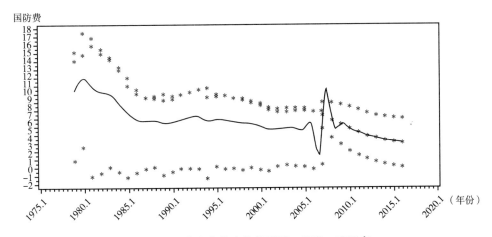

图13　国防费支出基本趋势预测：1978～2015年

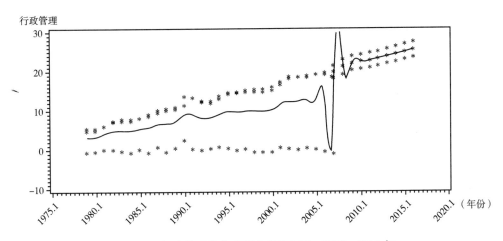

图14　行政管理费支出基本趋势预测：1978～2015年

三、预算内投资

（一）对"十一五"预算内投资形势的判断

随着市场经济的发展，改革开放以来政府投资在我国全社会总投资中所占比重有明显下降趋势。"九五"中期至"十五"前期（1998～2002），随着积极财政政策的实施，政府投资又有所回升。2003年以后，随着积极财政政策的逐渐淡出，政府投资又逐渐下降。2007年，美国"次贷"危机引发世界性金融危机，并在2008年进一步向实体经济扩散，演变为全球性经济危机。为抵御经济快速下滑、避免经济下行期间增长速度大幅下挫，2008年第四季度我国开始实行以结构性减税、扩大政府投资、增加财政开支为主要特点、长短期措施相结合的新一轮积极财政政策，对经济增长实施反周期逆向调节。中央政府投资在两年内扩大 11 800 亿元，从而使总投资规模扩大 40 000 亿元。总体看，我国政府投资所占比重虽然不大，但因具有特殊性质，其作用却比较显著，是政府对全社会投资总规模和投资结构施加影响的重要手段之一。历史地看，如果不考虑新一轮积极财政政策中政府新增加的预算内投资因素，预计"十一五"期末预算内投资占全社会固定资产投资的比例为 3.18%，预算内投资、国内贷款投资、利用外资投资、自筹资金投资的比例配置预计为 3.18:16.24:4.81:78.96（参见有关测算部分）。如果考虑新增加的预算内投资，那么，2010 年预算内投资比例将有所上升，自筹资金投资将有所下降。改革开放以来国家预算内投资的变化趋势如图 15 所示：

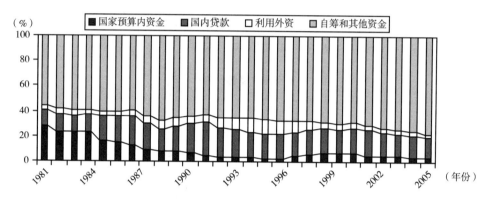

图 15　全社会固定资产投资资金来源构成：1981～2007 年

（二）对"十二五"预算内投资趋势的估计

从时间趋势看（参见有关测算部分），我国预算内投资变动除受其前期变动影响外，国内贷款投资和利用外资投资的前期变动也会影响预算内投资的增减变动。基本情况是，上一期的预算内投资增长 1%，可以使本期预算内投资增长 0.39%；3 年前预算内投资增长 1%，可以使本期预算内投资增长 0.61%，也就是说，本期预算内投资增长或者下降，深受以前年度预算内投资政策的影响，或者说，本期的预算内投资政策，深刻影响以后 3 年的预算内投资变动。利用外资投资与我国预算内投资存在比较大的正相关性，3 年前利用外资投资增长 1%，基本可以使本期预算内投资增长 0.83%，这大体可以说明，我国的引进外资部分需要预算内投资的配套。但是，国内贷款投资与预算内投资却存在负相关性，本期国内贷款投资增长 1%，可以使下一期预算内投资降低 0.33%，或者说，本期国内贷款投资下降 1 个百分点，可以促使预算内投资增长 0.33 个百分点。这基本说明，我国预算内投资除受自身政策变动的影响外，国内贷款固定资产投资的变化也是影响预算内投资政策制定的重要方面。从事实上的政策决策过程来看，以扩大政府投资为主要内容的两轮积极财政政策的推出，与国内贷款投资下降也具有切实的因果关系。如果不考虑新一轮积极财政政策政府投资的影响，预计"十二五"期末全社会固定资产投资中预算内投资、国内贷款投资、利用外资投资、自筹资金投资的比例配置为 1.35:20.56:6.92:71.17；如果考虑新增加的预算内投资，这一配置有可能调整为 3.35:19.9:8.58:68.17。

（三）基本结论

随着市场经济深入发展，如果不考虑积极财政政策中政府投资的影响，我国全社会固定资产投资中的政府投资比例将持续下降，社会投资比例将进一步提高；预算内投资将更多作为调控经济增长的手段和工具发挥作用。如果考虑经济衰退和新一轮积极财政政策的影响，"十二五"前期，预算内投资占比将有所回升，随着经济走出低谷并恢复增长，积极财政政策将逐步淡出宏观调控，从而使政府投资在后期将继续转为下降（见表10）。

表10　　　　　　　　"十二五"期末我国固定资产投资资金来源配置指标

项　　目	趋势指标	控制指标
预算内资金、国内贷款、利用外资、自筹资金配置比例	1. 35:20. 56:6. 92:71. 17	3. 35:19. 9:8. 58:68. 17

（四）"十二五"预算内投资预测

我们采用 Varmax（3，0）动态模拟模型，对 1981 ~ 2007 年期间我国全社会固定资产投资资金来源中的预算内投资、国内贷款投资、利用外资投资基本走势进行了估计，并对"十二五"期间各变量的基本趋势进行了相应预测，获得了各相关变量的估计方程。其中：

我国预算内投资估计方程为：

$$ysn(t) = 0.38891 ysn(t-1) - 0.32595 gndk(t-1)$$
$$\underset{(2.09)}{} \qquad \underset{(-2.45)}{}$$
$$+ 0.6092 ysn(t-3) + 0.82581 wz(t-3)$$
$$\underset{(3.24)}{} \qquad \underset{(2.15)}{}$$
$$R^2 = 97.55\% \tag{9}$$

我国国内贷款投资估计方程为：

$$gndk(t) = 1.20073 gndk(t-1)$$
$$\underset{(4.28)}{}$$
$$R^2 = 66.4\% \tag{10}$$

我国利用外资投资估计方程为：

$$wz(t) = 1.44488 wz(t-1) + 0.22339 ysn(t-2)$$
$$\underset{(5.68)}{} \qquad \underset{(2.10)}{}$$
$$+ 0.22003 gndk(t-2) - 0.19881 ysn(t-3)$$
$$\underset{(2.32)}{} \qquad \underset{(-2.20)}{}$$
$$R^2 = 97.81\% \tag{11}$$

我国预算内投资、国内贷款投资、利用外资投资基本趋势如图 16、图 17、图 18 所示：

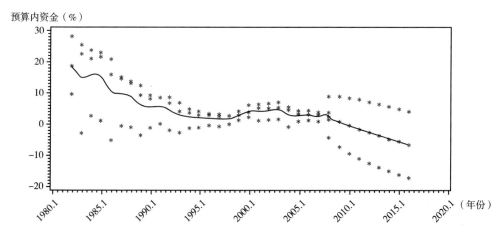

图 16　预算内投资基本趋势预测：1981～2015 年

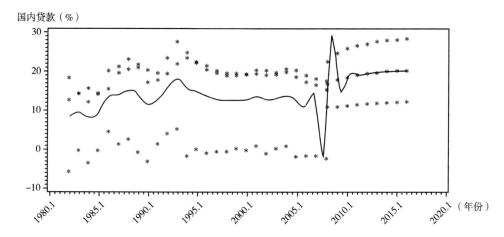

图 17　国内贷款投资基本趋势预测：1981～2015 年

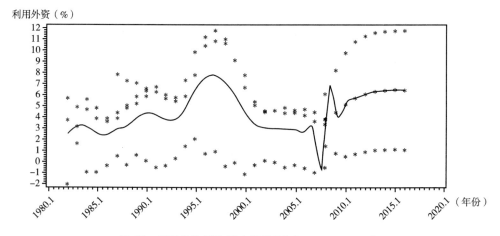

图 18　利用外资投资基本趋势预测：1981～2015 年

四、政策建议

"十二五"时期，应按照"依据事权范围确立支出规模、依据公共财政原则调整支出结构、依据经济周期调整预算内投资力度"的思路，改革财政支出制度，体现国家财政支出的民生性和公共性。

（一）划分事权、明确责任，确立财政支出适度规模

事权范围决定财政支出规模，事权划分影响中央和地方以及地方各级政府的直接支出责任，从而影响财政支出在各级政府的配置比例。为此，我们建议，"十二五"期间，要分别依据受益原则、能力原则、管理效率原则、统筹协调与综合平衡原则等，对各级政府职能与支出责任进行明确划分，在总体确立政府事权范围的基础上，确立财政职能，保持适度的财政支出规模。

1. 制定基本公共服务支出标准

考虑到我国幅员辽阔、人口众多、区域发展不平衡、城市和农村地区二元结构问题比较突出等特征，"十二五"期间，有必要建立基于基本公共服务最低标准的两部制基本公共服务标准。全国性基本公共服务由中央政府制定最低标准并承担直接支出责任或支出补足责任，同时允许地方在自主财力允许的条件下制定全国性公共服务地方附加标准，中央可只承担最低标准的支出责任，对地方附加标准不予提供财力支持。地方性基本公共服务由中央政府制定最低标准，地方政府承担支出责任，必要时由中央政府通过转移支付保证不发达地区能够提供最低标准的全国性公共服务；地方性非基本公共服务不搞全国统一标准，各地区根据自身能力量力而行，中央财政不提供转移支付。

2. 增加中央政府基本公共服务直接支出责任

为实现基本公共服务稳定提供，必须明确细分各级政府事权和支出责任，构建基本公共服务提供的有效保障机制。"十二五"期间，建议提高中央财政直接支出比例，特别是要率先提高中央关于教育、社会保障与就业、医疗卫生的直接支出比例，减少县乡政府支出责任，适当增加省级政府支出责任，发挥决策者的最后责任者或补足者作用，在分担者财力出现缺口的情况下由决策者最后兜底。

3. 优化各级政府财政支出先后顺序

"十二五"期间，中央政府要在稳定高级职能的同时，进一步强化基本职能和中级职能，增加对教育、卫生和社会保障方面的支出责任；省级政府应该稳定高级职能，在保持经济发展支出基本稳定的前提下，进一步扩大高级职能的覆盖面，加强对全省尤其是不发达地区经济发展的责任，增加对教育、卫生和社会保障的支出。市县政府要弱化高级职能，切实从发展经济转变到提供基本公共服务方面来，把基本公共服务支出安排在优先顺序。

4. 建立"扁平化"财政架构，为推动支出制度改革提供体制保障

由上文可知，在一般公共服务支出总额中，中央本级和地方各级政府的配置比例大体

为1:3，也就是说，我国现行财政支出体制所能承载的财政层级最多为四级。为此，我们建议，"十二五"期间，要大力推进财政层级"扁平化"改革，建立"中央—省—基层"三至四级财政架构，为推动支出制度改革提供必要的体制基础。现阶段财政层级调整的主要对象是地级市财政与县级财政的关系和乡镇财政体制，县乡财政可以作为整体构成国家财政体系的一个级次，因此，地方财政体系可按照省和市县两个实质层级来安排支出责任。

（二）增减结合、保压并举，合理调整财政支出结构

"十二五"期间，要按照中国特色社会主义市场经济的基本要求，牢牢把握"市场经济"和"中国特色社会主义"两大特点，针对财政支出的不同性质及其管理工作的不同特点，依据公共财政原则，分别调整各类支出的地位与比例，对现行财政支出结构进行"有增有减"、"有保有压"的调整与改革。

1. 要按照财政支出的不同类别合理调整支出结构

（1）控制和压缩消耗性支出，强化转移性支出。

消耗性支出直接表现为政府购买物品或劳务的活动，包括购买日常政务活动所需的或用于国家投资所需的物品或劳务的支出；转移性支出直接表现为资金的无偿、单方面转移，包括政府部门用于养老金、补贴、债务利息、失业救济金等方面的支出。在政府支出总额中，消耗性支出占较大比重的公共支出结构履行资源配置的职能较强，而转移性支出占较大比重的公共支出结构履行调节收入分配的职能较强。要大力强化财政转移支出，严格控制和压缩政府性消耗支出，提高财政支出效率。

（2）协调配置预防性支出和创造性支出。

预防性支出用于维护社会秩序和保卫国家安全，包括国防、警察、法庭、监狱与政府行政部门的支出；创造性支出用于改善人民生活和加快经济发展，包括经济、文化、教育、卫生和社会福利等有关各项支出。两者之间相互影响，相互制约，共同影响社会稳定与发展。因此，必须科学处理，做好两类支出的协调配置。

（3）正确处理不可控制性支出与可控制性支出之间的关系。

不可控制性支出是根据现行法律、法规规定必须进行的支出，一般包括两大项：一是国家已有明文规定的最低收入保障和社会保障，如失业救济金、养老保障等；二是政府遗留义务和以前年度设置的固定支出项目，如债务利息支出、对地方政府的补助等。可控制性支出则不受法律、法规的约束，可由政府部门根据每个预算年度的支出需要分别决定或者加以增减变动。两类支出均要求政府在法律许可的范围之内，按照法制化、规范化、制度化的一系列要求，处理好固定支出和弹性支出的关系。

（4）做好一般利益支出与特殊利益支出的协调与搭配。

一般利益支出所提供的效益，全体社会成员均可享受，其效益不能分别测算，如国防支出、警察支出、司法支出、行政管理支出等；特殊利益支出对社会中某些特定居民或者企业给予特殊利益，涉及成员所获得的效益有可能分别测算，如教育支出、医药支出、企业补助支出、债务利息支出等。按照政府支出履行收入分配调节职能的要求，处理好一般

利益支出与特殊利益支出之间的关系，有利于促进不同阶层或不同利益集团的利益协调，促进社会和谐。

2. 要按照财政支出的不同项目合理调整支出结构

（1）大力压缩行政管理支出。

要按照"保证必需、厉行节约、杜绝浪费"的支出原则，大力调整支出结构，努力使各项支出与有关经济指标保持适当的比例关系。"十二五"时期，要严格控制行政管理支出，切实提高政府行政效率，深化政府行政管理体制改革，扭转行政管理支出比例自改革开放以来持续上升的局面，使行政管理支出分别与经济增长、财政总收支以及经济建设支出之间保持适当的比例关系。

（2）科学调整文教科卫支出规模与结构。

第一，教育支出要区别不同层次给予差别保障。对于义务教育，资金筹集应全部由政府财政拨款解决；对于非义务教育，应采用以市场提供为主、政府补贴为辅的筹集方式。要采用"公立与私立并存、相互补充、共同发展"的办学模式，实现教育的多样化发展。

第二，科研支出要区别性质采取不同的支持方式。对于基础研究，要由政府财政资金予以支持；对于应用研究，要用法律形式保障研究者权益，加大专利保护力度。政府要参与科学研究的生产，鼓励和引导包括私人部门在内的各种社会力量参与基础科学和高新技术的研究与开发。

第三，医疗卫生支出要根据不同属性采取不同的支持方式。对于公共卫生事业，资金筹集应主要依靠财政拨款来解决；对于基本医疗，要采用个人付费、企业和政府补贴的提供方式；对于特需医疗，其资金来源应立足于消费者个人付费。要建立"公立与私立医院并存、相互竞争、共同发展"的医疗体制模式，实现医疗卫生事业的多样化发展。

（3）加大社会保障力度。

我国社会保障制度长期存在重要累退性。改革的重点是要强化财政支出责任，进一步加大社会保障力度。"十二五"时期，要加快建立全面覆盖、有限项目的适度保障制度：将保障项目限定于养老、医疗和失业保险三大传统项目；要在全国范围内实行保障统筹；尽快从现行混合型保障运营方式转换为完全积累制，实行以政府管理为主体的社保管理体制；要建立独立运转的社保基金预算；全面开征社会保障税。对于因社会保障实施全面覆盖而可能出现的基金缺口，要依照法律程序先由国有资产经营税后盈余来弥补；若弥补不足，可再由一般财政预算来弥补。对于工伤保险、残障保险、遗属保险等项目，要通过商业保险来解决；对于生育保险、残障津贴、家庭补助、遗属养育金等项目，属于社会救济、优抚安置和社会福利的范围，要由政府一般性财政支出来保障。

（4）加大对基础设施和基础产业的政府支持力度。

第一，要依据基础设施类型和区域的不同，强化对基础设施建设的支持力度。要根据公共设施、公共工程、其他交通部门性质上的不同差异，在成本确认、成本补偿方式等方面确立不同的支出政策。对道路及交通的成本补偿可采用收费、收税及其他方法；对自然垄断的基础设施要进行价格管制；对可以进行竞争经营的基础设施，可进行业务分解或者增加新的"全能一体化"经营者。对基础设施的筹资可采用财政拨款、设立专用基金、利用外资、利用股份制融资、建立政策性银行、设立普通长期信用银行和个人投资等多种形式。对非经营性基础设施主要应通过财政拨款；对经营性基础设施则要采用发行国债、向国外政府及国际金融机构低息贷款、部分预算内拨款、各种基金等有偿资金转让形式。政府支出还可通过设立各种基金强化对基础设施建设的财政支持力度。

第二，要依据国家发展战略和产业政策，强化对基础产业的支持力度。对农产品生产销售体系，要更多地采用补贴和资助投资的方式；对农业支撑体系，尤其是农业基础设施（如大型水利灌溉设施、主要堤坝和防洪抗旱系统、农田土壤大规模改造等）和农业科技投资，要进一步加大财政投入力度。有效解决"三农"问题，是我国重要发展战略，需要财政支出给予长期而又强有力的政策支持。

（三）把握周期、相机抉择，科学安排预算内投资

"十一五"后期和"十二五"前期，我国经济增长可能处于衰退和缓慢增长期，高速增长期的经济结构难以适应经济下行期的整体环境，市场体制下的社会投资将经受艰难的转型与调整，社会投资积极性将会受到严重影响。为有效带动社会投资，顺利走出经济衰退和停滞，重新恢复经济增长，启动新一轮积极财政政策，增加预算内投资规模，对经济衰退实施反周期逆向调节实属必要。为此，我们建议，"十一五"后期甚至"十二五"前期，有必要充分发挥政府投资的积极作用，适度提高预算内投资比例，重点发挥其乘数效应，有效带动社会投资，待经济基本走出停滞状态后，再视情调低预算内投资比例，使本轮积极财政政策逐步淡出政府干预，恢复经济自然增长。

1. 科学决策预算内投资战略定位

通过预算内投资重点向保障性安居工程、农村、不发达地区和弱势人群的倾斜，促进公众在享受公共产品和准公共产品上的公平；通过调整重点投资领域，促进人与自然的和谐和社会的全面进步；通过政府投资有效引导和带动全社会投资，促进经济结构优化升级和提高经济效率。

2. 根据经济周期演变调整预算内投资规模

"十二五"期间，预算内投资规模应根据宏观经济形势演变相机决策确定。根据公共财政理论和宏观经济理论，财政政策的方向和力度应依据需求管理任务的变化而调整。上一轮亚洲金融危机和本轮世界性经济危机的爆发，均对组织实施积极财政政策提出了客观要求。鉴于当前世界金融危机不断向实体经济扩散，经济下行风险日益扩大，我国已确定在2009年、2010年实施积极财政政策，大规模扩大预算内投资，抵御经济衰退。鉴此，我们认为，"十二五"时期的政府投资规模与力度应视这两年内积极财政政策的实际效果而定。如果本轮积极财政政策已经使我国经济恢复增长，并开始逐步达到潜在增长率，应考虑降低积极财政政策中的政府投资力度，保持其自然增长趋势；如果本轮积极财政政策效果不明显，可考虑适度增加政府投资力度。无论"十二五"时期是否继续增加政府投资力度，均要最大限度地发挥预算内投资的乘数效应，从而有效带动社会投资。同时，也要重点监测大规模政府投资对财政收支长期平衡所造成的不利影响，从而趋利避害，综合权衡。因此，建议决策部门应有多种预案。

3. 按照公共财政原则调整预算内投资结构

政府投资项目结构存在的主要问题是"越位"与"缺位"并存，即，一方面在部分竞争性领域中越位；另一方面又在公共产品领域中存在严重缺位。长期以来，政府在农林牧渔业、地质勘探业、水利管理业、社会服务业、卫生、体育、社会福利业、教育、文化、科学研究和综合服务业等公益性很强或公益性行业中投资严重不足，使居民福利受到严重影响，而投入到采掘业、制造业、电力、建筑业等竞争性或以竞争性为主的行业比重过大，存在比较严重的与民争利行为。"十二五"时期，预算内投资要按照公共财政原则逐步降低在一般竞争性领域（如采掘业、制造业、电力和建筑业等）以及部分第三产业（如仓储业等）的投资比重，强化在外部性明显的领域（如卫生、社会福利、基础教育、基础科研等）中的投资力度，体现预算内投资的公共财政性质。

参考文献

1. 国家发改委宏观经济研究院课题组：《深化财政税收体制改革研究》，国家发改委宏观经济研究院深入贯彻落实十七大精神专项课题。

2. 国家发改委宏观经济研究院课题组：《深化财税体制改革研究》，国家发改委宏观经济研究院2006年度重点课题。

3. 朱之鑫、王一鸣：《"十一五"时期中国经济社会发展若干重大问题研究》，中国计划出版社2006年版。

4. 苏明：《财政支出政策研究》，中国财政经济出版社1999年版。

5. 刘福垣：《明祖、正税、除费》，改革出版社1997年版。

6. 张长春：《政府投资的管理体制——总体框架、近期改革重点与促进措施》，中国计划出版社2005年版。

7. 宋立、刘树杰：《各级政府公共服务事权财权配置》，中国计划出版社2005年版。

8. 许生：《经济增长、贫富分化与财税改革——中国特色社会主义公共财政制度改革与设计》，中国市场出版社2008年版。

9. 中华人民共和国财政部：《中国财政年鉴》相关年度，中国财政经济出版社。

10. 中华人民共和国统计局：《中国统计年鉴》相关年度，中国统计出版社。

"十二五"时期的国债政策研究

课题承担人　刘国艳■■

指导专家　宋　立■■

内容提要：回顾我国国债政策发展演变的历程，可以看出随着我国国债市场的不断完善，国债的财政功能得到较为充分和广泛的应用，而金融功能受到我国金融体制改革相对滞后的限制，未能得到充分发挥。在制定"十二五"国债政策时，要紧密围绕"十二五"时期我国经济发展所面临的主要矛盾和任务，为更好地适应经济周期调整和推进工业化进程的要求，我国国债政策应该在宏观调控中发挥更大作用，为实现 2020 年国民经济社会发展目标提供政策保障，政策作用重点应主要配合宏观调控的需要，及时调整政策力度，加快国债市场建设，突出国债的金融功能，为大规模的国债增发创造市场空间。

作者简介： 刘国艳，女，1971 年生，经济学硕士，财政与金融研究室副室主任、副研究员。主要研究方向：财政体制与政策。

一、国债的基本概念与理论

（一）相关基本概念

1. 国债及相关的基本概念

国债与公债是两个不同的概念。国债指由一国中央政府发行的公债，又称国家公债。严格地讲，国债是国家或中央政府为筹措财政资金，凭其信誉按照一定程序向投资者出具的、承诺在一定时期支付利息和到期偿还本金的一种格式化的债权债务凭证。公债即政府债务，既包括中央政府发行的国家公债也包括地方政府发行的地方公债。由此可见，国债是公债的一个组成部分。由于在过去较长的一段时间里，我国不允许地方政府发债①，因而，在我国国债与公债这两个概念是混合使用的②。

---

① 新中国成立初期，我国曾发行过"东北生产建设折实公债"、黑龙江与安徽等省"地方经济建设折实公债"等地方建设债券，但 1961 年停止发行；改革开放后，国务院先后批准广东、福建、经济特区和沿海开放城市向国外贷款和发行债券，自借自还。但 1989 年国务院下发《关于暂不发行地方政府债券的通知》，要求各地政府暂时不要发行地方政府债券。1994 年《预算法》规定："除法律和国务院另有规定外，地方政府不得发行地方政府债券"。1998~2007 年实行国债转贷地方制度。

② 随着 2009 年为弥补地方政府配套资金的不足，经国务院批准由财政部代理发行 2000 亿元地方政府债券的推出，未来我国的国债与公债两个概念也会逐步规范。因此，准确地讲，本文研究的"十二五"国债政策是包括地方债的公债政策。

　　从理论上讲，包括国债在内的公债的功能包括弥补财政赤字、筹集建设资金、向长期的公司投资者提供资金、提供货币政策所需的金融工具以及基准利率等，其中：弥补财政赤字是公债的基本功能。

　　公债政策是指政府为实现既定的债务管理目标所采取的指导公债管理工作的基本方针和准则。根据政策实施的着眼点的不同，公债政策可分为三个层次：一是宏观层次的公债政策，指配合财政政策和货币政策而实施的公债政策；二是中观层次的公债政策，指发挥独立政策效应的公债政策；三是微观层次的公债政策，指着眼于政府发债本身，确保政府发债活动正常进行，并使其更经济、更高效的公债政策。

2. 衡量国债偿付风险的指标

　　长期以来，我国理论界在衡量国债偿付风险一般选取赤字率、债务负担率、债务依存度、偿债率、国民应债率等指标。赤字率（财政赤字/GDP）是反映一国经济对国债的偿付能力，指标越高表示财政进行国债偿付的能力越弱；债务负担率（政府债务余额/GDP）表示国民经济的国债化程度，指标越高表示国债的偿付压力越大；债务依存度（当年债务收入/财政支出）则反映了财政支出对债务收入的依赖程度；偿债率（当年还本付息支出额/财政收入）是衡量一国在一定时期内政府偿还债务的能力；国民应债率（国债余额/银行存款余额）反映应债主体对债务的承受能力。国际上对以上指标并无公认的警戒线，但可找到一些可供参考的标准，五项指标的警戒线参考值分别为3%、60%、20%、8%~10%、100%。通过对指标之间关系的分析，发现后两项指标与赤字率存在很强的关联性，即在统一的赤字率标准下，债务依存度和偿债率标准的确定会因财政收入和支出在国内生产总值比重的不同而存在较大的差异性，因此后两项指标不可能有统一的标准。

　　关于赤字率和债务负担率两项指标的"国际警戒线"主要是部分学者以欧盟1993年的《马斯特里赫特条约》及1997年《稳定与增长公约》提出的加入欧盟的有关财政状况稳定标准确定的。但实际上，欧盟的标准并不是出于防范财政风险而提出的。其真正用意是为了确保入盟国家能够形成共同的市场条件，基本精神是密切监控各成员国的财政赤字状况，并处罚那些赤字超过规定的国家，以修正各成员国政府所偏好的、能够引致通货膨胀的债务政策偏差，并不是根据现成科学的经济理论和计算公式推导出的结论。而且，无论是世界上主流经济学教科书，还是包括世界银行在内的权威国际金融组织，甚至欧盟内部都并未将马约标准作为世界通用的、衡量一国财政状况的"国际警戒线"①。

　　从测算所需的数据来看，由于各国经济社会体制安排的不同，所使用的数据必然存在着较大的差异性，从而导致结果不具有可比性。如赤字，虽然《马约》规定包括了中央与地方的全部政府赤字，但由于各国预算制度和经济体制的不同，政府收入与支出范围有很大差异性，导致各国政府的赤字范围并不完全相同。如在有些国家社会保障基金的收支甚至国有企业的收支都是包括在全部政府收支中的。至于政府债余额，在有些国家仅指

---

　　① 据欧盟官员介绍，财政收支差额理想状态应是 -3%~3% 之间，当前为应对国际金融危机，欧盟已将赤字率的上限放宽到5%。

政府部门的债务，而有些国家则是指整个公共部门的债务余额。而且，从各国实践来看，政府债务余额并不是一个很好的衡量政府财政状况的指标，一般谈论政府债务余额都是指粗债务余额，没有扣除政府的金融债权，实际上扣除后的净债务余额更能客观地反映出一国政府的财政状况。由此可见，由于各国国情的不同，完全不顾各种指标间的差异性而统一用一个百分比来衡量政府的财政状况并不具有合理性。

（二）相关基本理论

1. 李嘉图等价及其在我国的适用性

政府借债对经济活动的影响是一个自亚当·斯密时代以来宏观经济学一直争论不休的问题。在国债效应的理论争论中，"李嘉图等价定理"处于核心地位且产生了深远的影响。李嘉图等价原理认为，政府支出是通过发行国债融资还是通过税收融资没有任何区别，即债务和税收等价。李嘉图等价定理实质是这样一个命题：政府公共收入形式的选择，不会引起人们经济行为的调整。因为政府的任何债券发行均体现着将来的偿还义务，由赤字支持的减税导致未来更多的税收。如果人们意识到这一点，他们会把相当于未来额外税收的一部分财富积蓄起来，结果此时人们可支配的财富数量与征税时的情况一样，消费支出没有改变，总需求不受影响。但经过类承曜等国内多名学者对李嘉图等价定理的计量检验，一致认为李嘉图等价定理在中国并不适用，通过发行国债增加政府支出对总需求是具有扩张效应的。

2. 西方政府财政预算行为准则变化所经历的三个阶段

西方经济学家对于政府财政预算行为准则的解释，大体经历了三个发展阶段：即年度预算平衡论、周期预算平衡论和功能财政论。

（1）年度预算平衡论。

年度预算平衡论盛行于20世纪30年代大衰退之前的市场自由竞争时期，西方经济学家一般是反对国家干预，主张自由经营的。反映在对政府财政预算行为准则的解释上，这一时期的西方经济学家特别是古典学派的经济学家，主张实行平衡的预算，而且要实行严格的年度预算平衡。这主要是基于政府对私人经济部门发行公债会延缓后者的发展、政府的赤字支出会造成巨大浪费并引发通货膨胀、年度预算平衡有利于控制政府支出增长等理由。

但随着市场经济由自由竞争向垄断阶段过渡，这一理论面临着两大难题：一是面对经济衰退的频繁爆发，政府只能固守年度预算平衡，而在财政上无所作为，严重束缚了政府在反衰退采取财政措施的手段；二是年度预算平衡实际上起了加剧经济波动的作用。在经济衰退时期，由于国民生产总值的大幅度下降，政府税收一般总是处于减少状态的，而政府支出却往往处于上升或不变的状态。在这种情况下，为实现年度预算平衡，政府采取的提高税率、减少开支措施，都会给已经存在以有效需求不足为特点的经济衰退雪上加霜。在通胀时期，由于国民生产总值的增加，政府税收亦自动增加，这时的政府支出则处于下降或不变的状态。在这种情况下，为平衡预算，政府采取的降低税率、增加开支措施，只能给已出现的通货膨胀火上浇油。

（2）周期预算平衡论。

周期预算平衡论是经济大衰退的产物，主张在控制经济周期波动的条件下，实现预算平衡。其基本观点包括：在经济衰退时期，为消除衰退，政府应减少税收，增加支出，有意识地使预算产生一个赤字，从而既可直接扩大投资和消费，补充私人投资和消费需求的不足，又可间接地刺激私人投资和消费需求的扩大，以提高整个经济的有效需求水平；在经济繁荣时期，政府应该增加税收、紧缩开支，有意识地使预算产生一个盈余，从而既可直接压缩投资和消费，抵消私人投资和消费需求的过旺，又可间接抑制私人投资和消费需求，以降低整个经济的有效需求水平。这样，政府财政反经济周期乃至"熨平"经济周期的巨大威力得到充分发挥，并保证在整个经济周期内实现预算平衡。

但这一理论也存在一个重大缺陷：即周期预算平衡是以经济周期发展的规律性为前提的，但经济循环的上升或下降的深度和持久性并不相等。繁荣时期的盈余是不可能与衰退时期的赤字正好相等，从而相互抵消的。市场经济周期的实际情况往往是，在长期严重的衰退之后，紧接着是短期而有限的繁荣。这就意味着，在衰退时期会呈现大量赤字，而在繁荣时期只有少量甚至没有盈余。所以，其结果显然不是周期平衡，而是周期赤字。

（3）功能财政论。

功能财政论是20世纪40年代美国经济学家 A. 勒纳的《经济舵轮》和《功能财政与联邦债务》两篇文章中明确提出的预算准则。勒纳主张，财政预算应从其经济的功能上着眼，而不应仅注重其收支是否平衡。其基本观点包括：无论是年度的还是周期的平衡预算都只具有第二位重要性，稳定经济才是政府财政基本功能；政府预算的首要目的应是提供一个没有通货膨胀的充分就业，不应为达到预算平衡而置经济平衡于不顾；为达到经济稳定的目的，可以毫不犹豫地长期坚持盈余或大量举债，政府预算盈余或赤字问题本身与严重的通货膨胀或持续的经济衰退相比是不重要的。可见，勒纳的功能财政论已完全抛弃预算平衡的准则，而把着眼点放在通过预算收支的安排来维持经济的稳定发展上。这就为政府运用财政政策手段调节经济的运行，从而实现经济的稳定增长，铺平了道路。①

3. 不同层面公债政策的政策工具选择及其作用机理

宏观层次的公债政策。

宏观层面的公债政策是与其他宏观经济政策相配合的公债政策。作为两大宏观经济政策、财政政策和货币政策的目标是充分就业、经济增长、稳定物价和平衡国际收支。就财政政策而言，财政政策的实施是建立在对赤字规模的调整之上的，而公债又是弥补财政赤字的基本手段，这就为公债政策与财政政策的配合打下了基础；就货币政策而言，公开市场业务是现代市场经济国家实施货币政策的主要工具，而公债又是货币政策的"传导器"，因而公债政策与货币政策存在着密切的联系。在现代市场经济中，公债既是财政赤字的弥补方式，又是中央银行公开市场业务的操作工具，因此，公债政策是财政政策与货币政策的最佳结合点。其政策工具及其作用机理见表1。

---

① 王传纶、高培勇：《当代西方财政经济理论》（上、下册），商务印书馆2002年版。

表1　　　　　　　　　　宏观层次公债政策的政策工具及其作用机理

	作用环节	作用渠道	作用效果
与财政政策联系	公债发行	票面利率高低	影响还本付息额的大小，影响财政支出
		应债来源、推销时机的选择	影响公债是否顺利推销，影响财政收入
		发行期限设计	影响公债推销状况和到期日分布状况，影响财政收入和未来偿债负担
		发行方式、推销机构、推销程序等	影响发行费用支出，财政支出大小
		国外公债利率、币种、资金来源等	影响财政收入和支出
	公债流通转让	公债流通市场效率	影响公债是否顺利发行，财政收入大小
		流通市场完善	影响成本和财政支出
	公债偿付	还本付息方式	影响财政支出在时间序列上的分布
		应债来源	决定财政支出时间
		公债是否进行调换整理	影响财政偿债支出的大小
		公债偿付方式、偿付机构、偿付程序不同	影响财政的偿债费用开支
与货币政策联系	公债发行	发行条件	直接影响公开市场业务效果，短期的可上市公债是公开市场业务的理想工具
		发行方式	决定了公债发行条件的市场化程序，间接影响公开市场业务的效果
		应债来源	影响公开市场业务的重要因素，中央银行和有关金融机构持有大量公债是公开市场业务的基础
	公债流通转让	规范、高效、流动性强的公债流通市场	是公开市场业务的操作平台
		规范化的公债交易方式	是公开市场业务的重要前提
		市场基础设施的建设	决定公开市场业务效率
	公债偿还	偿还方式	市场购销法影响货币供给

资料来源：高培勇的《政府债务管理》，中国财政经济出版社2003年版。

　　中观层次的公债政策是指与其他宏观经济政策相对独立的公债政策。相对独立的公债政策的最终目标与其他宏观经济目标是一致的，但它通过其独特的作用机制——流动性效应和利息率效应对宏观经济进行管理的，其中流动性效应主要通过调整公债的发行期限和调整公债的应债来源来实现，利息率效应主要通过调整公债的发行利率和针对性的公债买卖来实现。公债政策是通过调节公债的发行期限、应债来源、发行利率和针对性的公债买卖等政策工具，影响金融市场的流动性或利息率水平，从而影响社会总需求，最终实现四大宏观经济目标（见表2）。

表2 中观层次公债政策的政策工具及其作用机理

最终目标	中间目标	操作目标	政策工具	具体措施
启动经济	增加金融市场的流动性	增加公债流动性	设计发行期限	扩大短期公债发行
		增加公债流动性	长短期调换	以短期债券调换长期债券
		扩大货币供应量	选择应债来源	尽量向银行部门发行公债,限制非银行部门认购公债
		扩大货币供应量	针对性买卖	买入长期公债、卖出短期公债
紧缩经济	增加金融市场的流动性	降低公债流动性	设计发行期限	扩大长期公债的发行
		降低公债流动性	长短期调换	以长期债券调换短期债券
		压缩货币供应量	选择应债来源	尽量从非银行部门借入资金
		压缩货币供应量	针对性买卖	买入短期公债、卖出长期公债
经济低迷状态	降低金融市场利率水平和结构	调整发行利率	设计公债发行利率	调低公债的发行利率
		影响实际利率	针对性买卖	买入公债券
经济高涨状态	降低金融市场利率水平和结构	调整发行利率	设计公债发行利率	调高公债的发行利率
		影响实际利率	针对性买卖	卖出公债券

资料来源:高培勇《政府债务管理》,中国财政经济出版社2003年版。

微观层次的公债政策是指着眼于实现一定的直接目标,目标是确保政府债务活动正常进行和使债务管理活动更为经济高效。它的直接目标有:确保公债顺利发行、建立完善的公债市场体系、如约履行公债偿付义务、降低举债成本,它们都可通过一定的债务管理措施来实现(见表3)[①]。

表3 微观层次公债政策的政策工具选择

直接目标	采取的主要措施
确保公债顺利发行	制定更加灵活的利率类型
	债券面额、期限等发行条件多样化,增加债券推销机构数量
	选择符合客观情况的债券发行方式和偿付方式,必要时可采取行政摊派
	提高可流通债券比重,建立稳定、高效的债券市场体系
	对债券推销辅之以税收优惠政策
	大力进行债券的促销活动
建立完善的公债市场体系	采用公募招标等市场化的债券发行方式
	制定规范的债券发行和交易程序
	提高可流通债券比重
	培育高效的做市商制度
	大力发展债券评级业
	对债券市场加强监管

---

① 高培勇:《政府债务管理》,中国财政经济出版社2003年版。

续表

直接目标	采取的主要措施
如约履行 公债偿付 义务	根据客观情况适度举债
	实现均衡的期限构成，尽可能使债务到期日分布状况与政府偿债资金的筹集状况吻合
	政府债务的币种结构、内外债结构趋于合理，加强风险管理
	多方筹集偿债资金，在条件允许的情况下通过债务投资收益、建立偿债基金等渠道筹集偿债资金
	选择合理的偿本付息方式
降低举 债成本	提高登记式公债和记账式公债的比重，减少实物债券特别是小面额实物债券的印制量
	发行一定量的指数化债券、浮动利率以降低举债成本
	尽量采用公募招标发行方式
	建立高效率、低成本的发行市场，通过缩短发行时间、提高市场的可预见性来降低成本
	加强债券流通市场基础设施的建设，建立简捷、高效的债券清算托管系统
	充分利用互换交易等衍生金融工具规避市场的利率和汇率风险
	适当减少债券本息偿付的频率
	根据财政的收支状况和市场利率的趋势适时对公债进行调换整理

资料来源：高培勇《政府债务管理》，中国财政经济出版社 2003 年版。

二、我国国债政策的历史回顾

新中国成立以来，我国对国债政策的认识和运用经历了一个曲折的过程，大致分为四个阶段：

第一阶段：改革开放以前，总体上看，国债政策的作用没有得到充分发挥。在这一阶段，我国共筹集国债资金 92.77 亿元，这些国债资金都是 20 世纪 50 年代筹集的，为国民经济恢复和国家重点建设发挥了作用。但 1958 年受当时所处的国内外经济环境影响，停止了内债和外债的发行，并于 1968 年偿清了全部债务，成为既无内债又无外债的国家。

第二阶段：从改革开放之初的 1981～1985 年，国债政策处于探索试用阶段。改革开放以后，随着经济体制改革的不断深化，计划的因素在不断减少，市场的因素在不断增多，人们对国债政策的认识也在不断深化。在这一阶段，由于放权让利改革，使财政收入占 GDP 比重下降，而为促进农业发展，改善人民生活和为解决历史遗留问题，使财政支出增加较多，出现了赤字。于是，开始试用国债政策筹集资金来弥补财政赤字。1979 年开始利用外资，1981 年恢复发行国库券。但由于国债流通市场尚未建立，国债变现难导致发行难，只能依靠行政摊派发行国债。

第三阶段：从 1986～1995 年，利用国债筹集建设资金的功能正式确立和运用。经过几年的探索和实践，人们逐步认识到国债是财政筹集建设资金的重要手段之一。与此同时，国债流通市场建设也在迅速发展。自 1988 年 4 月 21 日起，在哈尔滨等七大城市进行了建立国债流通市场的首批试点，1991 年将国债流通转让市场开放到地市级以上城市（含地市），加上同时进行的国债承购包销试验的成功，标志着我国国债市场初步形成。1993 年国债期货交易试验为国债市场的进一步完善积累了经验。国债市场的发展为国债规模的扩大提供了便利条件。

第四阶段：从 1996 年至今，国债政策的宏观调控功能正式确立。这一阶段，在继续发挥国债政策筹资功能的基础上，开始发挥国债政策的宏观调控功能，以 1996 年 4 月 9 日，中国人民银行首次向 14 家商业银行总行买进 2.9 亿元面值的国债，使公开市场业务正式启动为标志，我国国债政策作为宏观调控重要手段的功能正式确定。至此，我国国债政策实现了由单一筹资功能向具有筹资与调控双重功能的转变。1998 年我国国债政策首次以筹资与调控双重身份登上宏观调控的大舞台，作为积极财政政策的核心唱上了主角。

三、"九五"以来我国国债政策作用重点、执行效果及其存在问题

"九五"以来，我国国债政策的重要地位得到凸显，政策作用重点主要围绕配合财政和货币政策调控宏观经济和作为独立政策推进国债市场化进程，通过一系列相关制度的建立和政策措施的实施，使国债政策在保持国民经济稳定增长、促进市场化发展方面都发挥了积极作用，但也应看到，当前国债政策在投资方向、资金使用效率、国债结构等方面仍存在着问题，一定程度上降低了国债政策的作用效果，阻碍了国债市场的流动性。

（一）"九五"以来我国国债政策作用的重点

"九五"以来，我国国债政策作用重点主要从宏观和微观两个层次展开。作为配合财政政策和货币政策的主要政策工具，国债政策在扩大内需、调控经济运行方面发挥着重要作用；作为一项独立政策，又通过改革完善发行政策、流通政策，来推进国债市场化进程。

1. 履行宏观调控职能，灵活运用国债政策

"九五"以来，随着国债政策宏观调控功能的确立，国债政策将保持经济稳定增长作为重点，根据经济形势的变化，及时调整政策作用力度和方向。主要表现在以下几个方面：

（1）适应宏观调控需要，灵活调整国债发行规模。

"九五"以来，为满足宏观调控的需要，我国国债政策及时进行调整。为应对 1997 年的亚洲金融危机，自 1998 年起国债发行规模快速增长，使"九五"国债发行规模和增发规模达到 20% 以上，进入"十五"，随着宏观经济形势的逐步回升，国债发行速度开始放慢，进入"十一五"，国际国内形势的剧烈变化，使国债发行速度重新加快，达到了历史最高增速（见表 4）。

表 4　　　　　　　　　　　**"九五"以来内债规模增长变化情况**

	内债发行规模（亿元）	增发规模（亿元）	内债余额（亿元）	发行规模增长率（%）	增发增长率（%）	国债余额增长率（%）
1995	1 510.86	1 013.9	3 300.3	—	—	—
1996	1 847.77	1 061.13	4 361.43	22.30	4.66	32.15
1997	2 411.79	1 147.5	5 508.88	30.52	8.14	26.31
1998	3 808.77	2 257.93	7 765.7	57.92	96.77	40.97
1999	4 015	2 776.3	10 542	5.41	22.96	35.75
2000	4 657	2 478	13 020	15.99	-10.74	23.51
2001	4 884	2 598	15 618	4.87	4.84	19.95
2002	5 934.3	3 718.1	19 336.1	21.50	43.11	23.81
2003	6 280.1	3 524.3	22 603.6	5.83	-5.21	16.90
2004	6 923.9	3 174	25 777.6	10.25	-9.94	14.04
2005	7 042	2 996.5	28 774	1.71	-5.59	11.62
2006	8 883.3	2 674.69	31 448.69	26.15	-10.74	9.30
2007	23 139.1	17 292.3	48 741	160.48	546.52	54.99
2008	8 558	3 628.29	53 271 *	-63.01	-79.02	9.19
2009	16 000	9 500	62 708 *	86.96	161.83	17.83
"九五"期间年均增长	3 348	1 944	8 240	25.25	19.57	31.59
"十五"期间年均增长	6 213	3 202	22 421	8.62	3.87	17.19
2006~2009年年均增长	14 145	8 274	49 029	22.77	33.44	21.5

注：受数据限制，国债规模中未包括外债，但从个别年份外债规模来看，每年仅几百亿元，在整个债务规模中所占比重也就 1%，对计算结果不会有影响。

＊数据摘自《中央和地方 2008 年预算执行情况和 2009 年预算报告》，数据为国内外债务余额。

资料来源：《中国证券期货统计年鉴 2008》。就统计数据而言，我国有证券期货年鉴上的全部内债规模和财政年鉴上的记入中央预算的国债规模两个口径。按道理，应该选用财政年鉴上的国债数据，但由于该数据缺乏连续性，因此，本部分引进的数据是以证券期货年鉴上的全部内债数据为依据。两者在内债发行规模上的差别主要体现在是否将特别国债计算进来，除此之外，两者数据差异在于国债转贷地方资金数，即证券统计年鉴中发行规模包括国债转贷地方，而财政年鉴中的数是不包括国债转贷地方数的。

（2）基础设施建设成为国债投资重点。

无论是 1998 年的积极财政政策，还是当前以 4 万亿投资为代表的新一轮积极财政政策，都是将基础设施建设作为国债投资重点，但由于两次积极财政政策所面对的基础设施现状的不同，导致两次投资的重点也有所区别，但总体来看，每次投资重点基本上都抓住了制约经济发展的基础设施建设的薄弱环节，为扩大消费、引导民间投资都创造了有利的条件（见表5）。

表5 两次积极财政政策国债投资构成

	2009~2010年投资	比重		1998~2004年国债资金投向	比重
投资总额	40 000	100	国债投资总额	8 374	100
保障性安居工程	4 000	10	农林水利和生态建设	2 596	31
农村民生工程和农村基础设施	3 700	9.25	交通通信基础设施建设	1 711	20.43
铁路、公路、机场、城乡电网	15 000	37.5	城市基础设施建设	1 317	15.73
医疗卫生、文化教育事业	1 500	3.75	技术进步和产业升级	775	9.25
生态环境投资	2 100	5.25	农村电网改造	688	8.22
自主创新结构调整	3 700	9.25	教育、文化、卫生、旅游基础设施建设	443	5.29
灾后恢复重建	10 000	25	中央直属储备粮库建设	352	4.2
			环境保护投资	312	3.73
			公检法司设施建设	180	2.15

资料来源：《发改委详解4万亿投资构成，1万亿用于四川重建》中国广播网；郭庆旺、赵志耘、何乘才：《积极财政政策及其与货币政策配合研究》，中国人民大学出版社2003年版。

（3）发挥国债的金融功能，回收流动性。

自1996年我国就已开始运用国债政策，积极发挥货币调节功能。以1996年4月9日，中国人民银行首次向14家商业银行总行买进2.9亿元面值的国债为标志，我国公开市场业务正式启动。但此外，由于国债市场规模过小，无法满足央行货币调控的需要，故国债政策的金融功能未能充分发挥。直到2007年15 500亿元特别国债发行后，当年央行已开始尝试以特别国债为质押进行正回购操作回收市场流动性，全年共开展正回购操作1.27万亿元，年末余额6 200亿元，比年初增加5 600亿元，较好地完成了回收流动性的任务。

2. 改革完善国债管理政策，积极推进国债市场化进程

作为独立政策，国债政策把降低财政筹资成本、确保国债安全运行、推进国债市场化进程作为重点。主要从以下几个方面采取了措施：

（1）积极推进国债发行市场化进程。

中国政府自1981年恢复发行国债以来，国债发行市场化程度不断提高。1991年以前，我国国债市场处于起步阶段，国债主要通过行政分配方式发行①，国债票面利率由财

---

① 行政手段主要是将国债定额分配出售，定额分配按各省收入多少向各省分摊国库券，然后由各省将分配到的国库券摊派给下一级政府，再由该级政府摊派给下一级政府，再由该级政府摊派给其管辖范围内的国有企业。国有企业再将购买国库券的责任转嫁到企业职工身上，用债券（或本应由国有企业购买的一部分债券）取代部分工资。

政部参考银行存贷款利率、消费物价指数等情况确定，国债定价的市场化程度较低。1991年，开始尝试采用承购包销方式发行国债，国债票面利率由财政部与承销团成员根据市场情况协商确定，国债发行定价走向市场化。1995年，开始引入招投标方式，国债票面利率由国债承销团成员投标确定，国债发行的市场化迈出实质性步伐，国债定价机制趋于完善。其中，在2004年以前主要采用确定招标利率上限的单一价格招标，2004年推出多种价格招标方式。为进一步促进国债合理定价，我国开始探讨建立国债预发行制度。自2006年起，参照国际通行做法，我国将国债管理方式由发行规模管理向国债余额管理方式转变，以更好地适应市场经济的发展要求，科学管理国债规模，有效防范财政风险。

（2）不断丰富国债发行品种。

从国债恢复发行至今，我国国债发行品种根据经济需要和市场变化不断进行着演变和调整，总体趋势是朝着市场化方向发展：期限越来越丰富多样；上市国债发行逐年增大，并成为市场的主导；利率确定方式以固定利率为主，付息采用按年或半年定期支付的方式；形成了面向全社会公众进行公开国债发行的市场体系。此外，我国还积极探索逐步推出定期、滚动、均衡发行关键期限国债制度，促进了国债定价机制趋向合理化。据有关数据显示我国1985～1993年之间，是清一色的2～5年期中期债券，1994年开始出现了近20%的1年期和少于1年期的债券，同时也有小部分超过6年期的债券，不过没有出现10年以上的长期债券，1997年发行的国债中10年期债券约占5.5%，而2002年以来国债包括了1、2、3、7、10、15和目前期限最长的30年期国债，在长短期限配搭上较以前分布更为"均匀"。而且，从2003年起财政部开始定期滚动发行7年期国债；经过几年的发展，目前已做到1年期、3年期、7年期和10年中长期关键期限国债，于年初公布关键期限国债的全年计划，极大地增强了市场的预见性和稳定性。

（3）稳步推进国债流通市场的发展。

我国国债流通市场经历了统一、分立再联合的发展过程。进入"九五"时期，国债市场进入银行间市场和交易所分立阶段，但随着国债发行规模的不断扩大，迫切需要完善国债流通市场，以提高国债流动性，调动投资者的投资积极性。2003年起，我国又开始推进跨市场交易流通，并逐步向形成统一联通的国债流通市场的方向努力（见表6）。

表6　　　　　　　　　　　我国国债流通市场大事记

年份	政策措施
1981	内债发行恢复、国债黑市交易
1988	沈阳等7个市场开展国债流通试点，6月增批54个大中城市扩大试点，柜台交易市场初步形成
1991	国债在上海证券交易所挂牌上市
1993	国债期货交易在上海证券交易所推出
1995	"3·27国债期货"、"3·19国债期货"重大违规，国债期货暂停交易。关闭了北京、天津和武汉证券交易中心
1996	改组北京证券交易中心为中央国债登记结算公司

年份	政策措施
1997	商业银行退出交易所国债市场，银行间债券市场成立
1998	保险公司进入银行间债券市场
1999	城乡信用社、证券公司、基金公司进入银行间债券市场
2000	财务公司进入银行间债券市场，结算代理业务引入银行间市场
2001	国债实施净价交易，国债应计利息收入免税；双边报价制度初步在银行间市场建立
2002	银行间债券市场准入放宽，由报批制改为备案制；在四大国有商业银行开展国债柜台交易试点；首只债券基金成立，国债投资主体多样化；《上海证券交易所大宗交易实施细则》发布，交易所市场引入大宗交易制度
2003	《国债跨市场转托管业务管理办法》出台，国债跨市场转托管成本降低
2004	两市场分别推出买断式回购；券款对付结算方式引入银行间市场

资料来源：中华人民共和国财政部。

（二）"九五"以来我国国债政策的执行效果

"九五"以来，我国国债政策逐渐在宏观经济政策中的重要地位凸显，既表现在国债政策功能的扩展，使国债政策在调节经济周期、支持体制改革发挥了积极作用；又表现在国债管理政策的完善，为国债的安全运行、筹资成本的降低等创造了条件。

1. 国债政策功能发生了积极变化

"九五"以来，国债政策为更好地适应经济发展和体制改革的需要，国债政策功能逐步趋向多元化，逐步成为财政与货币政策的结合点，在调控经济运行、支持体制改革、促进社会发展等方面都发挥了重要作用。

（1）宏观调控功能不断增强。

国债政策是政府反周期调节经济的重要手段，是财政政策与货币政策的重要结合部。从我国的实践来看，自"九五"以来，国债政策的宏观调控职能被宏观调控部门所重视，在应对亚洲金融危机、国际金融危机等外部冲击，扩大国内需求，保持经济稳定增长方面越来越发挥重要作用。突出表现在以下两个方面：

第一，以增发长期建设国债增加国内投资需求。1998年以来，为应对亚洲金融危机对我国产生的不利影响，在民间投资不足的背景下，开始实施扩大内需的积极财政政策。连续几年大规模的增发长期建设国债，不仅有效拉动了几万亿元的固定资产投资，也确保了一批关系国民经济发展全局的重大基础设施项目的建设，推动了经济结构优化调整。随着国民经济逐步走出通货紧缩的阴影，国内外需求快速增长，国民经济增长速度明显加快，积极的财政政策成功完成了启动内需、拉动经济增长的预期目标。从表5可以看出，2002年以前为执行扩大内需的积极财政政策而增发的国债在整个国债发行规模以及增发规模中都占有较大比重，但2002年以后，随着增发国债规模的减少，其在国债发行和增发规模中的比重也呈现逐年萎缩趋势（见图1、表7）。

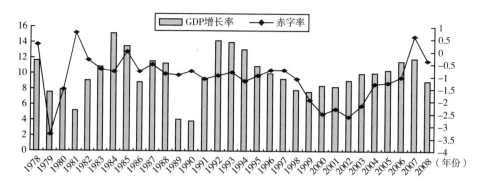

资料来源：《中国统计年鉴2008》。

图1　改革开放以来我国 GDP 增长率与赤字率变化情况

表7　　　　　　　　　　　　　1998 年以来为调控经济而发行国债占比情况

	内债发行规模	兑付额	增发规模	长期建设国债发行额	长期建设国债在发行额中的比重	长期建设国债在增发额中的比重
1998	3 808.77	1 550.84	2 257.93	1 000	26.26	44.29
1999	4 015	1 238.7	2 776.3	1 100	27.40	39.62
2000	4 657	2 179	2 478	1 500	32.21	60.53
2001	4 884	2 286	2 598	1 500	30.71	57.74
2002	5 934.3	2 216.2	3 718.1	1 500	25.28	40.34
2003	6 280.1	2 755.8	3 524.3	1 400	22.29	39.72
2004	6 923.9	3 749.9	3 174	1 100	15.89	34.66
2005	7 042	4 045.5	2 996.5	800	11.36	26.70
2006	8 883.3	6 208.61	2 674.69	600	6.75	22.43
2007	23 139.1	5 846.8	17 292.3	500	2.16	2.89

资料来源：《中国证券期货统计年鉴2008》及历年中央和地方预算报告。

　　第二，以发行特别国债吸收过剩的流动性。2007 年，为有效缓解央行对冲外汇占款的压力，抑制货币流动性，经人大批准财政部发行了 15 500 亿元特别国债，这就为中央银行公开市场操作创造了空间。大规模特别国债的发行使当年国债发行规模创下历史最高纪录（15 500 亿元特别国债占到当年国债发行规模的 1/3，增发规模的 90%），有力地抑制了货币的流动性，为财政政策和货币政策更好地协调配合创造了条件（见表8）。

　　（2）支持体制改革的功能得到拓展。

　　作为转轨国家，我国的国债政策还担负着支持相关领域体制改革的任务。如 1998 年，为提高国有商业银行的资本充足率，支持银行改革，财政部在银行间债券市场发行了 2 700 亿元特别国债，以补充国有商业银行资本金，为其日后的商业化改革创造条件。2007 年利用 15 500 亿元的特别国债，成立中国投资有限公司，创新了我国对外投资模式。

表8 近年来货币当局所掌握的政府债券变化情况

	2008	2007	2006	2005	2004
国外资产	162 543.52	124 825.18	85 772.64	63 339.16	46 960.13
外汇	149 624.26	115 168.71	84 360.81	62 139.96	45 939.99
货币黄金	337.24	337.24	337.24	337.24	337.24
其他国外资产	12 582.02	9 319.23	1 074.59	861.96	682.90
对政府债权	16 195.99	16 317.71	2 856.41	2 892.43	2 969.62
其中：中央政府	16 195.99	16 317.71	2 856.41	2 892.43	2 969.62
对其他存款性公司债权	8 432.50	7 862.80	6 516.71	4 874.29	9 376.35
对其他金融性公司债权	11 852.66	12 972.34	21 949.75	13 226.11	8 865.09
对非金融性公司债权	44.12	63.59	66.34	66.73	136.25
其他资产	8 027.20	7 098.18	11 412.84	11 459.57	9 300.05
总资产	207 095.99	169 139.80	128 574.69	103 676.01	78 655.33

资料来源：中国人民银行网站。

（3）偿还到期债务功能稳中趋升。

利用国债，政府可以筹集到偿还债务所需的资金。从当今西方各国实践来看，由于其公债累积规模的庞大，使发行新公债成为其偿还到期债务的基本手段。在我国，随着国债余额的逐年攀升，每年国债发行规模中用于借新还旧的比重也在不断增加，"十一五"期间基本上达到发行规模的一半以上（见表9）。

表9 1997年以来内债发行中用于偿还到期债务的比例变化情况

	内债发行规模	兑付额	国内债务还本	兑付占比	还本占比
1997	2 411.79	1 264.29	—	52.42	0.00
1998	3 808.77	1 550.84	—	40.72	—
1999	4 015	1 238.7	—	30.85	—
2000	4 657	2 179	1 552.21	46.79	33.33
2001	4 884	2 286	1 923.42	46.81	39.38
2002	5 934.3	2 216.2	2 467.71	37.35	41.58
2003	6 280.1	2 755.8	2 876.58	43.88	45.80
2004	6 923.9	3 749.9	3 542.42	54.16	51.16
2005	7 042	4 045.5	3 878.51	57.45	55.08
2006	8 883.3	6 208.61	—	69.89	0.00
2007	23 139.1	5 846.8	5 812.5	25.27	25.12
2008	8 558	4 929.71	—	57.60	0.00

注：国内债务还本数为财政年鉴上统计数据。

资料来源：《中国证券期货统计年鉴2008》、《中国财政年鉴2007》。

2. 国债市场化进程加快

"九五"以来，通过完善市场发行方式、合理确定国债品种和期限、加强市场创新等措施，国债市场化程度大幅提高。

（1）发行对象的多元化。

我国国债发行市场经过多年的发展，发行对象不断扩大，由最初以个人投资者为主逐步向机构投资者过渡，发行品种由最初的国库券扩展到凭证式、记账式以及特别国债等多个品种，而且可上市流通国债逐渐占据绝对优势。随着国债发行市场化的推进，发行对象由最初的以个人投资者为主，向机构投资者过渡。据统计，1997 年、1998 年和 1999 年面向个人投资者发行不流通的凭证式国债占当年国债发行总量的比例分别为 68.12%、82.21%（不包括增发 1 000 亿元和 2 700 亿元特别国债）；到 2003 年，凭证式国债仅占到当年国债发行总量的 40%，到 2008 年，不可上市流通的国债所占比重进一步下降到 22%，可上市流通国债占比上升到 77.88%，达到了发达国家可流通国债占比 70% ~85% 的水平（见表 10、表 11）。

表 10　　　　　　　　　　　2002 年以来国债发行对象构成

	2002	2003	2004	2005	2006	2007	2008
包括个人在内的社会投资者	24.84	39.86	36.25	28.40	26.45	6.81	22.12
交银合计	75.16	60.14	63.75	71.60	73.55	93.04	77.88
#交易所	14.57	6.74	0.00	0.00	0.00	—	—
#银行间	54.85	29.20	14.92	0.00	0.00	—	—
#跨市场	5.73	24.19	48.82	71.60	73.55	—	77.88

资料来源：中国国债协会网站。

表 11　　　　　　　　　　　2002 年以来国债发行品种构成

	储蓄国债	记账式	凭证式	特别国债	定向国债	可上市国债	不可上市国债
2000	—	54.10	40.80	—	5.10	59.20	40.80
2001	—	63.14	36.86	—	—	63.14	36.86
2002	—	75.16	24.84	—	—	75.16	24.84
2003	—	60.14	39.86	—	—	60.14	39.86
2004	—	63.75	36.25	—	—	63.75	36.25
2005	—	71.60	28.40	—	—	71.60	28.40
2006	4.50	73.55	21.95	—	—	73.55	26.45
2007	0.14	27.03	6.81	66.01	—	93.04	6.96
2008	22.12	77.88	0.00	0.00	—	77.88	22.12

资料来源：中国国债协会网站。

（2）国债期限品种趋于多样化。

随着国债发行对象的多元化，国债期限品种也趋于多样化。从期限品种变化趋势来看，1~10 年的中期国债所占比重逐步下降，而 1 年以内的短期国债和 10 年以上的长期国债呈上升趋势。到 2008 年，短期国债占到当年国债发行总量的 20%，长期国债占到 27%。期限结构与发达国家大体一致（见表 12、表 13）。

表 12　　　　　　　　2002 年以来我国每年国债发行期限品种结构

	2002	2003	2004	2005	2006	2007	2008
短期国债（1 年以内）	4.39	8.89	9.17	19.83	23.89	9.63	20.44
中期国债（10 年以内）	77.51	76.73	87.33	66.21	62.03	19.12	52.42
长期国债（10 年及以上）	18.10	14.38	3.50	13.96	14.08	71.25	27.15

资料来源：中国国债协会网站。

表 13　　　　　　　主要工业化国家短期国债发行额占 GDP 的比例　　　　　　单位：%

	1988	1989	1990	1991	1992	1993	1998
美国	18.1	17.9	20.4	19.5	24.6	24.5	36.2
日本	—	—	45.5	38.9	38.4	41.4	48.7
意大利	38.2	42.7	43.1	42.6	45.3	36.6	41.5
加拿大	—	42.2	43.9	48.5	52	26.2	30.5
西班牙	16.5	19.3	19.3	16.6	18.4	20.2	22.3
瑞士	1.3	1.2	1.7	1.8	4.8	10.2	12.7

资料来源：杨大偕等的《国债综合管理》，上海财经大学出版社 2000 年版。

（三）现行国债政策存在的主要问题

尽管我国现行国债政策在保持经济稳定发展、推进利率市场化方面发挥了积极的促进作用，但国债政策也存在着重点领域投入不足、国债项目效益欠佳、国债市场尚不发达、金融功能不能有效发挥等问题。

1. 国债政策对制约国民经济长远发展的部分领域投入不足

总体来看，1998 年以来面向制约国民经济发展的薄弱环节，国债投资加大了投入力度，为国民经济的健康发展创造了条件。但也不可否认，国债投资在某些制约国民经济长远发展的领域，仍然明显不足。如在科技研发方面的投入，与发达国家相比仍然存在一定差距，不能完全满足技术进步与产业升级的要求。近年来，我国虽然不断加大对科技研发的财政投入力度，其在财政支出和 GDP 中的比重均达到 1998 年以来的最高水平，接近发达国家的水平，但在总量上却是无法与发达国家相提并论的。据国家统计局、科技部和财政部联合发布的科技经费投入统计公报显示，2007 年国家财政科学技术支出达到 2 114 亿元，占当年国家财政支出比重达到 4.25%，是 1998 年以来最高水平，占 GDP 的比重达到 0.85%，比 1998 年高出一倍，与当前发达国家的水平基本持平。但与发达国家处于工业化阶段后期，政府研发投入呈下降趋势的情况有所不同，当前我国正所处于工业化中期向工业化后期推进阶段，为加快工业化进程，政府增加投入是必然趋势。而且，从我国科技投入的重点来看，长期以来我国科技投入以获得生产能力为目的，对制约技术发展的基础研究、共性技术和关键技术研究明显不足，致使我国对国外技术的依赖程度不断提高，自主创新能力低，产业的国际竞争力弱。此外，面对日益突出的社保基金欠账问题，国债政策一直未采取措施来弥补社保基金缺口，从而在一定程度上抑制了居民的消费热情。受经济转轨、体制改革的影响，企业养老保险的历史欠账问题十分突出，虽然目前理论界对养老保险的欠账规模并无权威数据，但可以想象，金额是十分巨大的。这巨额的历史欠账，犹如悬在我们头上的"一把剑"，随着人口老龄化进程的加快，这把剑掉下来的可能性越来越大，对此问题，应及早着手做好准备，以免给未来的财政造成过重的负担。

2. 国债项目审批制度不合理、监督管理不到位、投资效益不高

尽管国债项目在启动投资、保证国民经济稳定增长等方面发挥了积极作用，但不可否认，国债投资项目受现行项目审批制度不合理、监督管理不到位等因素影响，项目投资效益并不高。以1998～2002年城市基础设施国债项目为例，绝大多数国债项目普遍存在着不同程度的问题。据2004年审计署公布的对全国28个省（自治区、直辖市）的526个城市基础设施国债项目建设效果的审计结果显示，抽查项目中有1/4项目没有按建设责任书或计划建成；而在已建成的320个项目中，有32个项目基本没有投入运营；18个长期处于试运营或开开停停状态；69个已运营的项目没有达到当年设计生产能力，设备闲置问题突出；在已投入运营的项目中有14个项目指标未达标；34个项目由于管理不善、设备不合格以及工程质量缺陷等原因，存在较为严重的损失浪费问题。究其原因，主要是由于对项目的管理薄弱、招投标未严格执行。这直接反映出我国现行政府投资建设体制、机制的不完善。

3. 国债的金融功能尚未充分发挥，限制了宏观调控的作用空间

一般来说，金融属性和财政属性是国债的两大基本属性，不完全市场经济下，国债处于主导地位的财政属性，决定了国债主要作为弥补财政赤字的手段而运用。随着市场经济改革的深化，国债作为市场经济下财政政策和货币政策唯一的契合点和结合部，其财政属性呈现出弱化趋势，金融属性远远超过了它的财政属性。但目前我国国债的金融功能仍未真正发挥，与我国金融体制改革相对滞后、金融市场规模偏小、发达程度较低等多种因素有关。因此，要想使国债的金融功能得到充分发挥，还需要在加快金融体制改革、做大金融市场、提高市场化进程等多方面努力。

4. 国债市场发展尚不完善，管理水平有待进一步提高

尽管近年来，我国国债管理取得了长足进步，不仅确保了中央财政支出的需要，而且为我国资本市场的全面发展做出巨大贡献。但客观地讲，与我国资本市场发展目标以及国际成熟市场相比，仍存在诸多不足，突出表现在以下几个方面：

（1）国债期限结构仍需进一步优化。

尽管近年来为优化国债期限结构，适当增加了短期国债和超长期国债的发行比重，但从剩余国债期限结构来看，1年内的短期国债比重仍不足10%，很难满足市场短期融资需求（见图2）。

从理论上讲，不同的国债投资者由于其投资偏好和资金性质的不同所选择的国债品种也不同。一般而言，短期国债可以满足银行、大型工商业厂商以及居民个人闲散资金投资

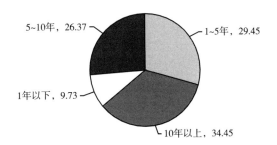

图2 2007年末记账式国债余额剩余期限结构

资料来源:《2007年中国国债市场年报》。

需求;中长期国债尤其是长期国债可以满足非银行金融机构以及个人长期储蓄的投资需求。而从我国现行国债持有人结构来看,银行和非银行金融机构占据绝对优势,而且,未来随着各种类型的金融机构的逐步建立以及各类基金公司的不断增加,银行与非银行金融机构在债券市场中所占的比重将进一步提高,这就需要更多短期和超长期国债品种来满足其资金需求(见表14)。

表14 发行不同类型国债作用效果不同

国债类型		债券期限	发行目的	承购者结构	对经济的影响
可转让公债	国库券	最长不超过1年	为调剂政府公共收支过程中的短期资金余缺,便于进行"政府现金管理"	中央银行、商业银行、大型工商业厂商、居民家庭	其发行对经济有扩张性或膨胀性影响
	中期债券	通常1~10年	实现整个预算年度的公共收支平衡	主要是银行以外的金融机构,如储蓄银行、保险公司、靠养金和年金生活的个人以及拥有较多收入并未雨绸缪为将来而进行长期储蓄的单位或个人	发行中长期债券对经济一般有紧缩性影响,或至少是非扩张性的。
	长期债券	通常10年以上			
	预付税款券	最长不超过1年	吸收厂商准备用于纳税而储存的资金	大型厂商	既可平衡税收的季度性变化,又可促使经济的稳定增长
不可转让公债	储蓄债券	期限较长,一般均在几年或十几年以上		居民个人	
	专用债券	期限长,一般在10年或20年以上	强制从特定金融机构获取稳定的财政资金来源	特定金融机构	调节货币供给量

资料来源:王传纶、高培勇的《当代西方财政经济理论》,商务印书馆2002年版。

（2）国债市场处于被分割的状态，市场效率下降、监管难度加大。

由于历史原因，目前我国国债市场由银行间和交易所市场组成，两个国债市场相对独立，形成割裂的市场格局。尽管这些年来，财政部采取跨市场发行国债等措施，部分消除了国债市场因割裂所带来的问题，但还没有从根本上实现市场的统一。目前，商业银行仍然没有获准进入交易所市场进行国债交易。即使可以跨市场交易的券种，也必须办理转托管手续，而转托管又存在着效率低的问题。由于以上明显差异的存在，不仅降低了国债的流动性，而且造成两个市场间国债交易价格出现差异，导致市场效率下降。突出表现在：交易所场内机制是集中撮合来形成价格，其效率较高，用很少的债券可以做很多回购；而银行间债券市场则采用询价交易系统。在这种体制下，参与者无法根据需要自由选择市场进行交易，以及自由地从一个市场过渡到另一个市场，这必然会带来套利和投机的机会，加大市场价格风险（见表15）。

表15   **银行间国债市场和交易所债券市场的比较**

	银行间市场	交易所市场
参与主体	银行、信托投资公司、农村信用社，以及部分保险公司、基金公司、证券公司和财务公司	证券公司、基金公司、保险公司、企业和个人
交易规模	大宗交易为主	小额的零星交易
交易方式	场外询价方式	集中撮合竞价方式
交易费用	免费	单向交易 0.2% 的手续费
交易平台	全国银行间同业拆借中心	沪、深交易所
托管单位	中央国债登记结算公司（不可转托管到沪、深证券登记结算公司）	沪、深证券登记结算公司（可转托管到中央国债登记结算公司）
交易种类	回购交易为主，现券交易为辅；回购交割天数可协商确定	回购现券交易发展平衡，回购交割天数是特定的
交易工具	国债和金融债券	国债、企业债和可转换债券
功能作用	承担了较多的货币市场职能	承担更多资本市场功能

资料来源：中国国债协会《国债市场化》课题组的《国债的流通性与增发空间》，载于《经济研究》2002年第5期。

此外，国债市场的人为分割使相应的监管体系也出现分割。目前，银行间市场的具体监管归中国人民银行负责，交易所市场的日常主管为中国证监会。而两个部门在监管定位和监管思路上存在较大差异，作为制定和执行货币政策的中央银行，人民银行对银行间市场的监管更多地从为货币政策服务的角度出发，倾向于将银行间市场作为货币市场看待；而作为交易所市场的主管部门，证监会则将主要精力放在对股票市场的管理和发展上，更愿意将交易所市场作为券商的融资场所。这就在一定程度上造成两个市场监管标准和交易规则的不一致性，并且还时常导致监管重复和监管缺位现象的出现，对国债市场的健康发展十分不利。

（3）国债基准利率作用尚待加强。

国际经验显示，国债利率是一国利率体系的基础，利率市场化有赖于国债基准利率的形成。但是，目前我国国债利率还不能较好地发挥基准利率作用，主要表现在：一是由于市场分割，客观上致使统一的市场利率基准无法形成。二是由于现阶段多种利率体系表现为"双轨制"，即法定存贷款利率由人民银行制定，市场利率则受宏观经济发展以及市场供求变化相互影响而形成，因此，两者时常存在较大差异。在国债发行时，可流通记账式国债票面利率通过招标方式市场定价，不可交易凭证式国债票面利率以人民银行公布的法定存款利率为基础确定，由于这两种国债机制相差很大，一旦经济发生变化，市场利率会先于央行法定利率变动，导致两个国债品种的收益率出现较大差异。由于国债利率不统一，影响到其基准利率作用的发挥，使债券市场的稳定性受到一定程度的削弱。

（4）国债交易方式过于单一。

从国债交易方式来看，我国国债市场交易方式十分单一，仅有现券、质押式回购及买断式回购等少数几种方式。而在市场经济发达国家，国债交易方式是十分丰富的，各种国债衍生产品的单日交易量就接近可流通国债总存量，极大地调动了投资者的投资热情，也在一定程度上保障了市场的平稳运行。相比之下，我国这种单一的交易方式，不仅难以满足投资者多样的交易需求，还严重影响到投资者的信心，一定程度助长了市场的大起大落。

（5）国债投资者结构失衡。

尽管经过多年的努力，债券市场的投资者逐渐趋向多元化，但银行仍然占据市场的主导权，一定程度上降低了国债流通市场的活跃程度，打击了投资者的积极性。在银行间市场成立初期，参与者主要是银行和非银行金融机构。2000年，债券结算代理制度推出，使得非金融机构法人可以通过结算代理人投资银行间债券市场。2002年商业银行柜台交易的试点，使个人可以通过商业银行柜台间接参与银行间市场的交易活动。总之，银行间市场的投资者逐渐丰富起来，但仍然存在着较明显的机构失衡问题，银行和保险公司占据了市场主导地位，其中：商业银行垄断了近一半的国债资源（见图3），其一举一动都对市场产生着剧烈影响。同时，以商业银行为主的投资者结构，容易引发投资行为的趋同性，使市场流动性降低，特别是在宏观经济出现变化、市场波动较大时，交易特别清淡，经常出现有行无市的现象。与之相反，交易所债券市场由于缺少商业银行参与，在投资者的普遍性方面大打折扣，导致市场稳定性不足，市场行情的公信力较差。

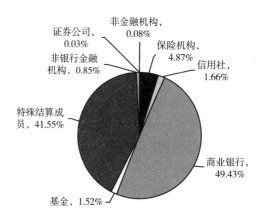

图3　2007年末记账式国债余额持有者结构

注：非银行金融机构包括：信用合作社、信托投资公司、证券公司、保险公司和基金；特殊结算成员包括中国人民银行、财政部和三家政策性银行。参见金菁、高坚《债券市场缘何整体流动性极低》，载于《中国证券报》，2007年6月26日。

资料来源：《2007年中国国债市场年报》。

四、国外运用国债政策的经验及其对我国启示

（一）主要国家运用国债政策的经验

1. 美国积极运用国债政策，成功摆脱经济困境的经验

美国联邦公债近三百年的发展历史，大致可分为两个阶段或类型：

（1）1790～1930年间，公债数额处于周期变动阶段。

这140年历史正在美国经济发展迅速阶段，公债数额也呈现出较大的波动性，有时激增，有时回降，显现周期变动的特征。其波动原因：一是战争；二是周期性的经济衰退。在南北战争期间，联邦公债突破10亿美元，1866年更达到高峰27.5亿美元。其后回降，至1915年还有12亿美元。第一次世界大战期间，美国虽参战较迟，但公债的规模远非19世纪所能比，1918年为124亿美元，1919年为255亿美元。20年代虽有所回降，但至1929年经济危机爆发前仍有169亿美元，这个年份标志着公债周期变动阶段的终结。

（2）1930年以来，联邦公债数额处于扶摇直上阶段。

从20世纪30年代的"大危机"开始，联邦公债规模显现直线上升的特征，即使偶有下降，也已无关大体。尤其是在实施"罗斯福新政"和里根时期的减税政策期间，为了刺激经济，弥补预算赤字，联邦公债规模成倍增加。而目前正在进行的美国刺激经济方案，将使美国国债发行规模和余额达到始无前例的高水平。

第一，"罗斯福新政"时期国债规模的攀升。"罗斯福新政"是1933年面对"大危机"萧条状况而采取的旨在将国民经济尽快从灾难性萧条中拯救出来并对经济中导致灾难的体制进行改革的一系列经济复兴与改革计划，以公债融资为支撑依靠扩张性财政政策

来推动经济增长。

"新政"主要体现在政府对通货与信贷、农业部门、工业、运输业、电力业、救济等方面采取了旨在鼓励物价上涨、调动生产者积极性、建立社会保障制度、提高消费者购买能力的一系列宏观经济政策措施上。为保障上述措施的实施，采取了增加政府支出和结构性减税的扩张性财政政策，使各级政府的财政逐年增加，公债发行量越来越多。整个30年代，美国50%以上的政府支出是靠公债融资支持的，联邦财政由1930年7.38亿美元的财政盈余到1931年第一次出现4.62亿美元的赤字，到1932年赤字猛增到27.35亿美元，1940年赤字增至39.18亿美元。10年内赤字增长了7.48倍，年均增长23.83%。公债总余额由1931年的161.8亿美元，增长到484.49亿美元，年均增长11.18%。其结果是失业率由1931年的15.9%下降到1944年的1.2%。

第二，1970~1990年国债规模的扩大。在经历了1960~1970年长达10年的快速经济增长后，1969年美国经济再次陷入危机，出现了经济停滞、高失业率和高通货膨胀交织并存的现象，即"滞胀"。1973年的石油危机导致了1974~1975年经济危机全面爆发，通胀率达到两位数，"滞胀"进入深化阶段。从滞胀产生的原因看，六十、七十年代美国政府为了应付经济衰退和失业率上升而长期采取扩张性财政政策和货币政策积累了严重的通货膨胀压力，构成了"胀"的因素；而为了对付通货膨胀短期采取的过度紧缩的货币政策则导致了经济停滞，构成了"滞"的因素。

20世纪70年代，为应对"滞胀"联邦政府有意识地压缩赤字规模，降低债务负担率。赤字率由1975年的3.5%下降到1981年的1.6%，同期债务负担率由34.9%下降为32.9%。但失业率到1982年为9.6%，比1975年高出1.1个百分点。但通胀率却在连年上升，1980年为12%。可见，这段时期内赤字和公债的减少并未带来失业率与通胀率的下降。

里根总统上台后，实施了以公债融资支撑的减税政策，预算赤字占GDP的份额由1982年的3.3%上升到克林顿总统上台时的5.8%，公债余额占GDP比重由35.7%上升到69.2%，美国经济却从1983年起步入了战后历时最长的稳定增长时期，通胀率降到了3%以下，失业率降到了4.5%，成为战后美国经济最好的时期。政府财政得益于经济稳定增长而日渐充裕，终于出现了39年以来的第一次盈余。

第三，此次"次贷"危机背景下的美国国债规模的大幅攀升。随着由"次贷"危机引发的国际金融危机对美国实体经济负面影响的不断蔓延，美国政府陆续提出以减税和加大基础设施投资为主要内容的经济刺激方案，政策的实际效果可能要经过一段时间才会显现出来，但其给新财政年度造成的巨额赤字现在已经显现，据报道，包括奥巴马政府的8 190亿美元新经济刺激方案在内的，2009年财年美国联邦政府财政赤字将达1.2万亿美元，是2008年财政赤字的4.8倍。尽管奥巴马表示将在任期内将财政赤字减少一半，但不管怎样，在奥巴马在任期间，美国国债将以始无前例的高速度增长，如果按2009年的1.2万亿和2012年的6 000亿平均规模计算，未来4年里因弥补财政赤字来增加的国债规模将达到3.6万亿元，相当于美国过去20年新增国债规模的一半，相当于现有国债余额的近四成。

2. 日本国债政策的运用

总体来看，第二次世界大战结束后，日本财政政策走过了一条从赤字扩张到平衡预算、到赤字扩张、再回到追求预算平衡的否定之否定发展道路。这种螺旋上升，不是前者对后者的简单否定，而是日本政府随着经济形势的变化、面临国内压力和国际协调（特别是与美国的关系）的需要，有意识地选择政策的结果，因此，这种否定之否定是更高层次的否定。在这一变化过程中，财政政策核心方向也随之走过了从最大限度地刺激供给到扩大国内需求，再到力图通过结构改革、鼓励私人投资和消费支出从而实现民间为主导的经济复苏道路。其中的每一次重大转变都伴随着重大事件的爆发或经济形势的变化。具体来看，作为宏观调控重要手段的国债政策，自 1965 年开始发行国债以来日本的国债政策，依主要的政策目标不同，大致可分为 1974 年以前、1975 以来两个阶段。

（1）1974 年以前的国债政策。

第二次世界大战后五六十年代，日本政府实行凯恩斯主义财政经济政策，实现了国民经济长期、高速增长。在此期间，以所得税、法人税等直接税为主的税收体制保证了财政收入增长快于经济增长，加上政府实行经济增长优先政策，社会福利方面支出很少，虽然政府经济方面支出增长很快，财政收入仍能平衡，在许多年份甚至出现结余。但 20 世纪 60 年代中期以后，随着国民收入、生活水平提高，要求政府加强生产服务设施建设和充实社会福利，提高生活质量的呼声很高，政府不得不调整政策，开始注重生活服务设施建设和充实社会保障体系。通过建立普遍的儿童津贴制度、实施老人医疗费支付制度、修改健康保险等被雇佣者医疗保险等措施，不断提高国民福利待遇，促进日本财政从高速发展型向社会福利型转变。一般来说，与政府政策这一变化相适应，应调整政府职能范围和财政收支结构，以确保财政的正常运营。但由于日本政府未能这样做，因而在 1965 年放弃了第二次世界大战后一直坚持的追求全面预算平衡的道奇路线，转向一般会计预算平衡原则，通过发行建设国债，调节经济景气。即财政支出的相当部分改用于非经济服务支出后，为了保持原有的经济服务支出规模，政府采取了借债搞建设的做法。由于日本政府重视建设国债的使用效益，并注重国债偿还工作，加上建设国债规模不大（1970 年国债收入占中央财政收入的比重仅为 4.2%），财政收支不平衡问题不突出。

总体来看，这一阶段的国债发行量不大，最高也就是 1972 年因经济不景气，政府采取了扩张性财政政策，当年中央财政的国债依存度仅为 16.3%，大多数年份国债依存度控制在 10% 以下。因而，这一时期国债的主要目标是压低国债成本，同时以国债为中心形成低利率机制，保证高速增长期的产业资金供给。具体采取了以下三个方面的措施：一是建立以银团认购为主，大藏省内的资金运用部认购为辅的发行机制，保证在较低利率水平下的全额发行；二是通过日本银行的国债操作，避免市场上国债余额的累积；三是通过创立国债流通金融制度、小额公债非课税制度、国债储蓄制度等，努力促进国债消化。这些措施不仅保证了国债的顺利发行，而且避免了市场上大量国债余额的存在，维持了国债的价格和低利率水平。且中央银行以国债利率水平为依据向商业银行提供基础货币，因而在金融市场上形成了以国债目标利率为基础的低利率机制。这一机制不仅有利于控制国债成本，而且对于日本当时的经济高速发展起到了积极作用。

（2）1975 年以来的国债政策。

1973 年爆发第一次"石油危机"，使原材料主要依赖进口的日本经济深受打击，不仅物价飞涨，而且在 1974 年出现了战后首次经济负增长。从财政运营的角度看，一方面要求增加支出刺激经济复苏；另一方面经济萧条导致税收收入下降，收支缺口进一步扩大。在这种情况下日本政府于 1975 年开始打破一般会计预算平衡原则，发行以填补财政赤字为目的的赤字公债并使其经常化。国债发行规模迅速扩大，1975 年以后中央财政收入的债务依存度直线上升，国债负担率不断提高。在财政收入高度债务化的同时，支出刚性也不断强化。据统计，1980 年中央财政总支出中包括国家机关费、地方财政费、国防费、文化教育费、社会保障费、抚恤救济费和债务费等在内的刚性较强的行政事业费总计占中央财政支出的 76.6%。而且，随着偿债高峰的到来，债务费快速扩大。此外，来自国内外的许多因素都要求日本政府进一步扩大社会保障和公共投资等方面支出。一是进入 80年代以后西方发达国家普遍经济萧条，日本的情况虽然稍好一点，但经济增长明显减速，在日元不断升值的压力下，随时都有陷入全面萧条的危险。这一局面要求日本政府采取强有力的财政经济政策来维持和扩大经济发展；二是日美经济摩擦谈判中美国强烈要求日本政府扩大公共投资，扩大国内需求，调整以出口为主导的经济结构，同样要求政府扩大经济服务支出；三是日本人口迅速老龄化要求尽快扩充社会福利。1980 年日本 65 岁以上老年人口占总人口比重为 7.9%，超出联合国所规定的"老龄社会"标准，步入老龄化社会，且人口老龄化的进程不断加快。人口高度老龄化不仅意味着劳动人口减少将影响经济发展，而且还意味着与老人生活有关的政府支出（如年金支出和养老院、医疗保健设施的建设和管理等支出）将迅速扩大。在此背景下，为弥补财政支出的刚性增长与经济萧条带来的税收收入下降之间的巨大缺口，国债政策被积极运用，成为宏观调控的重要政策工具。

这一时期的国债政策也随着发行规模的迅速扩大，使政策中心向以国债利率市场化和扩大发行流通市场转变。一是在发行条件方面，改变原来由政府独立决定价格、利息的做法，参考市场上其他债券的利息来决定国债利息；二是以扩展市场为目的，不断充实国债的种类；三是实行发行方式的多样化，并逐步确立了以公募招标发行为主的国债发行方式；四是为扩大国债流通市场，建立了国债金融制度，并逐步扩大公债流通担保金融的规模，先后开设国债期货市场，允许金融机构窗口销售国债等；五是为扩大国债市场，还采取了许多税收优惠政策，如允许法人将国债利息收入分享课税（可享受低税率）、非课税法人实体的国债利息收入免税、对国债交易实行与股票等有别的低率证券交易税等（见表 16）。

表 16	1965 年以来日本国债发行情况		单位：亿日元
年　度	国债发行额	其中：建设国债	赤字国债
1965	1 972	0	1 972
1966	6 656	6 656	0
1970	472	472	0
1975	52 805	52 802.71	2. 29
1976	71 982	—	—
1977	95 612	—	—

续表

年　　度	国债发行额	其中：建设国债	赤字国债
1978	106 740	—	—
1979	134 720	—	—
1980	141 702	69 550	72 152
1981	128 999	70 399	58 600
1982	140 447	70 360	70 087
1983	134 863	68 098	66 765
1984	127 813	64 099	63 714
1985	123 080	63 030	60 050
1986	112 549	62 489	50 060
1987	94 181	68 799	25 382
1988	71 525	61 960	9 565
1989	66 385	64 300	2 085

资料来源：陈共、宋兴义著《日本财政政策》，中国财政经济出版社 2007 年版。

（3）日本过度依赖国债政策的原因分析。

单就国债政策本身而言，日本的国债政策运用还是较为得当的。但作为调控宏观经济的财政政策组成部分，日本这个一贯追求预算平衡的国家，为什么会发展到现在对国债过度依赖？这个曾经是世界上财政状况最好的国家为什么到现在沦落为发达国家中财政状况最差的国家？这个从 20 世纪 70 年代末就提出消灭赤字国债、重建财政的目标，为什么到目前还没有最终完成重建财政的计划？究其原因是多方面的，其中对国债政策运用影响较大的原因主要有以下几点：

第一，财政体制改革滞后，过分依赖国债政策，是导致其患上"国债依赖症"的一个原因。主要表现在财政职能范围扩大，但相应的财政收支体制却未相应调整，财税体制改革的相对滞后，使财政收支的缺口只能靠国债政策来弥补，从而使其不得不走上赤字财政的路子。长期以来，在经济增长优先政策的引导下，日本宏观税负一直保持着 20% 的低水平。而随着国民收入的提高，人们要求提高福利待遇的呼声不断提高，同时受外需对经济拉动作用减弱，需要扩大国内消费来弥补等因素的影响，日本财政支出开始从高速发展型向社会福利型转变，逐步注重生活服务设施建设和充实社会保障体系，但过高的国民社会福利水平甚至超过了经济增长的承受能力，导致财政支出呈现刚性增长。虽然后来日本政府在重建财政过程中也采取了降低社会福利标准的做法，但支出结构的僵化已无法扭转。从理论上讲，当财政职能范围发生较大变化时，政府应采取加快财税体制改革的做法，通过开征新税来满足其日益增长的支出需求。但日本政府出于保持经济增长的考虑，采取启用国债政策的办法。没想到，却使财政陷入债务的泥潭不能自拔，不断累积的债务规模，其沉重的利息负担使财政支出继续刚性增长。尽管 1989 年日本开始征收 3% 的消费税，为重建财政筹资，并终于在 1991 年实现停止发行赤字国债的财政重建目标，但到 1994 年，日益严重的经济萧条局面，使政府又重新发行赤字国债（见表 17）。

表 17　　　　　　　　　**1966 年以来日本国债依存度、国债负担率等指标**

年　度	国债负担率	国债依存度	国债费占一般会计支出比重
1966	2.2	14.9	0.95
1970	3.7	4.2	3.51
1975	9.8	25.3	5.28
1976	12.9	29.4	7.53
1977	16.8	32.9	7.97
1978	20.4	31.3	9.48
1979	25	34.7	11.28
1980	37.3	33.5	12.65
1985	—		19.21
1990	63	10.6	20.66
1995	—	—	16.88
2000	130		24.01
2003	137.6	44.6	18.86

注：债务余额中包括了地方债、政府担保债和政府担保贷款在内的债务。

资料来源：陈共、宋兴义著的《日本财政政策》，中国财政经济出版社 2007 年版。

　　第二，信奉周期财政预算平衡理论，过高估计自身经济发展形势，使国债政策刚发挥作用就停止使用，从而影响了国债政策对经济增长效应的发挥。一般来说，周期预算平衡理论的实施是以经济周期发展的规律性为前提的，但在实际经济生活中，经济循环的上升或下降的深度和持久性并不对等。繁荣时期的盈余是不可能与衰退时期的赤字正好相等，从而相互抵消的。市场经济周期的实际情况往往是，在长期严重的衰退之后，紧接着是短期而有限的繁荣。这就意味着，在衰退时期会呈现大量赤字，而在繁荣时期只有少量甚至没有盈余。所以，其结果显然不是周期平衡，而是周期赤字。而 20 世纪 70 年代以来，日本财政政策的实践恰恰验证了这一理论。日本就是由于奉行这一理论，使国债政策对经济增长的拉动效应大打折扣。在日本经济高速增长的时期，日本政府将国债政策作为启动经济的临时性应急措施，但等到经济进入稳定增长甚至萧条时期，日本政府并未改变预算平衡的追求，致使财政政策摇摆不定，一旦经济出现复苏迹象就立即停止使用扩张性财政政策，努力压缩财政赤字，从而使经济刚处于复苏前期，就因紧缩的财政政策而重新陷入衰退。而如果日本政府采纳勒纳的功能财政论，也许日本经济不会总是"启而不动"（见表 18）。

表 18　　　　　　　　　　**中央政府赤字额占 GDP 的百分比**　　　　　　　　单位：%

年度	日本	美国	英国	德国	法国	意大利	加拿大
1991	1.8	-4.9	-3.1	-2.9	-2.4	-11.7	-8.4
1992	0.8	-5.8	-6.5	-2.6	-4.2	-10.7	-9.1
1993	-2.4	-4.9	-7.9	-3.1	-6	-10.3	-8.7
1994	-3.8	-3.6	-6.8	-2.4	-5.5	-9.3	-6.7
1995	-4.7	-2.2	-4.2	-3.4	-4.1	-7.1	-2.8

续表

年度	日本	美国	英国	德国	法国	意大利	加拿大
1996	-5.1	-2.2	-4.2	-3.4	-4.1	-7.1	-2.8
1997	-3.8	-0.8	-2.2	-2.7	-3	-2.7	0.2
1998	-5.5	0.4	0.1	-2.2	-2.7	-3.1	0.1
1999	-7.2	1.6	3.8	1.3	-1.4	-0.7	2.9
2000	-7.5	1.6	3.8	1.3	-1.4	-0.7	2.9
2001	-6.1	-0.4	0.7	-2.8	-1.5	-2.7	2.9
2002	-7.9	-3.8	-1.7	-3.7	-3.3	-2.4	0.3
2003	-7.7	-4.6	-3.5	-3.8	-4.1	-2.5	0.6
2004	-6.5	-4.4	-3.2	-3.9	-3.7	-2.9	1.1
2005	-6.4	-4.1	-3.2	-3.5	-3.1	-3.1	1.2

资料来源: 陈共、宋兴义著的《日本财政政策》, 中国财政经济出版社 2007 年版。

第三, 结构性、制度性供给因素的制约是导致经济长期陷入衰退, 国债政策难以根本见效的原因。通常来说, 阻碍日本经济的结构性、制度性因素包括以下几个方面: 政府、银行、企业之间的 "裙带资本主义"; 规制改革迟缓; 相对封闭的、受到过多保护、缺乏竞争的国内市场; 劳动力缺乏流动性; 基础科研能力不足, 产业结构转变缓慢; 老龄化问题引起的劳动力投入减少等。以产业结构为例, 日本政府在 20 世纪 80 年代完成赶超任务后, 在向信息技术为主导的产业结构转变过程中遭遇挫折, 主要原因是日本战后长期奉行 "吸收型" 技术发展战略。这种战略虽然为日本节省了大量的时间和研究经费, 但也造成日本在自主技术开发和基础研究方面力量薄弱。而且, 日本在科学技术大部分领域达到世界先进水平后, 再用技术引进的办法来推进产业结构发展已经不可能, 同时也受到来自美国等其他发达国家的竞争和限制。尽管 70 年代后期日本就提出 "科技立国" 战略, 在八九十年代采取了多项措施, 但是由于重视不够、措施不力, 且以扩大生产能力、而不是技术创新为投资重点, 致使作为新兴的投资重点和经济发展推动力的信息产业方面, 日本大大落后于美国, 信息产业迟迟未成为新的主导产业。过去每一次经济萧条中带动恢复的出口也由于现有产业部门市场的成熟、外来竞争的加剧以及进口的抵消作用, 难以再次发挥拉动经济的火车头作用。由此可见, 产业结构调整的迟缓影响了外需和内需的扩张, 造成日本 90 年代经济增长对公共投资的过度依赖。一旦公共投资减少, 经济增长率也就随之降低, 从而导致对国债政策的依赖程度不断加深。

(二) 对我国运用国债政策的启示

1. 国债政策的运用既要积极, 又要遵循市场机制的内在规律, 加快相关体制改革的推进

各国实践表明, 公债的适度增加总是随财政政策的被突出运用而作用于经济增长的, 甚至一国净债务的多少也能表明经济的兴衰, 因此, 要积极运用国债政策推动经济增长。从国际范围看, 大量举债的往往是那些经济增长较快、实力日渐强盛的国家。因其发展之需，政府所需资金量较大，对资本的吸引力较大。而那些流出资本的往往是资本相对剩余、实力趋衰的国家。因此，我们要积极运用国债政策，为保持国民经济的稳定增长、促进经济结构调整、发展方式转变以及推进各项改革创造有利条件。

但同时，我们也应注意遵循市场机制的内在规律，努力降低政府干预对经济体自我矫正机制实现的负面影响。从奥地利学派的经济周期理论来看，只要允许市场发挥作用，经济体本身自我矫正机制是可以实现的。但如果政府过度的干预经济，会导致经济复苏的推迟。如日本经济就长期处于政府干预状态。财政刺激、投放基础货币、降低利率、救助和国有化经营失败的银行等措施无一不是对市场的干预，这种对既存生产结构的维持，严重妨碍了市场对人造繁荣过度投资的纠正。客观地讲，20世纪70年代第一次石油危机后，布雷顿森林体系、日美不对称合作等日本经济高速增长的条件消失了，在一个浮动汇率、金融自由化、日美经济矛盾加剧的世界里，日本应加快体制改革，转变经济管理模式，改善微观结构，从而为市场机制的发挥创造有利的外部环境。

2. 国债政策要适应经济周期不同发展阶段的需要

从理论上讲，公债的增发一般是以经济增长的可预期性为前提条件的。除了战争等特殊情况外，有两种情形可促使增发国债，一种是在经济增长过热阶段，为了回笼货币、提高利率，通过"财政拖累"抑制不断上升的通胀压力；一种是在经济萧条时，为了充分利用过剩的储蓄资源，筹集资财支持扩张性财政支出以弥补有效需求不足之用。这两种情况均是以确实能够使经济增长出现一定下降或上升的预期为政策前提的，假如不能在短期内将经济增长引导到一定区间，尤其是萧条阶段的经济不能在短期内有较大幅度回升，那么，财政的非债务性财政收入也就难以随之充裕，过多的公债发行无疑会使财政在逐步陷入债务危机的过程中失去应有的主动性。美国20世纪70年代的滞胀的发行，恰好证实国债政策的实施是有一定的前提条件的，要适应经济周期不同发展阶段的需要，只能是短期措施。如果不考虑经济在短期内是否能够回升，而一味地使用扩张性政策，这种扩张性财政政策的长期化运用，必将阻碍经济的自我调整，带来负面的政策效应。

3. 要重视开放条件下国债政策的运用

回顾日本国债政策运用的历程以及联想东南亚和拉美国家的失败教训表明，随着各国经济开放程度的加深尤其是资本全球化冲击的日益兴盛，促使一国财政政策与货币政策的运用及其相对效果发生了较大变化，一国货币政策的调整更多地受到其他国家回应性政策调整的限制，其政策效果与主动性相应降低。如日本的利率已调整到历史最低水平，也是世界最低水平，如果再继续下调利率，不仅会引起大量本国资本外流，日元的由此贬值也会引致其他国家的强烈反对和相应报复性政策回应。而与之相比，财政政策却相对是一个国家的事情，政府可以随时根据经济运行形势和宏观管理之需加以灵活运用，主动性相对较大。

由于我国今后将面临更加开放和动荡的国际金融经济形势，货币政策调整也会受到越来越多的牵制。尤其是在经济处于低位徘徊时期经济增长与发展需要更多的资本，过多通过利率下调来刺激经济，会导致资本外流，对于国内经济增长不利。所以，今后在继续健全完善货币调控机制的同时，应更多地运用相应灵活的财政政策措施调节经济运行。

五、"十二五"时期制定国债政策需要考虑的因素

国债政策的制定需要从与财政政策、货币政策配合以及国债政策自身需要出发，综合考虑各方面的因素，来确定未来国债的发行规模、发行期限、发行利率、应债来源等结构，从而为实现宏观经济的可持续发展创造条件。具体来看，"十二五"时期制定国债政策需要综合考虑以下几个方面的因素：

（一）经济增长与波动因素

经济的增长和波动在一定程度上决定了国债政策的调控力度及发行规模的变化趋势。从我国经济发展周期看，"十二五"期间我国经济将进入新一轮经济增长的回升期，相应财政政策将延续 2009 年和 2010 年的扩张态势，但力度将随着经济自主增长趋势的逐步形成而减弱，最终趋于中性的宏观调控政策取向。

改革开放以来，我国先后经历了三次经济增长周期，即：1981 ~ 1989 年、1990 ~ 1998 年、1999 ~ 现在。据专家介绍，前两轮经济周期的时间都是 9 年，从波谷到波峰分别用于 3 年和 2 年，从波峰回落到波谷分别用了 6 年和 7 年，经济增长都表现出快起平落的特征。与前两轮周期不同，第三轮经济增长具有慢起步、匀加速、缓减速、稳着陆等特点，本轮周期经济增长从 1999 年的波谷攀升到 2007 年的波峰用了 8 年时间。导致本轮周期经济增长率从峰值回落是多重因素共同作用的结果，其中既包括美国"次贷"危机引发的国际金融危机因素，也包括我国经济增长自身的周期性因素。从 2008 年经济增长呈现快速回落态势来看，可以说，国际金融危机是其中最主要的影响因素[1]。由于此次金融危机来势凶猛，对我国实体经济的影响已经显现，可以预计本轮经济增长在金融危机的作用下由波峰回落到波谷的时间不会很长。

但要重新启动新一轮经济增长可能还需要较长的一段时间。这主要是根据现有各种关于金融危机的研究显示，这一轮金融危机经历的复苏时间比通货膨胀、中央银行紧缩银根等引发的传统危机要持续更长的时间。目前，国内外各大机构普遍预测 2009 年或 2010 年全球经济有望见底，但对全球经济何时真正复苏普遍信心不足，多数人认为尚需要较长的一段时间。面对主要经济大国纷纷出台的大力度经济刺激方案，我们有理由相信在"十二五"期间，全球应该能够迎来真正的经济复苏。

就我国而言，从现已出台的应对金融危机的扩大内需的积极财政政策来看，我国政府已经为因外需减少而导致的经济下滑做好了充分准备，大规模的政府投资所带动的全社会投资应该能够避免 2009 年和 2010 年经济增长大幅下滑局面的出现。同时，经过这两年来的经济结构调整，以及"十二五"国际经济形势的逐渐转暖，完全可以引领我国经济进入新一轮增长周期的缓慢上升期。与之配合，宏观调控政策将在承袭 2009 年和 2010 年扩张性政策的基础上，根据经济形势的变化，及时调整政策方向和力度，随经济自主增长能

---

[1]　许宪春：《中国经济高增长仍将持续一段时间》，载于《证券时报》，2009 年 2 月 16 日。

力的增强，逐步减弱政策力度并趋于中性，从而为确保宏观经济的稳定增长创造有利条件。相应的国债政策重点应该是积极构建统一高效的多层次国债市场，为国债发行创造更多的增发空间。

（二）经济发展阶段与结构变化因素

一国所处经济发展阶段与结构的变化在一定时期会成为国债资金投资的方向和重点。由于经济发展阶段的不同决定了全社会投资结构的不同，而政府投资作为社会投资的重要组成部分，其投资重点也要与之相适应。一般来说，判断一个国家社会经济处于什么发展阶段，其实质是判断这个国家的工业化进程或工业化阶段。根据多种划分标准判断，目前我国正处于工业化中期阶段。根据世界银行经济学家钱纳里等人提出的工业化阶段划分标准，2007 年我国人均 GDP 接近 2 600 美元，换算为当时的美元或按世界银行测算的购买力平价计算，当前我国处于工业化中期阶段；根据库兹涅茨的三次产业结构标准，到 2007 年我国第一产业增加值比重为 11.3%，第二产业增加值为 49.2%，高于第三产业 9.1 个百分点，在国民经济占据最大比重，由此判断，目前我国正处于工业化中期的快速发展阶段[1]。为加快我国工业化进程由中级阶段向高级阶段的推进，必须进一步加大对科技的投入，促进高加工度、高附加值产业的发展。

而从经济结构变化趋势来看，在未来较长的一段时期，经济结构的优化将使我国经济继续保持长期的高增长趋势。主要理由是：一是与发达国家相比，我国第三产业比重和消费需求比重都比发达国家低 30 个百分点左右；二是与发达国家比，我国城乡之间、地区之间的经济发展差距很大；三是我国人均 GDP 不仅低于发达国家，甚至低于世界平均水平。这些都表明我国经济发展还有很大的空间。此外，我国的劳动力成本还比较低，仍具比较优势；我国的市场潜力，特别是农村市场潜力非常巨大[2]。

但不可否认，创新能力不足、资源环境限制是制约我国经济快速增长和推进工业化进程的重要因素。这就要求在政策上要加大对这方面的投入力度，积极支持技术创新、清洁生产、新能源开发等，推进资源节约型、环境友好型社会建设，走出一条有中国特色的新型工业化道路。相应的国债政策应该将资金的使用重点向科技创新、节能减排、环境治理方面倾斜，为国民经济的可持续发展创造有利条件。

（三）社会事业发展因素

社会事业发展的需要在一定时期会成为财政支出重点领域。从财政支出结构看，长期以来，中国财政支出结构是以政府主导型投资的经济建设支出和行政管理支出为主，而以提供公共服务产品为主的公共财政体制建设却相对较为滞后。突出表现在教育、医疗、就业、社保等社会事业发展严重滞后，不仅影响了社会稳定，而且成为制约当前经济发展的主要因素。正是由于社会保障等制度的缺位，造成居民不敢消费，导致总储蓄率总保持在

---

① 臧跃茹：《中国特色新型工业化道路的内涵与实现途径研究》，2008 年宏观院"十七大"专项课题。
② 许宪春：《中国经济高增长仍将持续一段时间》，载于《证券时报》，2009 年 2 月 16 日。

60%以上的水平,消费需求难以真正启动。在当前国际经济形势恶化、外贸出口大幅下滑的背景下,消费对经济的拉动作用如果不能及时跟进,就难以抵补外需下滑对经济所造成的伤害。在这种情况下,进一步加大教育、医疗、社保等社会福利事业方面的投入就显然十分迫切。

从日本、美国、拉美等国发展历程来看,在经济陷入衰退阶段,各国都把提高全民的福利待遇作为刺激消费的法宝加以运用,在一定时期内起到了刺激消费、促进经济发展的作用。但同时,日本、拉美的教训也告诉我们,社会福利事业的发展要把握一个度,一定要与我国的经济发展水平相适应,因为社会福利支出属于刚性范畴,具有不可逆性,财政一旦进入就很难退出,过高的社会福利在一定程度上会成为财政的沉重负担,进而限制财政调节宏观经济作用的发挥,从而对经济的长远发展产生不利影响。

从我国人口老龄化现状来看,根据2005年底全国1%人口抽样显示,65岁以上老人已占到总人口的7.7%,按照联合国一个国家60岁以上老年人口达到总人口数的10%或65岁以上老年人口占人口总数的7%以上的标准,我国已经属于人口老龄化国家。从目前我国城镇职工基本养老保险缴费人数与退休人员数量之比变化趋势来看,已从20世纪90年代的5:1演变为目前的3:1。同时,由于人口基数大,预计我国在21世纪30年代进入老龄化高峰后,将高位保持30~40年时间。据测算,到2050年,我国人口老龄化将达到25%,社保制度面临人口严重老龄化的挑战[1]。在此背景下,对社会保障制度的推进既要谨慎又要积极,要从低收入人群和弱势群体做起,执行的标准不宜过高,并努力通过相应的财税制度改革来弥补资金不足,国债政策只能作为辅助工具。绝不能像日本那样依靠国债政策弥补社保资金的不足,从而使国家财政背上沉重的债务负担。但国债政策可通过调整资金使用方向,增加对改善教育、医疗以及社会福利设施方面建设投入发挥积极作用。此外,鉴于我国现行的社保基金管理制度尚不完善、管理水平尚待提高等因素,应该加快相关管理制度的完善,同时,通过发行一定规模的社保国债来逐步做实个人账户,以弥补社保基金的历史欠账。

(四)财政可持续性因素

财政的可持续性也是影响国债规模的一个重要因素。公众持有的公债仅仅是政府债务中的一部分,是最明确的部分,但公债并不代表政府全部的债务。因此,我们在衡量财政可持续性时,既要考虑债券发行的风险,也要考虑政府债务的实际风险。

1. 债券发行风险

国债发行规模的扩张往往受到财政可持续性的限制。从我国国债规模现状来看,自1981年我国恢复国债发行以来,国债规模迅速扩大。到1999年内债余额突破了10 000亿元大关,两年后,即突破了20 000亿元大关,5年后,一举突破了50 000亿元大关,扩张速度是相当快的(见表19)。

---

[1]　郭晋晖:《社保改革提速,做实个人账户适时全面推开》,载于《第一财经日报》,2008年11月7日。

表19　　　　　　　　　　　　　　　　1997年以来国债负担率

	GDP（亿元）	证券期货统计年鉴上内债余额（亿元）	财政年鉴上内债余额（亿元）	财政年鉴上内外债合计余额（亿元）	证券期货年鉴数计算的内债负担率	财政年鉴数计算的内债负担率	财政年鉴数计算的内外债负担率
1997	78 973.0	5 508.88	5 472.29	6 035.29	6.98	6.93	7.64
1998	84 402.3	7 765.7	—	—	9.20	—	—
1999	89 677.1	10 542	—	—	11.76	—	—
2000	99 214.6	13 020	13 010	13 010	13.12	13.11	13.11
2001	109 655.2	15 618	15 616	15 677.93	14.24	14.24	14.30
2002	120 332.7	19 336.1	18 706	18 758.75	16.07	15.55	15.59
2003	135 822.8	22 603.6	—	—	16.64	—	—
2004	159 878.3	25 777.6	29 631	—	16.12	18.02	—
2005	183 217.4	28 774	31 848.59	32 614.21	15.70	17.38	17.80
2006	211 923.5	31 448.69	34 380.24	35 015.28	14.84	16.22	16.52
2007	249 529.9	48 741	51 467.39	52 074.65	19.53	—	20.87
2008	300 670	52 369.29	—	53 270.76	17.42	—	17.72

资料来源：《证券期货统计年鉴2008》、《财政统计年鉴2007》和《中国统计年鉴2008》。

　　从国债账面金额来看，我国国债规模相对于财政收支指标普遍偏高，而相对于经济总量而言指标普遍偏低，这主要与我国当前财政收支在GDP中的比重有关系。据统计，2008年中央财政赤字占GDP的比重约为0.6%，明显低于3%的警戒线；年末政府债务余额占GDP的比重也仅为17.42%，远远低于60%的欧盟警戒线，按日本统计口径计算，内债依存度仅为6.77%，明显低于日本20%的警戒线，而偿债率则明显高于国际安全线的水平（见表20）。

表20　　　　　　　　　　　　　　　　中国财政风险指标变化情况

年份	内债发行规模	内债还本付息支出	国债余额	国债负担率（%）	中央财政赤字率	内债依存度（%）	偿债率
警戒值	—	—	—	60	-3	20	8~10
1998	3 808.77	1 918.4	—	—	-1.14	—	25.90
1999	4 015	2 352.9	—	—	-2.00	—	26.74
2000	4 657	1 910.5	13 010	13.11	-2.62	—	20.11
2001	4 884	2 306	15 677.93	14.30	-2.37	30.43	20.09
2002	5 934.3	2 803.3	18 758.75	15.59	-2.57	25.47	20.27
2003	6 280.1	3 241.7	—	—	-2.35	23.71	20.61
2004	6 923.9	3 907.4	—	—	-2.00	22.01	20.55

续表

年份	内债发行规模	内债还本付息支出	国债余额	国债负担率（%）	中央财政赤字率	内债依存度（%）	偿债率
2005	7 042	4 430.6	32 614.11	17.80	−1.64	18.29	20.43
2006	8 883.3	4 738.4	35 015.26	16.52	−1.30	15.31	18.24
2007	23 139.1	7 184	52 074.65	20.87	−0.80	11.71	20.08
2008	8 558	6 539.2	53 270.76	17.72	−0.60	6.77	16.68

注：国债负担率＝国债余额/GDP；财政赤字率＝国家财政赤字/GDP；债务依存度＝（弥补财政赤字国债＋长期建设国债）/当年中央财政总支出；偿债率＝国债还本付息/中央财政收入。

资料来源：历年《中国证券期货年鉴》、国家统计局、人民银行网站。

2. 实际债务风险

从我国政府的实际债务情况来看，既存在着大量的直接负债，也存在着为数不小的"或有负债"，主要包括以下几个方面：

（1）现存大量地方政府欠债。

尽管从2008年起允许由财政部代地方发债，为地方政府名正言顺地筹集建设资金找到了突破口。但在此之前，由于我国《预算法》明确规定不允许地方政府发行债券，不允许地方政府出现预算赤字。但面对上级下达"普九"、"普六"、农村道路等各种达标任务、地方政府尤其是县乡政府在自身财力严重不足的情况下，只能靠拖欠工程款、向单位和个人借款等方式筹集资金，形成了大规模的地方债务。据财政部测算，截至2007年底，我国地方政府性债务总额仍达到40 000多亿元，其中：直接债务占80%，剩余20%为担保性债务。据国务院发展研究中心地方债务课题组的粗略统计，到目前，我国地方政府债务至少在1万亿元以上，其中，地方基层政府（乡镇政府）负债总额在2 200亿元左右，乡镇平均负债400万元[1]。

（2）地方、企业"统借自还"、"自借自还"以及地方担保等外债的财政兜底部分。

长期以来，为加快地方和企业的发展，对外借款也成为地方和企业筹集建设资金的一种重要方式。我国地方、企业按规定程序统借或自借、同时明确为"自还"的外债，一旦发生偿还困难，实际上往往还会产生政府不能坐视不管的还债压力，因为其紧密关联于"地区形象"、"国家形象"以及"改革开放大好形势"而不得不施以援手。一些地方或部门出具了正式担保或变相地以某种方式给予担保承诺的企业外债，在发生偿还困难时，矛盾首先传递到地方政府环节，地方政府无力解决时，矛盾又会上交到中央政府层面，压力在相关部门间传导（有时部分分担）之后，最后总是会归结到财政"兜底"来把事情摆平[2]。

（3）社保基金欠账。

随着我国社保制度从现收现付制度转向部分积累模式，自然就产生了对国有企业原有

---

[1] 《地方债再次起航，偿还能力备受关注》载于《南方日报》，2009年2月19日。

[2] 贾康：《防止或有负债对财政的倒逼》，中国网：CHINA. COM. CN。

未参保职工支付退休金的问题。据国务院发展研究中心的报告显示，2002年社保基金欠账规模达20 000亿元。而根据社会保障部正式公布的数据，2004年底达2.5万亿元，另据世界银行预测，按照1995年的价格计算，2 000年仅养老的隐性债务更高达70 000亿元。虽然各家机构的测算结果存在差异，但对我国存在大量社保欠账的认识是一致的。

（4）金融机构大量不良资产。

在1999年四大国有银行剥离1.4万亿元不良资产之后，数年之间，根据银监会的统计数据，四大商业银行体系内当年未剥离的不良资产加上新增加的不良资产，目前又已达到2万亿元的高额。虽然目前四大国有银行已经商业化，其不良资产不再由财政来负担。但在当前金融危机越演越烈的背景下，美国政府向商业银行的注资行为证明，当金融机构出现资金周转困难等系统性风险时，财政不可能视而不见。

总体来看，虽然或有负债并不必然形成政府的债务负担，但如果政府在银行危机、社保资金短缺、地方政府面临债务危机时，还是要负担这些债务的，到那时，这些或有负债就可能成为实实在在的政府债务。虽然对于整个或有负债目前并无权威统计数据，但可以肯定如果加上这部分或有债务，我国政府的债务负担将扩大数倍。

综上所述，尽管从账面上看国债的财政风险较低，但如果加上大量的政府欠债尤其是地方政府债务，我国财政的风险系数将大幅提高，财政的可持续性明显降低，这必将对我国未来国债以及地方债发行规模的扩张产生一定的阻碍作用。

（五）财政体制改革及制度安排

相关财政体制改革及制度安排的及时跟进将在一定程度上减轻未来国债发行的压力。从我国未来财税体制改革的方向来看，财政收入随着税费改革的深入、国有企业经营利润上缴制度的全面推进、国有资源和经营性资产租金收入上交制度的确立和逐步完善，财政收入将呈现稳步增长的趋势，而随着公共财政体制的不断完善，财政提供公共产品和服务的范围也逐步扩大，在稳步推进财税体制改革的背景下，财政收支之间的差距应该是逐步缩小的，对国债发行规模的扩张要求将有所减弱。尽管随着公共财政体制的逐步完善，要求由财政提供的公共产品和服务的范围在不断扩大，基本医疗制度和社会保障制度的建立和完善、环境污染的治理都需要财政资金的支持，但与此同时，只要我们坚持推进相关财政收入制度改革，积极推进物业税改革、资源环境税费改革以及完善国有企业经营利润上缴制度、特许权收入纳入预算管理等，将会使我国的财政收入能力大幅提高，从而可以为增加的财政支出提供资金保障，在一定程度上可以降低财政支出对国债发行的依赖程度，提高财政的可持续性。此外，复式预算制度的逐步实施将有利于我国将弥补财政赤字的国债与用于政府投资的建设国债区分开来，从而更有利于国债规模的控制。

（六）国债市场的发达程度

国债市场的发达程度也是影响债务规模扩张的一个重要因素。国债规模的大小与国债市场的发达成熟程度密切相关，互为条件，互相依存。一般说来，国债市场发达程度越高，国债的流通性就越强，国债筹资就越容易而且成本也比较低，国债"金边债券"的作用就越明显，国债规模可以相应的大一些；反之，则相应要小一些。美国之所以能够保持如此庞大的国债规模，一个重要原因就在于有一个比较发达的国债市场。而从我国国债市场状况来看，相对发达国家的债券市场而言，我国债券市场尚不发达。突出表现在：国债市场规模小、人为分割、国债品种尚需丰富、国债衍生工具尚待完善等问题。今后国债政策应该从扩大国债市场规模、推进国债市场的统一、优化国债品种结构等方面入手，努力构建一个统一互联、结构合理、基础完善、规范有序、运行高效、功能齐全的国债市场，为拓展国债的金融功能和增强财政融资功能创造有利条件。

六、"十二五"时期我国国债政策的总体思路与建议

（一）国债政策总体思路

"十二五"时期面对新一轮经济增长周期的重新启动，为更好地促进国民经济保持长期、快速、稳定的增长势头，国债政策的调控力度应该承接 2009 年和 2010 年的扩张势头，随着国民经济增长速度的加快而呈现逐步收缩的趋势。为加快推进我国工业化进程、促进结构调整、增强国民经济的可持续发展能力，需要在国债资金使用方向上重点向技术创新，培育自主研发能力，加强环境治理，加快节能减排设备改造、增加适应人口老龄化需要的公共基础设施等方面倾斜，为有效减轻人口老龄化趋势给养老保险所增加的负担，要在完善社会保障基金管理的同时，适时发行社保国债，逐步弥补社保资金欠账。此外，为更好地发挥国债政策的金融功能，要通过构建统一高效的债券市场，丰富交易方式、拓宽国债投资渠道等方式，增强国债流通性，充分发挥国债政策作为财政政策与货币政策结合点的功能。

（二）对"十二五"期间国债政策的建议

"十二五"期间的国债政策应该充分发挥作为财政政策与货币政策结合点的作用，在努力为国家经济建设和各项社会事业发展筹集资金的同时，要努力提高资金使用效率、加快债券市场统一，为提高国债流动性、降低国债筹资成本、拓展国债增发空间创造有利条件。

1. 有效控制国债发行节奏，充分发挥国债政策的反周期调节功能

"十二五"期间我国经济进入新一轮经济增长周期的上升阶段，为保持国民经济的稳定增长，防止过早出现经济增长过热，国债政策应该根据经济运行的实际情况，及时调整政策作用力度。要做到在经济增长起步期，通过大规模的国债发行来积极引导民间投资进入，促进经济增长的快速回升；在经济即将出现过热时，要及时收缩国债发行规模。具体到"十二五"国债增发规模的测算，采取了两种模式：一是比照 1998 年 GDP 增长速度（后两年增速略微下调）和赤字率变化情况测算，"十二五"时期仅弥补赤字而累计增发国债的规模（含地方债）就将达到近 9 万亿元；二是按照"十二五"期间 GDP 保持 7% 的增长速度、赤字率按 3% 的标准测算，则"十二五"累计增发国债（含地方债）6 万亿

元，取两者中间值，则推算"十二五"期间平均每年需要增发弥补赤字的国债（含地方债）15 000 亿元左右，按此推算到 2015 年我国国债负担率将维持在 30% 左右的水平（见表 21）。

表 21　　　　　　　　　　　　对"十二五"国债增发规模的测算

	按 1998 年赤字率、GDP 增长情况测算			GDP 按 7%、赤字率按 3%	
	GDP	赤字率	弥补赤字国债	GDP	弥补赤字国债
2009	324 222. 524	−2.9	9 402. 4532	321 717	—
2010	348 927. 7477	−3.75	13 090. 509	344 237	—
2011	378 346. 8212	−4. 32	16 338. 273	368 334	11 050. 01
2012	409 750. 809	−4. 10	16 809. 199	394 117	11 823. 51
2013	446 964. 6559	−4. 42	19 776. 735	421 705	12 651. 16
2014	489 426. 2982	−3. 97	19 420. 551	451 225	13 536. 74
2015	535 921. 7966	−3. 11	16 693. 142	482 810	14 484. 31
"十二五"合计	—	—	89 037. 899	—	63 545. 73

2. 调整国债资金使用方向，满足经济社会各项事业发展的需要

为满足"十二五"时期经济社会发展的需要，国债资金的使用方向应该从以能源、交通等基础设施投资为主，向技术创新、环境治理、生产和生活基础设施等方面倾斜，努力满足经济结构调整、社会事业发展的需要，促进和谐社会的建设。按国债资金性质的不同，可将资金使用方向投入以下几个方面：

（1）长期建设资金投资方向。

长期建设国债作为扩大政府投资资金来源的主要渠道，其在带动社会投资、促进经济增长方面具有十分重要的意义。"十二五"期间，为充分发挥财政在反经济周期的调节功能，要继续扩大长期建设国债规模，并将投资重点向提升技术创新能力、加快节能减排投入、加大城乡基础设施建设等方面倾斜。

第一，围绕创新型社会建设，加大国债资金向科技研发、企业技术改造和升级方面的投入力度。近年来，随着国家财政对科技研发投入资金规模的增加，其在财政支出和 GDP 中的比重都明显提高，并逐步接近发达国家的水平。但同我国当前所处的工业化发展阶段的要求以及投入资金的规模相比，依然不足。为此，"十二五"期间，国债资金应进一步增加基础研发的投入，加大对共性技术、关键技术的应用研究投入力度，以政府采购的方式调动企业技术改造和升级的积极性，努力增强产业的技术创新能力，促进创新型社会建设。

第二，围绕资源节约型、环境友好型社会建设，加大国债资金向清洁生产、环境治理、可再生能源开发利用、节能产品推广应用等领域投入力度。为适应未来资源环境对经济的约束不断提高的发展趋势，需要加大清洁生产、环境治理、可再生能源开发利用等方面的投入力度，在努力完成节能减排任务的同时，为未来经济发展积极培育新的经济增长点。

第三，围绕统筹城乡发展，继续加大国债资金向城市和农村基础设施建设投入的力度。城乡二元结构格局越来越成为制约当前经济发展的因素，为加快城乡协调发展，需要进一步加大城市和农村基础设施建设，但两者的投资重点应该有所区别。城市基础设施应该以垃圾、污水处理等生活基础设施的建设和保障性住房建设为重点，农村基础设施应该在加大农村道路、农田水利设施、上下水管道建设、可再生能源综合开发利用等领域为重点，为城乡经济发展创造有利的环境。

（2）发行特别国债，支持体制改革。

为顺利推进体制改革和加快结构调整，要根据实际需要发行部分特别国债，为推进体制改革和结构调整支付必要的成本。如发行适度规模的社保专项国债，逐步解决社保历史欠账。社会保障制度是市场经济运行的自动稳定器，其作用随着市场经济的发展将进一步突出。我国目前面临的内需不足问题与体制转轨时期社会保障不健全有着直接的关系，因而必须加快社会保障制度的建设。有关部门要在抓紧研究制定相关社保基金投资管理办法和条例，提高社保基金管理水平的同时，为更好地解决人口老龄化所带来的社保资金缺口问题，应通过发行特种国债，为养老保险筹集资金，逐步解决养老保险的历史欠账问题，为社保资金的正常运转创造条件。

3. 充分发挥财政资金的杠杆作用，加强国债投资项目管理，提高资金使用效率

随着国债规模的扩大和国债负担率、依存度的不断提高，为更好地提高国债资金的使用效率，需要从发挥资金杠杆作用、完善投资决策机制、加强资金使用管理、建立绩效评估制度和项目监督等几个方面入手。为此，需要做好以下工作：要积极运用财政贴息、引导基金、担保等多种方式，充分发挥财政资金的杠杆作用，引导民间投资的及时跟进；要进一步研究完善政府投资的决策机制，合理划分中央与地方的投资事权，提高项目规划和决策的科学化水平；要加强国债的使用管理，做好财政信用预算管理，增强国债资金投向和用途的透明度，在复式预算中明确债务收入的使用方向和数量，真正做到专款专用；要逐步建立健全投资项目绩效评估制度以及建设责任追究办法，加强对项目的建设监督检查，促进国债资金投资效率的提高。

4. 加快国债市场建设，努力构建统一互联、运行高效的多层次国债市场

国债市场的完善对于更好地发挥国债的宏观调控功能具有十分重要的意义，为此，要加快一个统一互联、结构合理、基础完善、规范有序、运行高效、功能齐全的国债市场建立。具体应该从以下几个方面着手：

（1）进一步丰富国债品种，优化国债结构。

国债品种的丰富和结构的优化，将有利于各类投资者根据其投资偏好和资金性质的不同进行合理的投资选择创造条件。经过几年的发展，尽管我国的国债品种有所丰富，期限结构得到优化，但仍然不能完全满足当前投资者结构多样化的要求，这就需要我们进一步丰富国债品种，完善国债结构。为顺应"十二五"经济进入新一轮上升期的需要，国债的期限品种应通过扩大短期国债发行规模、适当增加超长期国债，将短期和长期国债发行比例分别提高到30%左右，从而实现国债期限品种的优化，为进一步提高国债流通性，调控宏观经济创造有利条件。

（2）促进国债市场的统一连通和效率的提高。

一般而言，国债市场问题比发行问题更为重要。一个具有较高安全性和流动性的国债市场，不仅便于确定新发国债的发行条件，而且能为其他筹资人发行债券建立成本标准。同时，一个具有较高安全性和流动性的国债市场的建立，不仅有利于金融机构的资产负债管理，而且为中央银行利用国债市场开展公开市场业务提供了便利。而一个安全高效的市场是建立在市场统一的基础上的。为加快两个市场的统一连通，需要采取如下措施：一是加快国债市场建立相关国债监管机构间的协调机制，为最终实现集中监管奠定基础；二是加快商业银行重返交易所市场的进程，力争早日实现市场机构的统一；三是加紧研究国债统一托管结算问题，争取实现不同结算系统账户和结算信息的互联互通，最终实现投资者不需进行转托管即可随时在任何市场交易国债。

（3）丰富国债交易方式。

国债交易方式的丰富有助于国债流通市场的活跃、国债流动性的提高、市场风险的规避。为此，有关部门应该抓紧国债掉期、融券、期货等相关衍生产品的研究，联合有关管理部门择机推出。同时，要在法律法规允许的范围内和严格的风险控制下，鼓励市场参与者进行市场创新，以满足投资者投资及规避风险等各种需求。

（4）完善投资者结构。

投资者结构的优化，需要从完善相关制度以及拓宽全社会投资国债渠道两方面入手：首先，要不断完善承销团制度，充分发挥承销机构的批发和中介功能，在此基础上推出国债做市商制度，挖掘和发挥国债做市商流动性提供和市场稳定的功能；其次要在合理规范和有效监督的前提下，积极引导外资机构进入国内国债的一、二级市场进行投资；通过扩大商业银行柜台交易试点、允许各类基金入市等多种方式，拓宽全社会投资国债的渠道。

参考文献

1. 王传纶、高培勇：《当代西方财政经济理论》，商务印书馆 2002 年版。

2. 臧跃茹：《中国特色新型工业化道路的内涵与实现途径研究》，2008 年宏观院"十七大"专项课题。

3. 许宪春：《中国经济高增长仍将持续一段时间》，载于《证券时报》，2009 年 2 月 16 日。

4. 财政部国库司编著：《中国政府债务管理报告 2004》，中国财政经济出版社 2005 年版；陈共、宋兴义：《日本财政政策》，中国财政经济出版社 2007 年版。

5. 高培勇：《政府债务管理》，中国财政经济出版社 2003 年版。

6. 王国刚：《调整国债运作机理，增强拉动经济的力度》，载于《财贸经济》1999 年第 4 期。

7. 刘溶沧、马栓友：《赤字、国债与经济增长关系的实证分析——兼评积极财政政策是否有挤出效应》，载于《经济研究》2001 第 2 期。

8. 郭庆旺、赵志耘：《论我国财政赤字的拉动效应》，载于《财贸经济》1999 年第 6 期。

9. 史永东：《中国转轨时期财政政策效应实证分析》，载于《经济研究》1999 年第 2 期。

10. 贾康：《调整国债政策，深化财政体制改革》，载于《中国财政》2004 年第 2 期。

11. 马栓友：《中国公共资本与私人部门经济增长实证分析》，载于《经济科学》2000 年第 6 期。

12. 郭庆旺、赵志耘、何乘才：《积极财政政策及其与货币政策配合研究》，中国人民大学出版社2003年版。

13. 刘迎秋：《论中国现阶段的赤字率和债务率及其警戒线》，载于《经济研究》2001年第8期。

14. 张桥云：《对八十年代以来我国国债总量扩张及趋势的分析》，载于《四川金融》1997年第12期。

15. 高培勇：《关于中国国债规模问题的几点看法》，载于《财政研究》1998年第3期。

16. 陈东琪、孙学工：《中国财政赤字政策的走向选择》，载于《经济参考报》2003年4月3日。

17. 米建国：《我国财政赤字与债务预警系统的初步研究》，载于《经济工作者学习资料》总第1069期。

18. 韩文秀：《财政金融政策若干问题的国际经验和启示》，载于《经济研究参考》总第1263期。

19. 贾康、赵全厚：《国债适度规模与我国国债的现实规模》，载于《经济研究》2000年第10期。

20. 彭志远：《现阶段我国政府债务"警戒线"的反思及债务风险的防范》，载于《管理世界》2002年第11期。

21. 夏兴园、洪正华：《财政政策与货币政策效应研究》，中国财政经济出版社2002年版。

22. 邢大伟：《影响国债发行规模诸因素的实证分析》，载于《当代财经》2003年第9期。

23. 娄承曜：《国债的理论分析》，中国人民大学出版社2002年版。

24. 贾康、程瑜：《重改革 强管理 为民更好理财》，http：//www. mof. gov. cn/mof/zhengwuxinxi/diaochayanjiu/200905/t2009512_141387. html。

25. 贾康：《防止或有负债对财政的倒逼》，中国网：CHINA. COM. CN。

附录1　日本中央预算的分类

日本实行复式预算制度，中央分为一般会计预算、特别会计预算和政府关联机构预算三大类。一般会计预算是管理中央政府的一般性财政收支，它以税收、国债收入等为财源，为中央政府的行政管理、社会保障、教育、公共投资等活动提供财力保障。与理论上的经常预算不同，日本一般会计预算，在收入方面包括国债（包括建设国债和赤字公债）收入，在支出方面包括中央财政拨款投资支出和国债偿还。日本的特别会计预算是根据《财政法》规定设置的分类管理型事业预算。主要有事业特别会计预算、管理特别会计预算、保险特别会计预算、融资特别会计预算、整理特别会计预算五大类，具体预算数量和内容随着时代的变化而不断变化，1995年有38个特别会计预算。政府关联机构预算是各政府关联机构的财务预算。政府关联机构是指依据特定法律设立的、中央政府提供全部资本金的法人，是经营事业，尤其是融资性业务的机构，将其与中央政府机构区分开来设置的目的是为了能灵活运用企业经营规则，以提高效率。但为了保证其公共性，其预算与政府预算同样接受国会监督。现在日本的政府关联机构预算有9个公库和2个银行（见附表1、附表2）。

附表1　日本中央财政特别会计预算种类

类　别	个数	内　容	举　例
事业特别会计预算	11	经营特定事业	造币局、印刷局、邮政、道路建设、港湾建设
管理特别会计预算	8	特定业务管理及供求调节	粮食管理（主要是大米）、外汇资金（外汇调节）
保险特别会计预算	11	经营社会保险业务	厚生保险、国民年金保险、简易重合保险（邮政）
融资特别会计预算	3	经营政策性融资	资金运用部、产业投资
整理特别会计预算	5	管理资金往来	交付税及让与税分配资金国债偿还基金

资料来源：财政部财政制度国际比较课题组编著《日本财政制度》，中国财政经济出版社1998年版。

附表2　　　　　　　　　　　　　日本中央政府关联机构一览表

类　别	机构名称	设立年度	设立目的
公库	国民金融公库	1949	对居民个人购房、建房等融资
	住宅金融公库	1950	对住宅建设融资
	农林渔业金融公库	1953	对农林渔业生产融资
	中小企业金融公库	1953	对中小企业融资
	北海道东北开发公库	1956	对北海道及东北地区产业振兴开发出资和融资
	公营企业金融公库	1957	对煤气、水道等地方政府办企业融资
	中小企业信用保全公库	1958	提供中小企业信用保全
	环境卫生金融公库	1966	对与环境卫生相关企业融资
	冲绳振兴开发金融公库	1972	对冲绳开发事业融资
银行	日本进出口银行	1950	提供融资，促进贸易
	日本开发银行	1981	提供设备投资所需长期性融资

资料来源：财政部财政制度国际比较课题组编著《日本财政制度》，中国财政经济出版社1998年版。

附录2　日本的过度社会福利制度给财政带来了沉重负担

　　日本早在1961年国民经济高速增长时期实现了"全民保险、全民年金"，但当时日本的福利水平还比较低，明显落后于发达国家水平，且人口老龄化问题并不严峻（当时人口老龄化率为5.7%）。经历了50～60年代的高速发展，日本已成为世界第二大经济实体，进入70年代，受尼克松冲击、石油危机等多种因素影响，曾经快速增长的外贸需求因欧美等国普遍陷入"滞胀"怪圈影响而严重受挫，长期重投资、轻消费的政策导向，国内生产能力严重过剩，民间投资也因此不振。为扭转投资与消费的不平衡，70年代初日本政府开始实施一系列新的福利政策，主要是缓和各项保险制度的限制条件提高对参加保险者的支付标准。其基本内容包括：（1）1971年建立普遍的儿童津贴制度。（2）1973年1月起实施老人医疗费支付制度，通过修改老人福利法，规定70岁以上老人医疗保险费用由公费负担，即"老人医疗免费化"。（3）1973年10月修改健康保险等被雇佣者医疗保险，把家属医疗费支付比率从50%提高到70%，政府掌管健康保险的20%，费用由国库负担。（4）从1973年11月开始实现"5万日元年金"，即修改厚生年金法，将年金提高到5万日元；在国民年金方面，也提供一对夫妇要达到5万日元；年金支付与物价挂钩，当物价波动超过5%时，年金额自动调整。上述举措使社会保障支出迅速增大，其占一般会计预算的比重直线上升，由 1955 年的 10.15% 上升到 1980 年的 18.23%。在社会福利制度发生变化之后，从理论上讲，应该加快财税体制改革，开征新税种，为高速增长的社会保障支出筹集足够的资金。但日本政府由于害怕新税的开征会制约经济发展，所以就采取了大规模发行国债的方式筹集资金，实现了日本财政从高速发展型向社会福利型的转变。由于日本选择充实社会福利的时机正值其经济由高速增长转向低速增长，在财政收入增长乏力的背景下，快速增长的社会保障支出成为沉重的负担，从而使日本财政陷入困境。到 1980 年，日本国债负担率和依存度均远远超过其他主要发达国家，到 1985 年，偿付国债支出成为一般会计支出的最大项目，达到 19.21%，大大削弱了财政调节经济的灵活性。此外，国债的大量发行对经济也产生了极大的挤出效应，日本面临逐步丧失国际竞争力的威胁。在此背景下，日本政府提出"重建财政"，确定了 1990 年度消灭赤字国债的目标。具体措施包括：（1）严格控制财政支出总体规模增长速度，每年度预算的编制应将一般会计支出的增长控制在名义经济增长率之下并且确定财政支出增长的"上限"指标。（2）精简政府机构，压缩社会保障支出。从 80 年代中期开始对社会保障制度进行改革，主要措施有：采取了废除全额公费负担的老人医疗费，实行个人需交纳部分费用；修订医疗保险制度，被雇佣者要负担 10% 的医疗费；统一养老保险制度，改革年金保险等。（3）实行税制改革，降低了个人所得税和法人税，增加了间接税。（4）推行公有企业民营化。通过对国有铁道公司、日本电信电话公社和国家烟草专卖公社进行民营化改革，不仅甩掉了亏损包袱，减轻了财政负担，还获得了巨额收入，并将部分资金纳入国债整理基金，充当偿还国债的财源。在上述措施作用下，日本财政赤字得到有效控制，1990 年国债依存度下降到 10.6%，并在 1991 年度实现了不发行赤字国债的目标[①]。

---

① 陈共、宋兴义著：《日本财政政策》，中国财政经济出版社 2007 年版。

财政超收条件下的预算政策研究

课题承担人 **王 蕴**■■

指导专家 **宋 立**■■

内容提要：1994 年分税制改革以来，在我国财政收入能力稳步提高的同时财政超预算收入由个别年度的偶然现象逐渐向常态化发展。现行财政预算管理体制下，超收资金的不规范使用可能对政府行为、财政资金使用效率、财政政策逆周期调节作用以及财政整体健全性产生消极影响。应该从长短期结合角度推进政策完善和体制改革：短期，应着力通过改进收入预测方法、规范预算稳定调节基金和加强超收资金使用的审计监督等完善预算政策。中长期，应重点推进构建预算编制、执行和监督分离制衡机制；建立与经济景气调节相适应、与中长期规划相衔接的中长期预算制度；统筹中央预算与地方预算，树立长期国家预算观念。

作者简介：王蕴，女，1978 年生，经济学博士，流通与消费研究室副主任、副研究员。主要研究方向：财政政策、财政体制、消费经济。

引　言

从概念范畴上看，财政超收是财政增收的一部分。财政增收，指当年财政收入实际完成数比上年财政收入实际完成数增加的那部分收入，表示的是实际收入的增量。在引入年度预算的情况下，财政增收实际上又可细分为两部分：一部分是计划内增收，即当年财政收入预算比上年财政收入实际完成数增加的部分，已经过全国人大审批并纳入当年预算支出安排；另一部分是在预算框架之外的所谓计划外增收，即当年财政收入实际完成数超过当年财政收入预算数的部分，这就是财政超收，即超预算收入。总体看，财政超收与财政增收都是增量收入的概念；所不同的是，财政超收特别强调了年度财政增收中没有纳入预算体系监督和管理的那部分增量收入；因此，财政超收必然与一国的预算体制和预算政策紧密相关。

根据现代政府预算理论的分析，财政预算具有三大基本功能：计划、控制和管理（Schick，1996）。预算的计划功能，即对政府收入与支出做出基本计划安排（预算编制），协调与目标和政策相关的决策过程，为政府活动提供基本保障。预算的控制功能，即预算是控制政府部门支出规模的重要手段，通过建立和完善预算监督机制来保障公共资源（财政资源）仅能用来完成获得预算批准的目标，限制政府支出规模不合理扩张，规范政府行为。预算的管理功能，即通过不断改进预算编制技术方法，提升预算执行操作的效率，使得合理规模的政府支出能够更加有效地使用，实现政府行为的有效性。财政预算的基本功能是衡量一国预算体制绩效的基本标准，也是指导财政预算体制改革的基本原则。

一般而言，个别年度由于偶然性、非常规因素而造成的财政超收，可以通过短期预算政策调整来实现年度财政基本平稳运行。而连续、大规模出现的财政超收直观地表明短期预算政策调整的低效或无效，实质上反映了预算体制的不健全：超预算收入的长期存在首先削弱了财政预算对政府收入和支出进行计划安排的功能；相应也削弱了财政预算规范政府收入和支出行为的控制功能；同时也难以保障预算对政府行为有效性进行管理的功能。

自1994年分税制改革以来，伴随分级分权财政体制的建立与逐步完善，我国财政收入规模大幅提高，逐年跨越新台阶，财政收入能力显著增强；而与此同时，持续、快速增长的财政超收由个别年度的偶然现象逐渐向常态化发展，实际上反映出我国预算体制改革长期滞后于收入和支出体制改革的局限性。常态化的财政超收损害了财政预算的三大基本功能，表现为对政府支出行为、财政资金使用效率、财政政策逆周期调节作用以及财政体系整体健全性等方面的消极影响。这就决定了我们必须从长短期结合角度推进政策完善和体制改革：短期，通过完善预算政策着力规范财政收入管理，提高预算效率，减少超收；长期，通过深化预算管理体制改革，加强预算合规性控制和促进预算资金优先性配置，建立预算与政策之间的有效联结机制。

一、近年我国财政超收的规模与结构

回顾分税制改革以来我国财政收入的变动趋势，在收入规模逐年大幅提高的同时，财政超预算收入几乎也逐年快速增加，超预算收入常态化。一般的讲，财政预算是综合反映财政年度内国民经济发展情况的财政收支计划，是财政资源配置的重要工具，具有法定性、公开性和完整性。大幅超预算收入的常态化在相当程度上破坏了政府预算的完整性，削弱了预算的法定性，进而影响到政府的收支计划，干扰政府对宏观经济的调控。全面认识我国财政超收的规模与结构，是我们准确把握超收条件下预算政策存在的问题并提出针对性政策建议的基础。

（一）财政超收的规模

1994～2008年，我国财政超收（超预算收入）持续增长并以较大规模长期存在；同时，财政超收的年度变化幅度较大，从而对年度超收规模难以形成比较稳定的预期。

1. 财政超收绝对规模持续、快速扩张

从财政超收的绝对规模看（见图1），财政超收从1994年的458.15亿元持续快速扩大到2008年的2 830.9亿元，增长了约5.2倍；其中，2007年财政超收收入达到了7 239.18亿元的历史高峰，比1994年增长了约14.8倍。15年间累计实现超收收入26 037.84亿元，相当于2008年全国61 316.9亿元财政收入的42.5%。应该说，1994年以分税制改革为标志进行的税收体系和政府收入分配体制改革，形成了财政收入稳定增长机制；并且随着国民经济的较快增长，财政收入逐年增长是正常的。但是，如果年度财政增收中有相当部分表现为超预算收入，则应该被看做不正常。1994～2008年，年度财政超预算收入占财政增收的比重最高达到60.4%（2004年），最低为15.7%（1998年），平均达到43.7%；这就意味着，每年财政增收中1/3以上的收入是财政预算无法预测到的，从而也就事实上游离于预算监督之外。

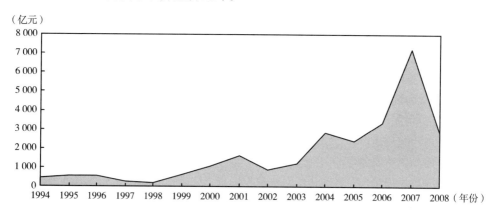

图1　1994～2008年我国财政超收收入规模

资料来源：根据各年度《中国财政年鉴》相关数据计算；2008年数据为初步统计数。

2. 财政预决算收入偏离度基本呈现扩大趋势

财政决算收入偏离预算收入的程度，即预决算收入偏离度，近十年来并没有呈现明显缩小的趋势，甚至在某些年份出现了较大幅度地扩大。预决算收入偏离度是指，在经立法机关审查批准的财政预算收入同作为其实际执行结果的财政决算收入之间出现了差异。财政预决算之间出现差异应该是正常的情况，否则，也就没有必要分别编制预算和决算了。但是，如果预决算之间的差异过大，甚至呈现持续扩大的态势，这就需要引起注意。1994年，我国财政预决算收入偏离度为9.6％，此后直到1998年，预决算收入偏离度呈现逐年下降的趋势；但自1999年开始，预决算收入偏离度开始呈现出不规律变化，2001和2004年，预决算收入偏离度都超过了11％，而2007年甚至超过了16％；1994～2008年，预决算收入偏离度平均达到8％。这充分说明了两方面的问题：第一，财政超预算收入已经常态化；第二，财政超收的存在已经严重威胁到财政预算监督制约作用的发挥。

3. 财政超收的年度变化幅度大

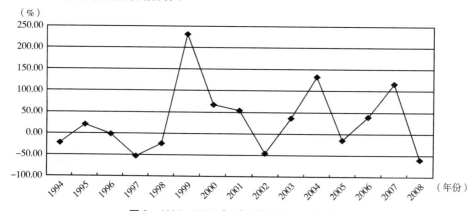

图2　1994～2008年财政超收的年度变化率

资料来源：同图1。

财政超收的年度变化幅度较大，难以对财政超收规模形成相对稳定的预期。如图 2 所示，虽然从 1994~2008 年财政超收收入的总体规模以倍数迅速扩大，但财政超收的年度变化率非常不稳定，变化幅度较大：财政超收年度最大扩张了 230.3%（1999 年），年度最小收缩了 60.9%（2008 年），两者相差约 291%，因此很难对某一年的财政超收规模形成比较稳定的预期。财政超收的年度剧烈变化也说明了导致和影响财政超收的因素是比较复杂的；在现有预算管理体制下，这更增加了控制财政超收的难度。

（二）财政超收的结构特征

在对财政超收的总体规模和变化趋势进行分析的基础上，我们需要进一步分析财政超收的结构特征，以形成对我国近年财政超收的全面和深入认识。总体看，我国财政超收的结构特征体现在以下三个方面：税收超收是造成财政超收的主要因素；地方财政超收占全国财政超收的相对主体；财政超收与财政超支并存。

1. 税收超收与财政超收

我国财政收入中 90% 左右是税收收入。税收收入的超预算增长（即税收超收）是造成财政超预算收入的主要因素。1994~2007 年[①]，税收预算完成率平均达到 107.7%，最高达到 117.1%（2007 年），最低为 102.9%，说明每年都存在税收超预算完成的情况；税收超预算收入占当年财政超预算收入的比重（如图 3 所示）平均达到 85.6%，最高达到 107%（1996 年），税收超收还弥补了其他非税收入的下降。1994 年实行分税制以来，我国基本形成了以增值税和所得税并重的双主体复合税制，税收体系基本保持稳定。在此情况下，连年出现税收超预算收入就说明了年度预算中的税收计划准确性不足。国外一般用预测误差（PFE）衡量税收实际数与计划数之间的离散程度，1994~2007 年间，我国税收预测误差（PFE）长期为负，平均绝对误差达到 7%，最大绝对误差达到 14.6%（2007 年），远超过国外普遍认为 5% 的合理范围。

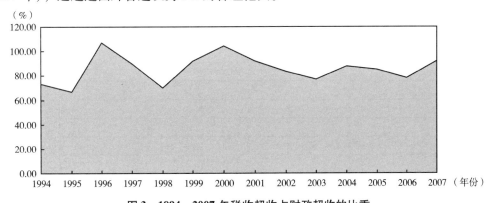

图 3 1994~2007 年税收超收占财政超收的比重

资料来源：根据各年度《中国财政年鉴》相关数据计算。

---

① 由于 2008 年税收预算收入数据不可得，因此在分析时没有包括 2008 年的情况，但从已有历史数据看，税收超收仍然应该是 2008 年财政超收的主要因素。

2. 中央财政超收与地方财政超收

观察财政超收结构的另一个角度是分析中央本级财政超预算收入与地方本级财政超预算收入之间的关系。如图4所示，1994～2008年，中央本级财政超收占全国财政超收的比重平均为45.8%，最高达94.1%（1998年），最低为6.8%（1995年）；而地方本级财政超收占全国财政超收的比重平均为54.2%，最高达93.2%（1995年），最低为5.9%（1998年），总体而言，地方本级财政超收在全国财政超收中占相对主体地位。同时，对中央本级和地方本级超收情况的具体分析可以看出（见图5）：1994～2008年，中央本级财政超收占本级财政增收的比重平均为33.5%，意味着每年中央财政增收中有超过1/3的收入是在预算计划之外的，最高达59.9%（2000年），最低为9.5%（1994年）；地方本级财政超收占本级财政增收的比重平均为48.9%[①]，意味着每年地方财政增收中有近一半的收入是在预算计划之外的，最高达76.2%（2002年），最低为2.0%（1998年），总体而言，财政收入超预算增长的现象在地方本级财政层面表现得更为突出，超收幅度也比中央本级财政更大，地方财政预算的准确性和完整性比中央本级预算要差一些。

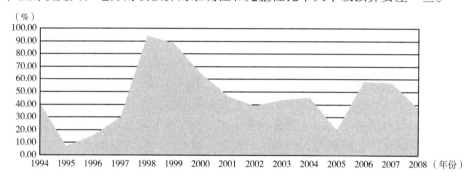

图4　1994～2008年全国财政超预算收入结构

资料来源：根据各年度《中国财政年鉴》相关数据计算；2008年数据为初步统计数据。

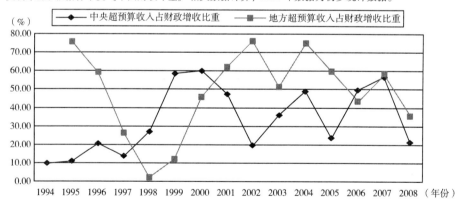

图5　1994～2008年中央和地方政府财政超预算收入占财政增收的比重

资料来源：同图4。

---

① 由于分税制改革，1994年地方财政收入比1993年大幅下降，年度财政增收为负数，因此，没有计算地方本级财政超收占本级财政增收的比重。

3. 财政超收与财政超支并存

财政收入必然是与财政支出相对应的。在我国大量财政超收持续存在的背景下，同样可以观察到大规模财政超支的持续存在现象。1994～2008年，从绝对规模看（见图6），我国财政超预算支出从1994年的363.5亿元持续扩张到2007年的3 050.6亿元，2008年下降到1 641亿元，15年间增长了3.5倍。从相对规模看（见图7），财政超预算支出占当年财政支出的比重平均为5.2%，最高达8.2%（2001年），最低为2.6%（2008年）；财政超预算支出占当年财政增支的比重平均为33.8%，最高达51.2%（2001年），最低为12.8%（2008年），这表明每年增加的财政支出中，有超过1/3是在预算计划外增加的支出，而又往往以年底"突击花钱"的形式完成，助推了财政支出规模的快速扩张，同时又蕴涵着财政资金支出效率低下的风险。每年财政超收收入中相当大部分直接转化为当年的财政超预算支出，直接削弱了财政预算对政府支出合规性的控制和约束作用。从财政超收与财政超支之间的关系看，一方面，超收导致或支撑了超支；另一方面，超支给各级财政带来的自由支出空间又在一定程度上成为各级财政主动实现超收的动力。

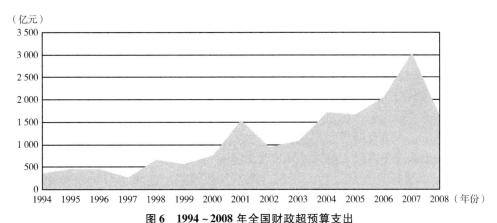

图6　1994～2008年全国财政超预算支出

资料来源：同图4。

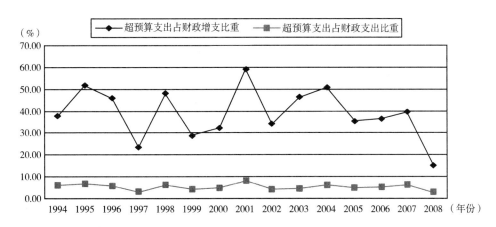

图7　1994～2008年全国财政超预算支出的相对规模

资料来源：同图4。

二、我国财政超收形成原因分析

基于对财政超收规模和结构特征的直观认识，我们需要进一步深入分析连年、大幅财政超收形成的原因。从国际比较的角度看，市场经济典型国家在市场经济发育的早期阶段也出现过类似于我国的财政超预算收入现象，主要原因大致包括[①]：（1）预算收入预测方法技术导致的超收。预算收入预测的准确与否与一国预算管理制度和技术手段的完善程度呈现较强的正相关关系。在各国预算制度建立的早期阶段，由于预算预测技术还很不完善，导致收入预算与实际执行结果之间出现较大偏差。（2）经济运行周期性波动导致的预算超收。由于预算编制与预算执行之间存在一定的时间差，一些没有预先估计到的因素（如通胀、汇率或利率变化等）会在预算执行中显现出来，增加了预算精确执行难度。经济运行周期性波动往往是在预算编制阶段难以准确预知的，而政府为平抑周期波动所采取的相机抉择政策会进一步加大预算执行的偏离程度。（3）收入预测中保守性估计导致的预算超收。典型市场经济国家的经验数据显示，在地方预算管理层面上，大多数政府机构的预算收入预测都是比较保守的；保守的收入预测不仅能够给政府部门带来较大的"操作空间"，也几乎不会给预算管理者造成实质的负面影响。

应该说，我国财政超收形成的原因比市场经济典型国家更为复杂，这主要由于：第一，由计划经济转向市场经济的体制转型增加了体制和政策层面的不确定性；第二，计划经济条件下的软预算约束存在一定制度惯性，制约着市场经济体制下硬预算约束制度的建立与完善；第三，经济开放程度的不断提高增大了整体经济受外部环境影响的可能性和深度。常态化的财政超预算收入虽然最终表现为实际收入数偏离了预算收入数，但导致这一结果的因素贯穿预算管理全过程。因此，我们从预算管理各环节分析超收形成的主要原因。

（一）预算编制环节

预算编制环节的主要任务是根据对预算年度内经济运行情况的整体预测，按照财政收支与经济运行之间的内在联系，预测预算年度的财政收支规模。从我国实际情况看，在预算编制环节就已经存在着形成超收的因素。

1. 年度预算的局限性

我国一直实行以单个预算年度（每年1月1日至12月31日）为预测分析基础的年度预算。虽然年度预算能够通过控制年度财政支出，尽量实现年度财政平衡以降低财政赤字过大带来的风险，但也具有明显的局限性。主要表现为：一方面，由于预算过程缺乏连续性，年度预算与经济周期联系不密切，难以从经济周期性变化的角度准确预测经济运行态势，进而难以准确把握财政收支的适应性变化，影响政府运用适当的财政收支政策对经济进行逆周期调节，不利于政府宏观调控，也导致政府很难超越经济周期维持财政稳定，反

---

① 参见马蔡琛：《市场经济国家的预算超收形成机理及其对中国的启示》，载于《财政研究》2008年第11期。

而加大了财政稳定运行的风险。另一方面，年度预算着眼于短期（一年）的财政收支计划，预算缺少前瞻性和预见性，不能从经济社会发展的相对长期需要和体制转型整体进展的角度主动调整预算安排，可能导致预算周期与公共服务持续供给之间的失衡。

2. 预测方法的单一性

与成熟市场经济国家相比，我国政府预算管理在治理水平与技术手段上都相对比较落后。预算收入预测方法相对比较单一，主要采用增量测算法，并主要依靠定性分析和判断，而不是定量分析，这使得预测结果相对比较粗放、精确性较低，难以及时和准确反映经济变量的短期变化对财政收入的影响。而西方发达国家一般综合采用多种定量分析方法，运用大型经济计量与统计分析模型进行预测；有些国家还会根据经济情况变化随时调整收入预测模型设置，以最大限度提高预测准确度。

3. "留有余地"的编制原则

在预算编制环节，无论是财政收入指标的安排，还是同期协调安排的税收收入计划指标，历来都是本着"留有余地"的原则确定的。习惯做法是在 GDP 的计划增幅基础上外加 2～5 个百分点。2000 年以来，我国 GDP 增长率的计划目标一直稳定在 7%～8%，财政预算收入增速平均为 12.3%；但实际上，由于 GDP 实际增长率平均达到 9.9%，已经较大幅度超出计划目标，导致财政收入实际增速不断攀升，平均为 19.4%，个别年份高达 30% 以上。从中可见，"留有余地"的编制原则在预算编制环节事实上已经预留了很大的超收空间；而各级政府尤其地方政府追求超收资金自由裁量权最大化的内在冲动又在很大程度上扩大了"留有余地"编制原则预留的超收空间。

（二）预算执行环节

预算执行环节存在两方面可能导致超收的因素：一方面，现行"自上而下"的财政收入压力型政绩评价体系通过税收指令性计划强化各级超收激励；另一方面，相对频繁的政策调整和制度改革导致超常规增收。

1. 指令性税收计划与政绩考核

现行"自上而下"的财政收入压力型政绩考核要求一方面反映为预算编制中预留超收空间，另一方面反映为税收实践中的指令性计划。虽然从 1994 年分税制改革以后，税收计划的指令性也被否定，以指导性取而代之，但在实践中，由于各级政府实现本级财政收入增长的目标转化为各级税务机关依照税收计划尽可能超计划征税的激励机制，税收计划的指令性色彩有增无减。税收计划经过层层分解并下达到各级税务机关，便成为必须完成的任务底线。税收计划本身所附加的各级政府实现超预算收入的绩效考核目标，在层层分解的过程中又进一步强化了超收激励。

同时，随着税收管理制度不断完善，税务机关依法治税，强化征收管理，税收征管效率明显提高，有助于税收增收。据测算，1994～2003 年我国税收征收率提升了 20 个百分点[1]。

---

① 参见乌日图：《关于财政预算稳定调节基金问题的几点思考》，中国人大网，2008 年 3 月 10 日。

2. 制度改革和政策调整

在深化体制改革过程中，制度改革和政策调整相对比较频繁，会对财政收入产生冲击性影响。1994年以来，几乎每年都能找出一些因制度改革、相关政策调整等一次性或政策性增收因素。比如1999年，由于严厉打击走私，进口环节增值税、消费税同比增加706亿元；2002年实施所得税分享改革，2001年地方为做大收入基数，收入增幅较高；2005~2006年国有商业银行实施股份制改革，经营效益明显提高进而上缴税收增加；2006年开征石油特别收益金；2007年铁道运输企业一次性上缴国有资产收入、出口退税政策调整、提高证券交易印花税率等。

应该注意到，制度改革和政策调整等超常规增收因素是客观存在的，同时也存在一些超常规减收因素，而最终这些影响都直接、一致地反映为连续、大规模的超收，这事实上就说明超收的根源还主要在预算体制或财税体制层面。

（三）预算审查和监督环节

对政府预算实行监督是保证政府收支的合法性，增强政府预算的透明性，提高财政资金使用效益，实现政府依法行政、依法理财的客观要求。当前预算管理中存在着预算审查不到位和监督不力等问题，在制度上和实践中直接或间接地导致各级财政超预算收入的常态化。

1. 预算审查不到位

在我国预算管理中，预算编制与审查机构分为三个层次：一是各级财政部门负责预算编制工作的具体组织实施；二是各级人民政府负责初步审查确定财政部门提供的预算编制建议计划；三是各级人民代表大会负责审查批准本级政府财政预算。由于预算编制时间较紧，审查机构对预算编制工作介入不深不细，各级政府对预算只是提出原则性意见。预算编制科目过于笼统，现有法律法规对审查机构所担负的职责和开展审查的配套工作等缺乏明确和详细的规定，地方人大一般都没有足够的专业人员，无法从事细致的预算审查工作。因此，现有审查机构事实上无法对预算编制环节可能存在的一些问题和不足提出改善性建议，难以有效发挥审查作用，预算审查不到位，使得预算编制环节可能存在的一些导致超收的因素最终转化为实际的超预算收入。

2. 预算监督不力

我国目前已经基本形成了由立法、司法和行政机关实施的国家监督和社会中介组织、其他党派、社会团体、单位财务会计、社会舆论实施的社会监督相结合、外部控制与内部控制并举的预算监督网络体系。但事实上预算监督体系并未能有效发挥监督职能。这是由于：第一，预算监督体系的法律法规不健全，对预算监督的职责权限、监督范围和监督程序没有详细的规定，在预算执行监督中存在着不经过法律规定和规范程序而人为调整的因素。第二，各级人大对政府预算和决算的审查监督威慑力不大，约束性不强，特别是违法违规责任难以落实，监督质量不够高。第三，由于当前政府预算执行中缺乏常规性的信息反馈机制，对预算分配、执行及其调整追加的透明度低、随意性较大的问题，监督机构往往因为信息滞后而被动接受，难以形成有效的事中监督。从总体上看，虽然现行法律规定了对政府预算的事前监督、事中监督和事后监督三个环节，但基本上是以事后监督为主；而在缺乏有效法律约束的情况下，事后监督也更多地成为形式上的监督，严重削弱了预算监督的权威性与严肃性，制约了预算监督效能的发挥。预算监督不力直接或间接"助推"了预算编制和执行环节中存在的各种可能导致超收的因素的影响，最终形成了超收常态化。

三、财政超收条件下预算政策存在问题及其影响分析

财政超预算收入的常态化，其本身就说明了两方面的问题：第一，财政超收连续、大规模存在直接反映了现行预算管理体制的不规范和不健全；第二，更为重要的是，财政超收收入的不规范使用不仅会加剧预算管理体制的不规范和不健全，而且可能会损害国家财政体系的整体健全性。因此，我们首先对现行预算管理体制下财政超收的使用方式和方向进行分析，在此基础上深入分析超收条件下预算政策存在的问题及其影响。

（一）财政超收收入的使用方式和方向

1. 使用方式——报告制

从国际比较的角度看，大多数发达国家对财政超收收入的使用普遍采取"审批制"，财政超收一般都被列入预算调整的范畴，而预算调整的管理极为严格，年度预算一经立法机关批准即具有法律效力，基本上必须通过立法机关的审批才可调整。而在我国，财政超收收入的使用基本上是"报告制"，并未纳入预算监督范畴，政府部门拥有自由裁量权，往往表现为年终集中支出。

（1）未纳入预算监督。

按照我国目前《预算法》和《预算法实施条例》有关规定，预算调整是指"经批准的预算在执行中因特殊情况需要增加支出或减少收入，使原批准的收支平衡的预算的总支出超过总收入"，也就是说，只要不导致财政赤字的扩大，超收资金的使用并不在预算调整范畴内，因此也就不需要经全国人民代表大会审查和批准。在实际操作中，如果在中央预算执行过程中，需要动用超收收入追加支出，应编制超收收入使用方案，由国务院财政部门及时向财政经济委员会和预算工作委员会通报情况。国务院应向全国人大作预计超收收入安排使用情况的报告。① 这实际上就是一种"报告制"，即超收收入的安排使用由政府自行决定，只需将执行结果报告人大，而不需要事先报批；对超收收入的使用，人大可提出要求，但不具有强制性。1994～2008 年，仅有 4 个年度实际财政赤字超过预算赤字，而其余 11 年实际财政收支差额小于预算收支差额，这意味着大多数情况下财政超收收入未纳入当年预算调整范畴，未纳入预算监督。各级财政超收收入的使用基本上参照中央本级财政管理方法，也实行报告制。

（2）政府部门拥有自由裁量权。

正是由于超收收入使用的"报告制"管理方法，超收收入在很大程度上是各级政府

---

① 参见《全国人大常委会关于加强中央预算审查监督的决定》，1999 年 12 月 25 日第九届全国人民代表大会常务委员会第十三次会议通过。

可以自行支配的"自由财政资金",基本上不存在对其使用的有形监督,政府部门拥有相当的自由裁量权。从目前情况看,政府部门拥有的自由裁量权所导致的不规范政府支出主要表现在地方层面。地方政府扩大财政支出的内在动力导致每年的超收几乎完全转化为超预算支出。1994～2008年,地方本级财政超预算支出占当年财政增支的比重平均达40.4%①,最高达66.7%(1994年),最低为13.5%(2008年);这意味着,近15年来,地方本级每年增加的财政支出中平均有40%实际上脱离了地方人大的预算监督。政府对本级财政超收资金拥有的自由裁量权,在一定程度上使得一部分原属于预算内的财政资金事实上已经等同于预算外资金,这背离了扩大预算覆盖范围,规范政府收支活动的改革方向。

(3)年终集中支出。

我国财政支出进度一般表现为上半年进展较慢,下半年进展较快。加之只有到接近年底时,各级财政才能对本级超收收入的规模形成比较清晰的认识,因此,对超收收入的支出一般都集中安排在年终,这极易导致年末"突击花钱"现象。而在较短时间内集中支出较大规模的财政资金,无疑增大了发生资金使用不规范、使用效率较低等问题的可能性。

2. 使用方向

根据《预算法》规定,当年产生的超收收入当年使用,不得结转下年。据此,各级财政超收收入基本上全部用于追加当年财政支出,很难从当年财政支出中细分出超收收入的具体使用方向,也很难追踪评估超收收入使用的效率和效果。

为规范财政超收收入的使用,我国从2007年开始设立中央预算稳定调节基金,作为调节预算余缺,提升公共治理结构弹性水平的重要手段,对超收收入的使用方向做出了一些规定:年度执行中如有超收,除按法律、法规和财政体制规定增加有关支出,以及用于削减财政赤字、解决历史债务、特殊的一次性支出等必要支出外,原则上不再追加具体支出,都列入中央预算稳定调节基金,转到以后年度经预算安排使用。2006年和2007年连续两年从超收收入中共提取1 532亿元安排中央预算稳定调节基金;其中,2008年初预算安排支出500亿元,年中又从中调用600亿元用于灾区恢复重建;基金结余432亿元。

根据中央财政设定中央预算稳定调节基金的做法,一些省(自治区、直辖市)先后设立了本级预算稳定调节基金。地方预算稳定调节基金的资金主要来源于地方本级财政超收收入,部分来源于本级财政结余和其他收入。资金的使用方向主要包括弥补重大减收因素造成的资金缺口,事关地区经济社会长远发展的建设,地方政府决定的重大事宜支出等。

总体上看,各级财政超收收入绝大部分用于追加当年财政支出,混杂于一般预算支出项目;预算稳定调节基金只是尝试将一小部分超收收入以单设科目的形式由预算安排使

---

① 同期,中央本级财政超预算支出占财政增支的比重平均为18.2%,其中有4个年度(1994、1995、1996和2001年)出现财政实际支出小于预算支出的情况;但值得注意的是,2002年以来,中央本级财政超预算支出占当年财政增支的比重保持在较高的水平,财政支出中脱离预算监督的部分有所加大。

用，重点用于弥补财政赤字、重大事宜支出和其他必要支出，但由于缺乏明确的法律、法规规定和具体的实施办法，预算稳定调节基金很大程度上只是过渡性措施。

（二）超收条件下预算政策存在的问题及其影响

1. 超收收入的不规范使用削弱了预算对政府行为的约束力

财政预算对政府行为的约束体现在收入和支出两个方面。我国长期、大规模存在的超收收入首先削弱了财政预算对政府取得收入行为的约束，财政收入被附加了许多不确定性，事实上给政府收入行为提供了隐形的可操作空间。但更为重要的是，目前绝大部分超收收入的不规范使用给予各级政府部门在财政资金使用方面相当的自由裁量空间。政府部门自主决定超收资金的使用方式和方向，只需在形式上向本级人大提交报告，使超收收入事实上成为"预算内的预算外资金"。而在当前我国预算外收入尚未真正纳入预算内管理的情况下，超收收入的不规范使用削弱了预算对政府支出行为的约束。在这样的预算体制下，各级政府自然会倾向于"主动"扩大财政超收规模，使更多的财政资源脱离监督，使现有政府预算的监督制约机制在某种程度上形同虚设，进一步弱化了预算监督作用，损害了预算的法定性和完整性，削弱了财政预算的控制功能。

2. 财政超收与超支相互促进，危及财政可持续性

基于财政超收收入的不规范使用为各级政府部门提供的可操作空间，财政超收收入必然转化为各级财政超预算支出。总体上看，目前我国财政超收与超支已经形成了一种相互促进的循环关系"超收↔超支"：一方面，最初各级财政当年形成的超收收入必须在当年支出，不规范的使用方式使各级政府部门能够便利地将超收收入直接安排在当年预算支出中，从而形成财政超预算支出；另一方面，财政超预算支出使得各级政府部门能够在年初预算之外根据需要自主追加财政支出，而为了保留超预算支出，就要求形成超收收入。

1994 年以来，我国经济持续高速增长和财税体制改革不断深化的大背景支撑了财政收入的高增长[1]，在一定时期内还能够支撑财政支出的大规模扩大，但同时财政支出的刚性也在不断增强。随着市场经济体制的逐步完善，我国经济增长的周期性特点将越来越鲜明，总体将保持平稳增长态势，财政收入也将维持一个比较平稳的增长速度，超收在长期是不可持续的；而由财政超支强化的刚性财政支出将可能转化为巨大的财政压力；尤其在经济增长出现周期性调整时，刚性的财政支出压力可能导致财政风险，危及财政可持续性。

3. 加剧中央预算与地方预算的本级利益优先状况，可能损害国家整体财政体系的健全性

我国《预算法》规定[2]，中央预算和地方预算相互割裂编制，都是从本级财政发展和

---

① 财政收入高增长不仅表现为财政收入绝对规模的迅速扩大，还表现为财政收入增长弹性的提高：弹性系数从 1994 年的 0.55 提高到 2007 年的 1.9，意味着经济快速增长形成了更快速度的财政收入增长。但同时应注意的是，近年财政收入弹性周期性变化特点比较明显，经济收缩时，财政收入弹性相对比较低，财政收入增速下滑幅度相对更大。

② 《中华人民共和国预算法》规定，"国家实行一级政府一级预算，设立中央，省、自治区、直辖市，设区的市、自治州、县、自治县，不设区的市、市辖区、乡、民族乡、镇五级预算；中央政府预算由中央各部门的预算组成，地方预算由各省、自治区、直辖市总预算组成。"

本级财政健全性角度，以本级财政利益为重的财政预算。财政超收收入带给各级政府部门的资金自由裁量权，直接或间接地"激励"了各级财政预算低估收入，从而获得更多自由支配收入以满足本级财政支出需求，维护本级财政利益。我国现有财政体制下，上下级财政关系中存在"本级利益优先"的倾向，本级财政收入优先确保本级财政支出，这在相当程度上导致了基层财政困难，并对财政体系整体健全性造成消极影响。在现有预算管理体制下，中央财政和地方财政长期存在的超预算收入和超预算支出，进一步加剧了中央预算与地方预算的本级利益优先状况；也进一步加剧了中央预算与地方预算的相互割裂，弱化了各级财政资源使用与全国财政资源统筹安排之间的统一性；脱离预算监督的超收资金的不规范使用可能带来的风险，经过各级叠加后已经超越了中央和地方本级财政范畴，更直接的是对国家整体财政体系健全性的危害。

4. 预算过程与政策过程脱节，可能导致财政政策顺周期调节

从预算体制改革完善的一般进程看，无论是为了控制财政支出还是改进财政资源配置效率，都需要将政策过程和预算过程整合起来。但不管是发达国家还是发展中国家，都在不同程度上存在着政策过程和预算过程的脱节，而在发展中国家，这个问题尤为严重（Caiden，1980）。政策过程与预算过程的脱节主要有两种：一种是政策过程不能引导资金分配，政策制定者确定的优先项目得不到资金保证，资金被分配到政策规定的项目之外；另一种是政策制定不受预算约束，政策行为通常不考虑全部的政策成本①。我国长期存在的财政超收和超支就是预算过程与政策过程脱节的一种直接表现：一方面，在年度预算编制框架内，由于预算编制在一定程度上脱离了对经济周期性变化的判断和把握，未能与经济景气周期变化建立起对应关系，预算不能有效地在经济周期内统筹安排财政资金，也不能很好地体现调节经济社会发展的宏观政策对资金的需求，反而造成财政超收与财政困难并存的局面。另一方面，在预算执行过程中，各级政府对超收收入拥有的自由支配权使政府部门能够比较"轻易地"在预算约束之外制定政策影响财政资金分配，以满足临时的、计划外支出需求。

预算过程与政策过程的严重脱节，一方面会导致预算资金低效或无效配置，大量预算资金流向那些价值很低甚至毫无价值的领域，而政府政策和国家战略所指向的重点领域往往无法得到足够的资金。而另一方面则可能导致顺周期财政政策，削弱财政预算有效调控经济社会运行的作用。在经济繁荣时期，由于在预测收入时相对保守，对经济增长估计不足，导致实际收入大幅超过预算收入，超收规模扩大；同时在现有超收收入使用管理方式下，超收必然带来超支，从而推动财政支出规模较快增长，导致总需求的进一步扩张。而在经济衰退时期，由于经济整体收缩，超收规模也会出现较大幅度收缩，而相应超支规模也会收缩，带动财政支出整体增速下降，可能加剧总需求收缩。总体看，一方面我国存在较大规模超收收入，而另一方面财政赤字较长时期保持在 2 000 亿元左右的规模（1999～2006 年）；这就说明，在经济繁荣时期，超收及相应的超支具有较明显的顺周期特点，加

①　马骏、侯一麟：《中国省级预算中的政策过程与预算过程：来自两省的调查》，载于《经济社会体制比较》2005 年第 5 期。

剧了经济过热，增大了经济平稳运行的风险；同时，超收所引发的支出盲目扩张及财政资金的低效使用或浪费，抑制了经济衰退时期财政政策逆周期调节作用的有效发挥。

四、深化预算管理体制改革，完善财政超收条件下预算政策

从财政自身及财政对经济社会作用的基本层面理解，财政预算是政府财政收支的基本计划，是调控经济社会运行的重要手段；从经济、财政的更深层面理解，财政预算制度是市场经济的重要组成内容，是公共财政制度的基础。如果从这样的角度认识财政预算，那么从短期看，避免超收常态化是预算政策如何完善的问题，而从中长期看，则是预算管理体制如何深化改革的问题。因此，短期应着力规范超收收入管理，提高财政资金使用效率，以尽量减少各级财政超收收入；中长期应着力完善预算监督机制，健全和完善中长期财政预算制度和构建国家预算框架，推动新型公共财政制度的建立与完善。

（一）短期：完善预算政策，规范超收收入管理

1. 改进收入预测方法，提高预算编制科学性

针对当前财政预算中收入预测方法相对比较单一和以定性分析为主所造成的预测结果比较粗放的问题，短期可通过改进收入预测方法，提高预算编制科学性。应当建立财政部门与经济规划部门和收入征管部门之间的协商沟通机制，认真研究经济政策调整、投资、价格、汇率等因素变动与财政收入总量和结构之间的关系，建立和完善有关部门之间的数据信息共享平台，研究建立符合我国实际的收入预测模型框架和体系，综合运用多种定量分析方法，增强预算编制的科学性和准确性。在财政预算编制管理中，应坚持实事求是的原则，根据经济预测和收入结果，适当调高财政收入预期增长率，避免有意识留有太大余地。

2. 规范预算稳定调节基金，增强其反周期调节功能

在现有预算管理体制框架下，2007 年我国正式建立并运行中央预算稳定调节基金以规范超收收入使用管理。预算稳定基金是由经济繁荣年度财政盈余的累积或非常规收入形成的一种政府预算储备。从国际经验看，预算稳定基金经常被视为一种逆周期财政政策工具，充当"稳定器"发挥稳定功能①：经济高涨时把预算盈余和其他非常规收入储蓄到预算稳定基金；经济衰退时，将预算稳定基金用于弥补由于实行扩张性财政政策而形成的财政赤字，以保障财政运行的可持续性和财政体系的健全性。同时，预算稳定基金一般都有授权法作为法律基础，具有法律约束力。虽然我国设立的中央预算稳定调节基金在一定程度上优化调整了超收收入的使用管理，但与预算稳定调节基金的基本功能及国际经验相

---

① 据不完全统计，到目前为止至少有 18 个国家或地区设立了不同类型的预算稳定基金；从各国实践经验看，除反周期调节功能外，预算稳定基金还具有三项基本功能：第一，发挥应急保障功能以应对不时之需。熨平因突发公共事件（包括自然灾害）而发生的公共支出波动。第二，发挥资源配置功能。将年度预算中没有考虑到的大量非常规、不可持续的收入储备起来，再按照资源有效配置要求，在适当的时间将其分配到能够准确反映政府政策重点和优先性的领域。第三，发挥财政风险防范功能，防范未来因财政支出压力过大而导致财政体系"破产"的风险。

比，仍然存在着不规范的问题：尚未出台相应法律、法规，预算稳定调节基金缺乏法律约束力；预算稳定调节基金目标定位尚不明确；预算稳定调节基金的设立层次尚不明确。

在预算管理体制不断深化改革的背景下，预算稳定调节基金可以作为一种过渡措施规范超收收入管理，当前应从以下四方面进行规范：

（1）明确预算稳定调节基金稳定经济运行的目标定位。着重增强预算稳定调节基金的逆周期调节功能，以弥补年度预算与经济景气周期相脱节所可能导致的顺周期调节风险，从而稳定经济运行和保障财政可持续性。

（2）尽快出台相关法律法规，赋予预算稳定基金法律约束力。在《预算法》不做修改的情况下，可以国务院行政法规或部门规章的形式，对预算稳定调节基金的性质、目标定位、收支规则、审批程序、监督管理等形成规范化的制度安排，由财政部门依据规定的办法实施具体管理。

（3）审慎考虑设立地方财政预算稳定调节基金。对资源型财政特征十分明显的地方，为保障财政收入相对稳定，可考虑设立预算稳定调节基金以调剂余缺。而其他地方特别是市级以下地方政府是否设立此项基金，应根据财政收入结构和年度财政收入完成情况决定。禁止地方在预算留有硬缺口的情况下设立预算稳定基金，防止因设立预算稳定基金而使超收固化。

（4）预算稳定基金的提取和使用都要纳入人大审查监督。提取基金时要编制基金收入预算，使用基金时要编制支出预算，报人大批准后实施；基金决算也应向人大报告。

3. 加强超收资金使用的审计监督

结合中央预算稳定调节基金的进一步规范，应充分发挥作为事后监督机制的政府审计体系对超收资金使用的约束与规范作用。应在中央和地方层面尝试建立预算超收资金的专门审计监督体系与操作规程（马蔡琛，2008），加强资金使用的事后监督力度，有效约束预算超收资金管理中的自由裁量权。应将预算超收资金作为政府财政收支审计的重点，可先行开展超收资金专项审计试点，通过审计的揭示功能和威慑作用，提升预算超收资金管理的规范性。在超收收入的事后监督上，应以超收资金使用的合规性、效率和效果为审计标准，结合预算超收资金审计结果公告制度的推行，加强超收资金使用的审计监督。

（二）中长期：改革完善预算制度

1. 构建预算编制、执行、监督分离制衡机制

确保对预算过程的合规性控制是我国现阶段预算体制改革的一个基本目标，也是中长期内规范政府收支行为，解决超收条件下预算政策存在的各种问题，发挥预算控制功能的基本前提。由于政府预算涉及政府各个部门之间的利益分配问题，需要有一个利益协调的机制和平台，对预算过程的合规性控制就体现为形成合理、规范的权力制衡机制，需要构建预算编制、执行、监督分离制衡机制：

（1）预算编制系统——成立专门的预算编制机构。可将现行财政部及其他部委有部分预算职能的部门统一起来，组建国务院直属的新型的专业预算编制机构——预算管理局，通过法律授予其集中、明确、有效的预算编制权限，为预算编制提供组织和法律保证。

（2）预算执行系统——财政管理部门。财政税务部门不再从事预算的编制工作，而是具体负责预算和公共支出等国库业务的具体执行工作，并具体执行财政金融等宏观调控政策。

（3）预算监督系统。预算监督机构的构成可以采用"一体两翼"的模式，形成以人大机构为核心，财政税务部门内部监督局和审计部门为主体，广泛社会参与和公民监督为辅的职责细化的内外双层监督体系。

同时还应建立统一、健全、高效的预算审查机构保证预算编制的质量：一是在各级人大成立专门委员会，专职负责对预算管理的指导，审核、平衡和初步确定政府预算草案；二是各级政府成立由各部门主要官员和财经专家组成的预算顾问委员会，根据国民经济和社会发展规划，对财政部门上报的政府预算计划研究提出意见和建议；三是在预算管理局内部成立专职预算审查机构，实现预算编制机构内部的编制与审查的分权与制衡。

2. 建立与经济景气调节相适应、与中长期规划相衔接的中长期预算制度

年度预算的局限性是导致我国财政超收及超支长期存在的一个重要制度因素。以财政年度内收支平衡为主要原则的年度预算，一方面难以准确根据经济周期性变化合理安排财政收入及相应支出规模，另一方面年度收支平衡的要求导致超预算资金的盲目支出，降低了资源配置效率。从发达市场经济国家的经验看，建立与经济景气周期相适应的中长期预算制度是现代预算制度改革完善的一个主要方向。中长期预算是一种涵盖 3～5 年、以结果为导向的预算制度，其实质就是在长期预测的总额控制内，根据未来社会经济发展的优先方向，在预算资金管理者之间或直接在各项预算规划间分配预算资金。中长期预算能够弥补年度预算的不足；保证公共财政可持续发展的需要；指导年度预算的编制，使财政收支计划成为一个多年度密切联系、相互承应的连续滚动过程。

借鉴国际经验并结合我国实际，建立中长期预算制度应该是我国财政预算体制改革完善的一个重要内容，具有以下特点：

（1）与经济景气调节相适应，实现相对完整经济周期内的财政收支平衡。随着社会主义市场经济体制的逐步完善，我国经济发展将更多受到经济增长的周期性影响（既包括自身经济增长的周期性变化，也包括世界经济增长周期对我国的影响）；同时随着经济社会发展，社会成员对公共服务需求的水平和质量必将不断提高，增大财政收支压力。因此，建立与经济景气调节相适应，以相对完整的经济周期内财政收支平衡为主要原则的中长期预算制度，有助于提高财政资源配置效率，增强财政政策的逆周期调节作用，从而保障经济平稳运行和财政长期可持续性。

（2）与中长期发展规划相衔接，以中长期规划为编制的基本依据。我国以五年计划为主体的中长期国民经济和社会发展战略规划为中长期预算编制提供了很好的依据。国家中长期规划中包含了大量数据、信息以及反映了国家长远战略和各项具体的政策目标和任务，以此为依据编制中长期预算，既保证了预算编制的相对准确性、科学性和预见性，也使国家中长期发展规划有了切实有效的资金支持，提高了国家中长期规划的有效性、预算管理和中长期财政政策的科学性、合理性。

建立与经济景气调节相适应、与中长期规划相衔接的中长期预算制度需要从以下三方面推进：第一，通过《预算法》等有关法规明确中长期预算的法律地位及其对年度预算编制和调整的约束效力，使年度预算收支安排与其密切结合。并将其与年度预决算一起，作为必须向人代会提交和经人代会讨论审议的报告文件。第二，预算内容与中长期规划有效衔接，以五年为预算期，但其中对重大规划项目和法定支出项目的预算分析时间可适当延长。第三，采取逐年滚动的编制方法，在收支内容结构上与年度预算趋于一致。一方面，参照规划完成情况、年度预算执行情况和经济社会形势变化情况，及时更新中长期预算，调整预算安排；另一方面，以更新的中长期预算作为指导、评估下一年度规划完成进展、年度预算执行情况的基准。

3. 统筹中央预算与地方预算，树立长期国家预算观念

理论上讲，单一制框架内的分级分权财政体制要求在统筹中央财政和地方财政的基础上，从国家财政整体健全性的角度考虑统筹安排全国财政资源即国家财政预算。从实践中看，我国中央财政和地方财政均长期存在的超收与超支进一步加剧了中央预算与地方预算的相互割裂，可能危及国家财政整体健全性，因此客观上要求必须站在国家高度统筹中央预算与地方预算，在国家预算观念指导下统筹考虑各级财政健全性从而实现国家财政的整体健全性。

（1）与中央和地方财政的中长期预算制度不同的是，长期国家预算应该反映对我国经济社会发展和财政收支相对长期（10 年左右）发展趋势的预测与分析，包括经济增长趋势、经济社会发展可能面临的突出问题、影响财政收入的主要因素及增长趋势、财政支出面临的压力及支出趋势和结构等方面。

（2）在预算制衡机制改革之前，现阶段可考虑设置相对独立的国家预算办公室（可设在全国人大常委会预算工作委员会内），专门负责统筹中央和地方财政预算，组织发展改革和财政部门为主体编制国家财政预算。在建立起预算制衡机制后，可将长期国家预算编制职责转交国务院直属的新型专业预算编制机构——预算管理局，由其负责国家及中央本级预算的编制。

（3）现阶段长期国家预算应由国家预算办公室进行审批；预算监督机制改革完成后，长期国家预算也应由全国人大进行审批；审批通过后，作为国民经济和社会发展中长期规划以及各级财政中长期预算制度制定和编制的基础。

参考文献

1. 匡小平、何灵：《税收计划：扬弃还是保留——兼论我国税收的超经济增长》，载于《经济体制改革》2006 年第 1 期。

2. 李峰：《透视财政收入超预算增长》，载于《当代经济研究》2007 年第 2 期。

3. 郑春荣：《中期财政预算探析》，载于《经济研究导刊》2008 年第 2 期。

4. 张晋武、李鹏：《对财政超收收入及其管理的若干思考》，载于《农村财政与财务》2008 年第 7 期。

5. 王雍君：《中国的预算改革：评述与展望》，载于《经济社会体制比较》2008 年第 1 期。

6. 中央财经大学税收研究所课题组：《我国财政超收收入研究》，载于《中央财经大学学报》2007

年第 4 期。

7. 郜可祥、刘爽、王统林：《预算稳定基金：启示与借鉴》，载于《广东商学院学报》2007 年第 3 期。

8. 傅志华：《俄罗斯预算稳定基金及其作用》，载于《中国财政》2005 年第 4 期。

9. 郭晓琼：《俄罗斯联邦稳定基金的发展》，载于《俄罗斯中亚东欧市场》2008 年第 1 期。

10. 王淑杰：《政府预算的立法监督模式研究》，中央财经大学 2008 年度博士论文。

11. 乌日图：《关于财政预算稳定调节基金问题的几点思考》，中国人大网，2008 年 3 月 10 日。

12. 侯一麟：《逆周期财政政策与预算的多年度视角》，载于《公共管理研究》2008 年第 5 卷。

13. 高培勇：《关注预决算偏离度》，载于《涉外税务》2008 年第 1 期。

14. 彭健：《多样化的政府预算理论研究视角探析》，载于《财政研究》2005 年第 10 期。

15. 杨玉霞：《国外政府预算理论对中国政府预算改革的启示》，载于《重庆社会科学》2007 年第 4 期。

16. 王加林：《发达国家预算管理与我国预算管理改革的实践》，中国财政经济出版社 2006 年版。

17. 马骏、侯一麟：《中国省级预算中的政策过程与预算过程：来自两省的调查》，载于《经济社会体制比较》2005 年第 5 期。

18. 朱芳芳：《西方发达国家公共预算管理改革及其趋势》，载于《经济社会体制比较》2008 年第 3 期。

19. 国家发改委宏观院经济所课题组：《深化财税体制改革研究》，国家发改委宏观院深入贯彻落实十七大精神专项课题 2008 年 6 月。

20. 马蔡琛：《市场经济国家的预算超收形成机理及其对中国的启示》，载于《财政研究》2008 年第 11 期。

21. Donald Schunk & Douglas Woodward (2005), Spending Stabilization Rules：A Solution to Recurring State Budget Crises? *Budgeting & Finance*, Winter.

22. Niskanen, W. A. (1991), *The Budget-maximizing Bureaucrat：Appraisals and Evidence*. University of Pittsburgh Press.

23. Caiden Naomi (1980), Budgeting in Poor Countries：Ten Common Assumptions Re-examined, *Public Administration Review* 40：40 – 46.

货币供给与经济增长和价格总水平关系研究

课题承担人　王　元■■

指导专家　宋　立■■

内容提要：货币供给对经济增长和价格总水平是否都有影响，以及货币供给影响经济增长的渠道等问题，在理论领域存在着长期的争论。本文以实证研究方法检验了我国货币供给对经济增长和价格总水平的影响。结果表明，两个层次货币供应量在短期对经济增长和价格总水平均有影响，长期中，狭义货币供应量对经济增长没有影响，只对价格水平有影响，广义货币供应量对两者都存在影响。延伸的经验数据研究给出了无通货膨胀情况下经济增长和货币供给的合意水平。研究还发现我国货币供给的利率、资产价格传导环节存在断裂，信贷传导有效但存在政策放大效应等问题。在实证分析基础上，本文提出了短期内提高货币政策有效性、中长期完善货币传导机制的政策建议。

作者简介：王元，女，1979 年生，经济学硕士，价格调控研究室副主任、助理研究员。主要研究方向：货币金融理论与政策。

一、货币供给影响经济增长、价格总水平的相关理论

货币对经济增长、价格总水平的影响问题，是货币经济理论研究的核心命题，也是宏观经济理论的构成要素之一。在经济理论发展演变的过程中，对货币是否影响经济增长，或者说货币仅影响价格水平还是既影响价格又影响经济增长这一问题的争论几乎贯穿始终，在对这一问题的争论基础上，进一步深化形成对货币通过何种途径影响经济增长的理论，并衍生出大量有关这一问题的实证研究，积累了丰富的研究成果，形成的理论体系、观点和结论，成为各国货币政策框架的制定与货币政策操作的理论指导和参考。

（一）货币是否影响经济增长——货币中性理论与货币非中性理论

关于货币是否影响经济增长的理论论述，可以追溯到 17 世纪古典经济学家提出的观点。在对这一问题的研究与阐释不断发展的过程中，1935 年，哈耶克（Hayek）提出了"货币中性（neutrality of money）"的概念。这一概念逐渐成为经济学领域的一个重要术语，其基本含义是：货币供给变化不会对实际产出产生影响，而只会导致一般价格水平同方向、同比例变化。与之相对的"货币非中性（non-neutrality of money）"，则是指货币供给变化不仅影响一般价格水平，还会引起实际产出的变化。围绕货币中性与非中性，不同

经济理论学派运用各自的理论体系和分析方法，形成了各自的观点和结论。

1. 货币中性理论

在古典经济学时期，大部分经济学家持有货币中性的观点，具体的论述主要包括威廉·配第的"货币脂肪观"、约翰·洛克的"货币齿轮观"、约翰·斯图亚特·穆勒的"货币机械观"，以及萨伊的交易实质上是商品交换的观点。这一时期的货币中性论，是建立在古典"两分法"基础上的。古典经济学家大多认为经济可以划分为实际经济与货币经济两个互不相关的部分，因此对这两个部分分别进行研究，于是形成了古典两分法。货币作为实际经济之外的一个部分，其作用是在交易过程中充当中介。古典经济学家对货币交易媒介职能的关注，引出了两种不同的观点，一是货币应与贸易对其的需求相匹配，过多或过少的货币都会对商业不利；二是流通中货币和市场上商品的比例决定了价格，任何一方的变动都会引起价格的波动。

20世纪初发展起来的货币数量论，是又一典型的货币中性理论。货币数量论有两个主要分支，分别是现金交易说和现金余额说。现金交易说的代表人物欧文·费雪提出了现金交易方程式 $MV = PY$，其基本含义是：一定时期内的货币支付总额与商品交易总额一定相等。同时，费雪认为货币流通速度 V 由制度因素决定，实际产出 Y 取决于要素、技术等因素，在短期内较为稳定，均不受货币供给影响。因此，得出了货币供给增减只会引起一般价格水平的同比例变动，对实际产出没有影响的结论。现金余额说的研究者发展了剑桥方程式 $M = kPY$，基本含义是货币供给与人们的名义收入保持一定的比率 k。货币供给 M 和货币需求 kPY 通过价格 P 的变化自动趋于均衡，实际国民收入 Y 不受 M 影响。可以看出，不论现金交易说还是现金余额说，都隐含着工资、价格能够灵活调整进而经济随时保持在充分就业均衡上的假设前提。

货币中性论的另一个代表学说，是货币主义学派提出的现代货币数量论。货币主义理论认为实际产出、相对价格等宏观经济实际变量的长期变动主要由制度因素、要素与技术状况等决定，长期中货币供给不是影响这些实际变量的重要因素，而只影响绝对价格水平、名义货币收入等名义值。这种观点与现金余额说基本一致。但同时，以米尔顿·弗里德曼为代表的货币主义研究者通过建立多变量的货币需求函数并进行实证检验，得出货币需求函数是稳定的结论，因此认为货币供给的变动是经济短期波动的主要因素。也就是说，货币主义理论在持有货币长期中性观点的同时，认为短期内货币是非中性的。

新古典学派基于"理性预期"假设提出的"政策无效论"，也可以看做是一种货币中性论。在理性预期和弹性价格的假设下，新古典学派分析得出如下结论：预料内的货币供给变动不会引起实际产出水平的变化，只会影响价格水平；预料外的货币供给变动在短期内将同时引起产出和价格水平的变化。而在长期中，由于理性预期的假设意味着人们不会犯系统性错误，会对错误进行纠正并很快学会合理地预期，因此货币供给的变动对实际变量不会产生任何影响。

2. 货币非中性理论

货币非中性观点同样是在古典经济学时期就产生了，货币非中性论的先驱人物约翰·罗以货币推动贸易，贸易进一步促进农业、制造业发展的逻辑得到货币增长能够促进经济增长的结论。

瑞典学派创始人威克塞尔提出的"累积过程理论"是早的明确的货币非中性论。在威克塞尔的理论中,提出了自然利率的概念,指"借贷资本的需求与储蓄的供给相一致时的利率",相当于投资预期收益率。货币供给变化导致的市场利率与自然利率的背离,将会引起所谓的"累积过程"从而影响实质经济。如当货币供给增加,导致市场利率低于自然利率时,企业家由于有利可图,就会扩大投资,形成投资增加—生产资料价格上涨—生产资料所有者收入提高—消费增加—消费品价格上涨的一系列经济扩张的累积过程,反之则反。只有当市场利率等于自然利率时,货币才是中性的,而这种情形是较少出现的。

凯恩斯以他具有革命性的有效需求理论和以利率联系产品市场与货币市场的分析方法,形成了凯恩斯主义经济理论的货币非中性观点。凯恩斯认为传统经济学对经济能够通过价格和工资的灵活调整随时达到充分就业均衡的假设与现实不符,提出经济的常态是低于充分就业的均衡水平,因此决定实际产出的是有效需求。货币供给的变动会改变货币市场的均衡利率,利率的变化又会通过影响投资规模使实际产出发生变动。因此货币供给的变化对实际产出和价格水平都会产生影响,只有在达到充分就业后,货币供给才只影响价格水平。

20 世纪 70 年代末产生的新凯恩斯学派,也持有货币非中性的观点。新凯恩斯学派一方面采纳了新古典学派的理性预期假设,另一方面改变了以往经济理论的价格弹性假设,强调工资和价格是具有粘性的,即它们的调整不是迅速完成,而是需要较长的过程。在这样的基本假设前提下,新凯恩斯学派得到了以下结论:与预料中货币供给变化相比,预料外的变化对总产出有较大的影响。但是,不论预料中还是预料外的货币供给变动,都会影响总产出,货币是非中性的。

3. 简要评述

从主要经济理论学派关于货币中性与非中性的研究与争论可以看出,货币中性或非中性结论的得出,与分析所设置或隐含的假设条件有密切的联系,例如,货币数量论和新古典学派的货币中性论,都是基于价格灵活调整、总供求均衡是经济运行常态的假设而得出的结论。而诸如凯恩斯主义的有效需求不足假设、新凯恩斯学派的价格粘性假设,则成为他们推导出货币非中性这一结论的基础。实际上,由于经济形势是复杂且多变的,理论分析中所做的严格假设,在现实中很难长期满足,在不同的时期及不同的经济体中,条件的差异会使货币供给与经济增长、价格总水平的关系也有所不同。因此,相关的理论能够起到一定的指导作用,但并不能一成不变地套用到现实经济上。20 世纪 60 年代起,学者们开始采用计量分析方法对货币与经济和价格水平的关系进行研究。但与理论研究一样,实证研究得出的结论也存在明显的分歧,既有支持货币中性的,也有支持货币非中性的。但是,实证研究并不事先设定严格的假定,因此对研究特定经济体特定时期货币与经济增长、价格总水平的关系,具有一定的意义。

（二）货币如何影响经济增长和价格总水平——货币传导渠道的相关理论及在我国的适用性

关于货币如何影响经济增长和价格总水平的理论，也可以称为货币传导机制理论，是货币经济理论尤其是货币非中性理论必然包含的部分，随着货币中性与货币非中性理论在争论中不断发展，这部分理论也逐渐丰富起来。

1. 货币传导渠道的相关理论

将各个理论学派先后提出的传导渠道加以梳理，可以总结为以下几类。

（1）利率渠道。利率渠道是货币传导机制理论中最早提出的一种渠道。有关利率渠道的经典论述出自凯恩斯主义宏观经济理论。基本的传导过程是：当实行扩张性货币政策，货币供给（M）增加时，货币市场的均衡被打破，货币供给大于货币需求，此时利率（i）会下降以实现货币市场新的均衡；利率下降意味着资本成本降低，这将促使投资者扩大投资（I），进而使总需求增加、总产出（Y）提高，概括表示就是：$M\uparrow - i\downarrow - I\uparrow - Y\uparrow$。紧缩性货币政策，即货币供给减少会通过同样的路径带来相反的影响。凯恩斯在论述利率渠道时还指出，如果陷入所谓的"流动性陷阱"，即利率低于一个最低限度时，货币需求的利率弹性将为无穷大，利率传导渠道将失效。

（2）资产价格渠道。货币的资产价格传导渠道有两个主要的分支，即托宾的 Q 理论和财富效应，它们分别从资产价格对企业投资和居民消费的影响分析货币供给变化通过资产价格影响实体经济的传导机理。

第一，托宾 Q 理论。后凯恩斯主义学派代表人物托宾提出的 Q 理论，阐述了货币政策通过影响资产价格，进而改变经济主体在不同资产之间的选择而影响实质经济的传导机理。他将 Q 值定义为企业的市场价值（P_e，一般就是指它的股票市值）除以资本的重置成本所得的值。并指出，如果 Q 值大于 1，相对于企业的市场价值来说，新的厂房设备比较便宜，企业将选择购买厂房设备进行投资。当扩张性货币政策使货币供给增加时，股票价格将会上升，这意味着企业的市场价值上升，Q 值大于 1，从而引起投资增加，最终将促使总产出提高。这一传导机制可以概括表示为：$M\uparrow - P_e\uparrow - Q\uparrow - I\uparrow - Y\uparrow$。货币供给减少则会使投资收缩进而总产出下降。

第二，财富效应渠道。财富效应的较早表述是剑桥学派代表人物之一庇古提出的"实际货币余额效应"。庇古认为，如果人们手中所持有的货币及其他金融资产的实际价值增加，将导致财富增加，这时人们就会增加消费支出。其后，莫迪利安尼又提出"生命周期假说"，认为消费者的支出取决于其毕生的财富，在财富的构成当中，金融资产是重要的组成部分，因此金融资产价格的变化会通过影响消费者的财富总额对其消费支出产生影响。根据以上理论，当扩张性货币政策使货币供给增加，从而带来股票等金融资产价格的上升时，意味着人们的财富增加，这将刺激人们增加消费支出，促使总产出提高。财富效应渠道的作用过程可概括为：$M\uparrow - W\uparrow - C\uparrow - Y\uparrow$。紧缩性货币政策则产生相反的影响。

（3）信贷渠道。20 世纪 70 年代末 80 年代初，新凯恩斯主义经济学家斯蒂格利茨提出，货币传导的利率、资产价格等渠道是以市场机制健全、信息对称为前提的，但现实中，市场是存在缺陷的，信息是不对称的。随后，他在1981年提出了均衡信贷配额理论，并以此为基础分析了信贷在货币传导中的作用。信贷渠道先后发展出两个分支，分别是银行贷款渠道和资产负债表渠道。

第一，银行贷款渠道。这一货币传导渠道的基本理论基础是，在信息不对称的环境下，银行贷款与其他金融资产不完全可替代，特定借款人的融资需求只能通过银行贷款满足，因此货币政策会通过银行贷款的增加和减少来影响宏观经济。当扩张性货币政策使货币供给增加，商业银行可用的储备（R）相应增加，在既定资产结构下可贷资金增加，因此贷款（L）将会增加。依赖银行贷款融资支持的投资者得以获得更大规模的贷款来扩大投资，最终可促使总产出增加。将这一过程概括表示，就是：$M\uparrow - R\uparrow - L\uparrow - I\uparrow - Y\uparrow$。紧缩性货币政策则形成一系列紧缩性影响并最终传导至总产出。

第二，资产负债表渠道。资产负债表渠道也称为净财富渠道。对这一渠道的分析基础是特定借款人受信能力的变化会影响贷款规模进而影响投资。紧缩性的货币政策通过以下两种方式造成企业资产负债状况的恶化：一是紧缩政策使股票价格下降，企业的市场价值、抵押品价值随之下降；二是紧缩政策使利率上升，直接增加借款者的利息支出，对企业的现金流状况形成负面影响。在市场机制不健全、存在信息不对称的情况下，企业资产负债和财务状况的恶化、抵押品价值的降低，使信贷活动中的逆向选择和道德风险更加严重，因此形成信贷配给，部分依赖银行贷款融资的借款人此时无法获得银行信贷，贷款规模收缩，进而投资需求和总产出下降。整个传导过程可以表示为：$M\downarrow \rightarrow P_e$和现金流$\downarrow \rightarrow$逆向选择和道德风险$\uparrow \rightarrow L\downarrow \rightarrow I\downarrow \rightarrow Y\downarrow$。扩张性货币政策使企业资产负债和财务状况改善、抵押品价值上升，进而通过信贷、投资的传导使总产出上升。

（4）汇率渠道。随着经济全球化进程的加快和各国经济开放程度的日益提高，汇率对一国经济的影响越来越大，宏观经济分析对汇率的重视程度也适应这一形势而大为提高。20世纪80年代起，麦金农等开始将回落因素纳入货币传导研究。汇率渠道作用的基本过程是，当扩张性货币政策使货币供给增加，本币利率下降，在利率平价的作用下，本币汇率（E）将降低（本币贬值）。本币的贬值导致进口减少、出口增加，进而净出口（X）增加，推动总产出上升。这一过程可以具体表示为：$M\uparrow \rightarrow i\downarrow \rightarrow E\downarrow \rightarrow X\uparrow \rightarrow Y\uparrow$。紧缩性货币政策产生相反的作用。

2. 理论上的货币传导渠道在我国的适用性分析

来自西方经济学的对货币传导渠道的分析，其基本的条件是较为成熟的市场经济制度，市场在资源配置中发挥主要作用。由于我国处于经济体制转轨时期，经济运行的体制机制与成熟市场国家存在较大差异，因此，理论上的货币传导渠道在我国的适用性是一个值得讨论的问题。

目前我国的利率和汇率市场化进程都仍在推进中。利率市场化改革方面，1996年我国才迈出改革的第一步，放开了银行间同业拆借市场利率。其后，直到2000年才对外币贷款利率实行了市场化。2002年起，开始对贷款利率市场化改革的试点并逐步扩大改革范围、利率浮动区间。到2004年，才允许存款利率下浮，并取消了金融机构（城乡信用社除外）贷款利率上浮的幅度限制，形成了目前贷款设下限而不设上限，存款设上限而不设下限的状态。但很明显，由于存贷款基准利率仍然有央行制定，存贷款利率都存在单边的限制，利率市场化改革并未完成。汇率市场化改革方面，到 2005 年 7 月，我国开始实行"以市场供求为基础、参考一揽子货币进行调节、有管理的浮动汇率制度"，人民币汇率才正式迈上市场化的道路。但到目前为止，由于汇率每日浮动区间以及外汇市场交易规模等方面的限制，与人民币汇率完全市场化还有一定的差距。利率和汇率市场化的不完全，从制度上对货币的利率和汇率传导渠道的有效发挥形成了一定制约。

我国资本市场发展时间较短，一方面，上市公司的数量不大、比重不高，这在一定程度上限制了托宾 Q 效应作用的发挥；另一方面，在居民持有资产的形式仍以储蓄存款为主，股票等金融资产所占比重低，这使得财富效应渠道作用的发挥打了一定折扣。也就是说，由于目前我国资本市场的不发达，货币的资产价格传导渠道可能较难有效地实现理论论述的效果。

由于资本市场不发达，信贷在我国的企业融资中占据重要地位，企业外部资金来源对银行贷款的依赖性较强，这也意味着信贷的变化对经济产生的影响较为显著。因此，信贷渠道是我国货币传导的主要渠道这一观点，目前较普遍地被认同。

二、我国货币供给、经济增长和价格总水平的趋势与相关关系分析

我国目前公开的货币供给数据包括三个层次的货币供应量，分别是广义货币供应量（货币和准货币）M_2、狭义货币供应量（货币）M_1 和流通中现金 M_0。由于统计范围窄，M_0 与宏观经济变量之间的关系难以体现货币供给对经济的影响，因此，我们仅对 M_1 和 M_2 两个层次的货币供应量与经济增长和价格总水平的关系进行实证分析。具体的，以国内生产总值 GDP 的同比增长率作为经济增长变量，居民消费价格指数 CPI 作为价格总水平变量，M_1 和 M_2 余额的同比增长率作为货币供给变量。受公布的统计数据时期、频率等限制，我们采用 1996 年第一季度至 2008 年第四季度的季度数据进行计量分析。

（一）各层次货币供应量、经济增长速度、价格总水平的变化趋势

图 1 是我们选取的四个变量自 1996 年以来的季度同比增长率图示。在这一时期内，GDP 增长率的变化总体上可以划分为三个阶段，第一阶段是 1996 年第一季度到 1998 年第二季度，GDP 增长率呈现下降趋势，从阶段之初的 10.9% 下降到阶段末的 6.8%。接着 GDP 增长进入小幅波动中平稳上升的第二阶段，从时间上看是 1998 年第三季度到 2007 年第二季度，GDP 增长达到峰值 12.6%。第三阶段是 2007 年第三季度到 2008 年第四季度，GDP 增长率持续下降，6 个季度累计下降了 5.8%，降至 6.8% 的低点。

CPI 在这一时期经历了四个下降阶段和三个上升阶段。第一个下降阶段 CPI 由 1996 年第一季度的 9.4% 下降到 1999 年第二季度的 -2.2%；随后转为上升，到 2001 年第二季

度达到阶段峰值2.2%；继而进入第二个下降阶段，最低点出现在2002年第二季度，为-1.1%；再次转为上升趋势后，在2004年第三季度达到5.3%的高点；从这一阶段高点开始下降后，在2005年第二季度到2006年第四季度的期间，CPI走势较为平稳，保持在1%~2%的水平，其后快速上升到2008年第一季度8%的较高水平才进入新的下降阶段，到2008年第四季度，CPI为2.5%。

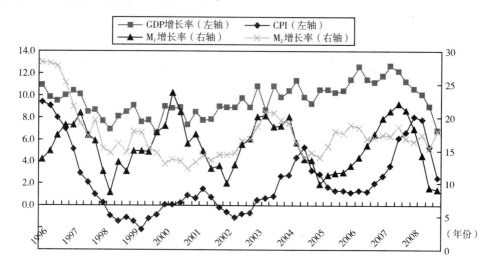

图1　GDP、CPI、M_1、M_2增长率变化

资料来源：国家统计局的《中国季度国内生产总值核算历史资料1992~2005》，经计算整理。

狭义货币供应量M_1增长率是四个变量中波动幅度最大的，相邻峰值与谷值间差距都超过10%。从图1中直观地看，M_1波动方向与滞后2~4期的CPI基本一致。广义货币供应量M_2增长率的波动较M_1平缓，但波动略为频繁。

（二）货币供给与经济增长、价格总水平变量之间的交叉相关分析

交叉相关分析市将两个变量之间领先和滞后n期的相关系数情况以图形直观地表示出来，对于我们了解变量之间的相关程度以及领先或滞后的关系有所帮助。首先，将M_1增长率与GDP增长率和CPI分别进行交叉相关分析，结果如图2和图3所示。从图2中可以看出，M_1增长率与当期GDP增长相关程度最高，领先1期的M_1增长率也与GDP增长率正相关，但领先2期时基本就不存在相关关系了。从图3中可以看出，领先2期的M_1增长率与CPI相关性最强，领先5期到当期的M_1增长率与CPI都存在正相关关系，表明M_1对CPI来说是一个领先变量。

接着，对M_2增长率与GDP增长率和CPI分别进行交叉相关分析，结果如图4和图5所示。图中显示，M_2增长率不论与GDP增长率还是CPI，都是在当期有着最高的正相关系数。比较而言，M_2增长率与CPI的相关程度大于其与GDP增长率的相关程度。

样本区间：1996:1 2008:4
样本数：52
相关关系

GDP,M₁(−i)	GDP,M₁(+i)	i	lag	lead
		0	0.3378	0.3378
		1	0.2176	0.2647
		2	0.0190	0.1831
		3	−0.1645	0.0795
		4	−0.2652	−0.0171
		5	−0.2775	−0.0621
		6	−0.2678	−0.1428
		7	−0.2499	−0.1704
		8	−0.1869	−0.2464
		9	−0.1342	−0.2392
		10	−0.0170	−0.1744
		11	0.0746	−0.0811
		12	0.1363	0.0304

图 2　M₁ 增长率与 GDP 增长率的交叉相关

样本区间：1996:1 2008:4
样本数：52
相关关系

CPI,M₁(−i)	CPI,M₁(+i)	i	lag	lead
		0	0.1781	0.1781
		1	0.3278	0.0425
		2	0.3867	−0.0983
		3	0.3600	−0.1946
		4	0.2905	−0.2504
		5	0.1596	−0.2995
		6	0.0034	−0.3143
		7	−0.1577	−0.2957
		8	−0.2711	−0.2474
		9	−0.3447	−0.1016
		10	−0.3715	0.0672
		11	−0.3120	0.1723
		12	−0.2479	0.2588

图 3　M₁ 增长率与 CPI 的交叉相关

样本区间：1996:1 2008:4
样本数：52
相关关系

GDP,M₂(−i)	GDP,M₂(+i)	i	lag	lead
		0	0.3343	0.3343
		1	0.2861	0.3057
		2	0.2187	0.2771
		3	0.1853	0.2246
		4	0.0949	0.1812
		5	−0.0659	0.1768
		6	−0.2111	0.1505
		7	−0.2707	0.1699
		8	−0.3260	0.1493
		9	−0.3045	0.1333
		10	−0.2701	0.1421
		11	−0.2804	0.1101
		12	−0.3091	0.1286

图 4　M₂ 增长率与 GDP 增长率的交叉相关

样本区间：1996:1 2008:4
样本数：52
相关关系

CPI,M₂(-i)	CPI,M₂(+i)	i	lag	lead
		0	0.5950	0.5950
		1	0.5505	0.4936
		2	0.4750	0.3790
		3	0.3832	0.2765
		4	0.2763	0.2086
		5	0.1576	0.1767
		6	0.0582	0.1737
		7	-0.0317	0.1840
		8	-0.1100	0.1402
		9	-0.1967	0.1534
		10	-0.2774	0.1553
		11	-0.3311	0.1109
		12	-0.3701	0.0716

图 5　M₂ 增长率与 CPI 的交叉相关

（三）运用交叉相关对货币供给、GDP、CPI 对应数量关系的简单分析

由于影响经济增长和价格总水平的因素不仅限于货币供给，因此在这个部分，为相对合理地确定货币供给、GDP、CPI 三者的领先或滞后影响关系，我们先确定 GDP 增长和 CPI 之间的关系。交叉相关图（如图6）显示，GDP 增长率与滞后 3 期的 CPI 相关关系最强。进一步结合货币供给与当期 GDP 相关关系最为显著的分析结果，我们将当期货币供给、GDP 增长率与滞后 3 期的 CPI 作为一组对应数据。在此基础上，以 CPI 为依据进行分组，CPI 低于 0 的为第一组，CPI 在 0 ~ 3% 之间的为第二组，CPI 高于 3% 的为第三组。分别对各组 GDP、货币供给（M₁ 和 M₂）数据进行简单的统计量计算，得到表1所示的结果。

样本区间：1996:1 2008:4
样本数：52
相关关系

GDP,CPI(-i)	GDP,CPI(+i)	i	lag	lead
		0	0.4742	0.4742
		1	0.3037	0.5555
		2	0.2044	0.5742
		3	0.1159	0.6062
		4	0.0651	0.5704
		5	-0.0098	0.5117
		6	-0.0478	0.4487
		7	-0.0510	0.3852
		8	-0.0679	0.3409
		9	-0.0458	0.2620
		10	-0.0291	0.2036
		11	-0.0531	0.1679
		12	-0.0997	0.1282

图 6　GDP 增长率与 CPI 的交叉相关

表1 　　　　　　　　　分组的 GDP 与货币供给增长率统计分析结果　　　　　单位：%

		第一组（CPI＜0）	第二组（0＜CPI＜3%）	第三组（CPI＞3%）
季度个数		12 个	26 个	11 个
CPI	均值	−1	1.4	5.7
	标准差	0.5	0.9	1.6
GDP 增长率	均值	8.3	9.6	11.1
	标准差	0.7	1.4	0.9
M_1 增长率	均值	13.5	16.2	18.5
	标准差	2.8	3.5	2.7
M_2 增长率	均值	15.4	17.1	19.9
	标准差	1.9	3.7	4.3

统计分析结果显示，从近年来我国经济实际运行情况看，无通货膨胀（0＜CPI＜3%）所对应的平均经济增长率约为 9.6%，M_1 增长率约为 16.2%，M_2 增长率约为 17.1%；如果伴随通货紧缩（CPI＜0），经济增长率平均值将下降到 8.3% 的水平，M_1 增长率约为 13.5%，M_2 增长率约为 15.4%；而通货膨胀（CPI＞3%）情况下，经济增长率平均值提高到 11.1%，M_1 和 M_2 增长率分别达到约 18.5% 和 19.9%。

三、货币供给与经济增长和价格总水平关系的 VAR 模型分析

由于我们所选的变量都是时间序列，且相互间的影响关系较为复杂，在难以预先明确变量之间关系的情况下，我们选择向量自回归（VAR）模型进行分析。VAR 模型把系统中每一个变量作为系统中所有变量的滞后值的函数来构造模型，适合用于分析和预测相互联系的多个时间序列构成的系统，同时还可以分析随机扰动对变量系统的动态冲击，从而解释各种经济冲击对经济变量形成的影响。

（一）变量的平稳性检验

我们首先使用单位根检验方法对变量的平稳性进行检验，结果（见表2、见图7）表明，CPI 在 5% 的显著性水平下拒绝原假设，M_1、M_2 两个变量在 1% 的显著性水平下拒绝原假设，说明这三个变量平稳，它们都是 I（0）过程。而 GDP 在 5% 的显著性水平下拒绝原假设，即 GDP 变量不平稳。一阶差分后，ΔGDP 在 1% 的显著性水平下拒绝原假设，说明 GDP 是 I（1）过程。GDP 增长率不平稳的主要原因，是在我们所采用的样本区间，变量随时间推移呈现较为明显的上升趋势。由于货币供应量变量均未呈现相同的趋势，可以认为，GDP 的上升趋势是由货币供给以外的因素导致的。因此，在后续计量分析中，我们将 GDP 增长率差分后（以 DGDP 表示）纳入模型，以使各变量的单整阶数保持一致。此时模型的含义是，货币供给与 GDP 剔除趋势因素后的波动之间的关系。

表2　　　　　　　　　　　　各变量的平稳性检验结果

变量	ADF 统计量	临界值	AIC	检验形式（c，t，k）	结论
GDP	−1.655768	−2.5977 ***	2.910737	（c，0，1）	不平稳
CPI	−3.557926	−2.9215 **	2.618431	（c，0，2）	平稳
M_1	−5.745857	−3.5713 **	4.245962	（c，0，3）	平稳
M_2	−4.467173	−3.5713 *	3.608810	（c，0，3）	平稳
ΔGDP	−9.320357	−2.6090 *	2.892542	（0，0，0）	平稳

注：（1）检验形式中的 c 和 t 表示带有常数项和趋势项，k 表示滞后阶数；（2）滞后期 k 的选择标准是以 AIC 和 SC 值最小为准则；（3）Δ 表示变量序列的一阶差分；（4）*、**、*** 分别表示显著水平为 1%、5%、10% 的临界值。

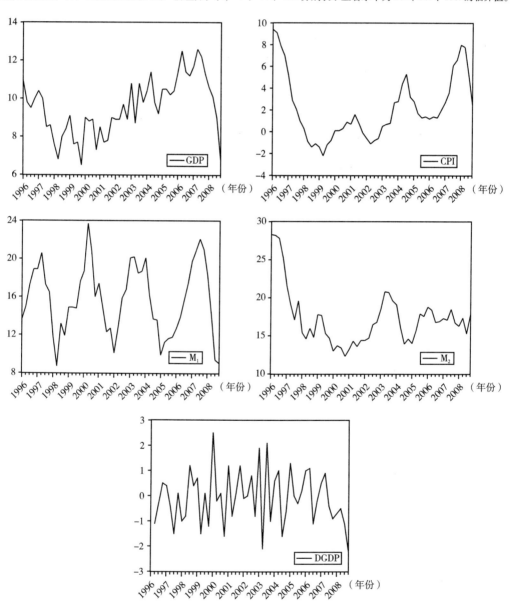

图7　各变量的变化趋势

（二）协整检验

协整检验是用于确定特定变量系统适用 VAR 模型中的不受限制的 VAR （Unrestricted）模型还是向量误差修正模型（VECM）的方法。如果变量之间不存在协整关系，应使用不受限制的 VAR 模型。相反的，如果变量之间存在协整关系，则应使用 VECM。

我们对两个层次货币供应量分别构建模型，考察它们与经济增长和价格总水平的关系。模型 1 由变量 CPI、M_1 和 DGDP 构成，模型 2 由变量 CPI、M_2、DGDP 构成。在开始协整检验以及 VAR 模型构建前，先采用 SC 法则进行滞后期的选择。过程从略，分别以 1~8 期为滞后期对两个模型所做的分析结果显示，SC 值最小的都是滞后期为 1 期，因此确定两个模型的滞后期均为 1 期。

表 3 和表 4 所示的协整检验结果表明，两个模型变量之间均存在 1 个以上协整方程，因此，采用 VECM 进行建模和后续检验分析。

表3 模型 1 的协整检验结果

原假设协整关系数	特征值	似然比	5% 的临界值	1% 的临界值
None **	0.474982	58.53032	29.68	35.65
At most 1 **	0.255145	26.95851	15.41	20.04
At most 2 **	0.225554	12.52477	3.76	6.65

注：* （**）表示在 5% （1%）的显著性水平下拒绝原假设；似然比检验表明在 5% 的显著性水平下有 3 个协整方程。

表4 模型 2 的协整检验结果

原假设协整关系数	特征值	似然比	5% 的临界值	1% 的临界值
None **	0.422688	51.69706	29.68	35.65
At most 1 **	0.277952	24.77778	15.41	20.04
At most 2 **	0.164734	8.820242	3.76	6.65

注：* （**）表示在 5% （1%）的显著性水平下拒绝原假设；似然比检验表明在 5% 的显著性水平下有 3 个协整方程。

（三）相量误差修正模型（VECM）模型估计

表 5 和表 6 分别是模型 1 和模型 2 的 VECM 估计结果。

从模型 1 的估计结果来看，以 M_1 为被解释变量的方程拟合程度最低，R^2 仅为 0.04，F 统计量显示整体显著性也很低。这说明系统对 M_1 增长率的解释能力很弱，也就是说，狭义货币供应量受经济增长和价格水平变化的影响很小，外生性较强。

以 DGDP 为被解释变量的方程拟合程度最高，R^2 接近 0.7，表明 M_1 和 CPI 对 DGDP 的解释力较强，即 M_1 增长率和 CPI 变化对 GDP 波动有较强的影响。从各变量的系数来看，M_1 的系数（0.136）最大，表明这三个变量构成的系统中，M_1 对 DGDP 的影响更大。

以 CPI 为被解释变量的方程 R^2 为 0.4，表明 CPI 还是受系统中各变量的影响。从各变量的系数来看，CPI 受自身的滞后影响较 M_1 和 GDP 更明显，这可能说明我国价格水平的变动中包含适应性预期的成分。

模型 2 的估计结果显示 CPI、M_2 和 DGDP 构成的系统，变量之间的关系与模型 1 大体相同，但从 R^2、F 统计量等指标的比较可以看出，M_2 与 GDP 增长和 CPI 的关系不如 M_1 密切。

表 5 模型 1 的估计结果

误差修正	D（CPI）	D（M_1）	D（DGDP）
CointEq1	− 0.006612	0.008339	− 0.039698
	(0.00617)	(0.01785)	(0.00689)
	(− 1.07180)	(0.46717)	(− 5.76194)
D（CPI（− 1））	0.542725	0.164009	0.057935
	(0.13004)	(0.37625)	(0.14523)
	(4.17337)	(0.43590)	(0.39891)
D（M1（− 1））	0.168929	0.132681	0.136226
	(0.05530)	(0.16000)	(0.06176)
	(3.05478)	(0.82927)	(2.20579)
D（DGDP（− 1））	0.231957	− 0.134478	0.121226
	(0.14545)	(0.42083)	(0.16244)
	(1.59473)	(− 0.31955)	(0.74628)
C	− 0.048809	− 0.140281	− 0.018714
	(0.12712)	(0.36778)	(0.14196)
	(− 0.38397)	(− 0.38142)	(− 0.13182)
R^2	0.400359	0.042333	0.692432
调整后的 R^2	0.345846	− 0.044727	0.664471
残差平方和	34.51828	288.9536	43.05228
方程的标准差	0.885724	2.562641	0.989172
F 统计量	7.344307	0.486252	24.76442
极大似然函数	− 60.94487	− 113.0019	− 66.35756
Akaike 信息准则	2.691627	4.816404	2.912553
Schwarz 准则	2.884670	5.009447	3.105596
被解释变量的均值	− 0.110204	− 0.168163	− 0.038776
被解释变量的标准离差	1.095111	2.507184	1.707681
残差的协方差		3.091123	
极大似然函数		− 236.2331	
Akaike 信息准则		10.37686	
Schwarz 准则		11.07181	

表6 模型2的估计结果

误差修正	D（CPI）	D（M$_1$）	D（DGDP）
CointEq1	-0.016007	0.037057	-0.118186
	(0.02067)	(0.03763)	(0.02219)
	(-0.77457)	(0.98465)	(-5.32641)
D（CPI（-1））	0.545582	0.011683	0.073555
	(0.14175)	(0.25813)	(0.15219)
	(3.84901)	(0.04526)	(0.48332)
D（M$_2$（-1））	0.114856	0.050249	0.058545
	(0.08461)	(0.15408)	(0.09084)
	(1.35746)	(0.32611)	(0.64446)
D（DGDP（-1））	0.212875	-0.282923	0.033217
	(0.14902)	(0.27139)	(0.16000)
	(1.42845)	(-1.04251)	(0.20760)
C	-0.037656	-0.189539	-0.017658
	(0.13777)	(0.25090)	(0.14792)
	(-0.27332)	(-0.75545)	(-0.11938)
R^2	0.310557	0.031736	0.673156
调整后的 R^2	0.247881	-0.056288	0.643443
残差平方和	39.68771	131.6184	45.75045
方程的标准差	0.949733	1.729545	1.019697
F 统计量	4.954912	0.360536	22.65518
极大似然函数	-64.36391	-93.73611	-67.84683
Akaike 信息准则	2.831180	4.030045	2.973340
Schwarz 准则	3.024223	4.223088	3.166383
被解释变量的均值	-0.110204	-0.203673	-0.038776
被解释变量的标准离差	1.095111	1.682832	1.707681
残差的协方差		1.895346	
极大似然函数		-224.2493	
Akaike 信息准则		9.887727	
Schwarz 准则		10.58268	

（四） 基于模型的相关检验

在 VECM 模型的基础上，对相关变量进行格兰杰因果关系检验和脉冲响应分析，以进一步明确货币供给与经济增长和价格总水平之间的关系。

1. 格兰杰因果关系检验

格兰杰因果关系检验是用于检验变量之间关系的一种统计检验方法。在时间序列情形下，两个经济变量 X、Y 之间格兰杰因果关系的基本含义是：若在包含了变量 X、Y 的过去信息的条件下，对变量 Y 的预测效果要优于只单独由 Y 的过去信息对 Y 进行的预测效果，即变量 X 有助于解释变量 Y 的将来变化，则认为变量 X 是引致变量 Y 的格兰杰原因。

对 M_1、M_2 变量分别与 DGDP、CPI 变量之间进行格兰杰因果关系检验，结果如表 7 所示。在四组变量的 8 个检验中，只有"M_1 不是 DGDP 的格兰杰原因"和"M_1 不是 CPI 的格兰杰原因"两个原假设在 5% 的显著性水平下被拒绝，也就是说，格兰杰因果关系检验表明，M_1 既是 DGDP 的格兰杰原因，也是 CPI 的格兰杰原因，而 M_2 与 DGDP 和 CPI 之间都不存在格兰杰因果关系，DGDP 和 CPI 也都不是 M_1 或 M_2 的格兰杰原因。

表7　　　　　　　　　　　变量之间的格兰杰因果关系检验结果

原假设	F 统计量	P 值
DGDP 不是 M_2 的格兰杰原因	0.06866	0.97630
M_2 不是 DGDP 的格兰杰原因	0.58802	0.62633
DGDP 不是 M_1 的格兰杰原因	0.06532	0.97793
M_1 不是 DGDP 的格兰杰原因	3.42878	0.02571
CPI 不是 M_2 的格兰杰原因	0.57785	0.63279
M_2 不是 CPI 的格兰杰原因	1.38774	0.25974
CPI 不是 M_1 的格兰杰原因	1.28854	0.29080
M_1 不是 CPI 的格兰杰原因	3.54960	0.02228

2. 脉冲响应函数

在 VECM 模型的基础上，脉冲响应函数提供了模拟某种冲击发生时系统受到的动态影响的方法。我们分别在模型 1 和模型 2 估计结果的基础上，对 M_1 冲击导致的 CPI 和 DGDP 的脉冲响应，以及 M_2 冲击导致的 CPI 和 DGDP 的脉冲响应进行了分析，得到图 8 所示的四个图形。

脉冲响应函数所设置的冲击，具体是指变量 1 个标准差的变化。如图 8 所示，CPI 对 M_1、M_2 冲击的响应，方向是一致的，第 1 期 CPI 不受影响，保持不变，从第 2 期开始到第 5 期，所受影响逐渐增大，第 6 期到第 10 期都稳定在较高水平。但是，可以看出，M_1 冲击对 CPI 的影响程度，大约是 M_2 冲击影响的 2 倍，这与前文中模型估计及其他检验的结果基本是一致的，即 M_1 对 CPI 的影响大于 M_2。DGDP 对 M_1 和 M_2 冲击的响应是不同的。当 M_1 增长率产生 1 个标准差的冲击后，GDP 增长率的增速在第 1 期反应最为强烈，与 M_1 同向变动，到第 2 期影响程度下降，但仍是与 M_1 同向的，第 3 期转为反向影响，经过小幅波动，从第 5 期起稳定在微弱反向影响的水平上。当 M_1 增长率产生 1 个标准差的冲击后，GDP 增长率的增速在第 1 期同向变动，第 2 期出现更大幅度的同向变动，第 3 期起所受影响程度迅速下降，小幅波动后自第 5 期稳定在较小的正向影响。

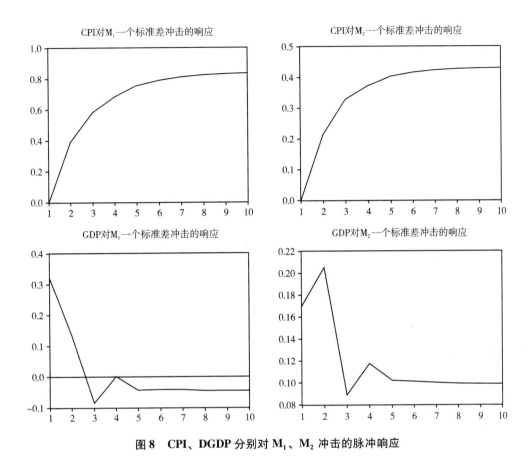

图8 CPI、DGDP 分别对 M₁、M₂ 冲击的脉冲响应

将 CPI 和 DGDP 对同一货币供给变量的脉冲响应函数结合起来看，对于 M_1 的冲击，DGDP 的响应曲线所构成的图形，处于横轴上方和下方的面积大致可以相抵，因此可以判断 M_1 只在短期内对经济增长产生影响，而长期中，这种冲击将逐渐被价格水平的变化全部吸收。对于 M_2 冲击，DGDP 的响应始终为正，表明 M_2 短期和长期都是非中性的，价格水平对冲击的吸收同样是逐渐增大的，但是不完全的。

四、进一步对不同货币传导渠道在我国作用的分析

在以上实证分析的基础上，我们进一步对不同货币传导渠道在我国作用进行理论和实证的分析，以期发现更多货币调控中存在的问题，为货币调控的改进提供参考和建议。

基于一般市场经济条件对货币传导机制所做的相关理论分析，提出了利率、资产价格、财富效应、预期、信贷、汇率等多种传导渠道，但是，由于我国仍处于经济体制转轨时期，货币传导中间变量如利率还没有完全市场化、汇率形成机制改革的实施时间也较短，使得我国的货币传导具有一些不同于理论分析的特点。由于在前文实证分析所选择的时期中，绝大部分年份人民币汇率基本锁定在固定水平，难以实际发挥货币传导功能，因

此我们对汇率渠道不做进一步的分析。以下分别通过实际利率、股票价格和贷款等变量对其余货币传导渠道在我国的作用进行分析。

（一）利率渠道的作用分析

按照理论分析，利率渠道的传导过程首先是货币供给变动导致利率的反向变化，进而通过投资变化影响经济增长。当前我国的利率还没有完全市场化，特别是与实体经济融资成本之间相关的金融机构存贷款利率由中央银行以行政方式直接确定的利率形成机制，切断了货币供求与利率水平的联系，导致利率传导渠道的第一个传导环节在我国处于断裂状态。实证性的检验也印证了以上判断。从货币供应量增长率与实际利率的趋势图可以看出（见图9），与货币供应量增长上下波动的趋势不同，1996年以来我国的实际贷款基准利率变化趋势近似于阶梯形。交叉相关关系图也显示，实际贷款基准利率（以 R 表示）与领先1期的 M_1 增长率几乎不相关，与领先2~7期的 M_1 增长率呈现弱的正相关关系；与领先各期的 M_2 增长率都呈现正相关关系，这种关系与理论推导不符。

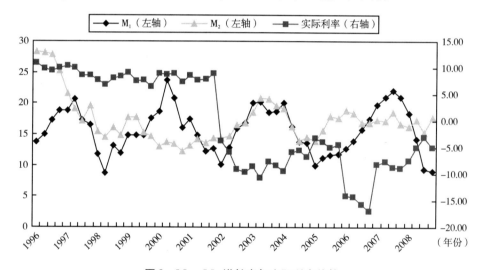

图9 M_1、M_2 增长率与实际利率趋势

资料来源：国家统计局、中国人民银行网站，经计算整理。

利率渠道传导的第二个环节，是利率通过影响投资对经济增长产生作用。从图10显示的实际利率与 GDP 增长率之间的关系来看，两个变量之间反向变动的关系较为明显，在利率较高的时期，经济增速较低，而利率较低的时期，经济增速则较高。对两个变量进行格兰杰因果关系检验[①]，结果也显示，实际利率是 GDP 增长率的格兰杰原因。贷款实际利率与经济增长关系密切，与银行贷款仍然是我国企业主要的融资方式有关（见图10、图11、表8）。

----

① 对实际利率变量 R 所做的单位根检验表明，R 是 I（1）过程，R 与 GDP 是同阶单整的，因此格兰杰因果检验中使用变量 R 和 GDP。

$M_1,R(-i)$	$M_1,R(+i)$	i	lag	lead
		0	−0.0405	−0.0405
		1	−0.1032	0.0211
		2	−0.1325	−0.0863
		3	−0.1420	0.1312
		4	−0.1336	0.1854
		5	−0.0810	0.2212
		6	−0.0248	0.2020
		7	0.0804	0.1316
		8	0.1627	0.0410
		9	0.2246	−0.0412
		10	0.2533	−0.0820
		11	0.1959	−0.1322
		12	0.1455	−0.1620

图 10　实际利率与 M_1 增长率的交叉相关关系

$M_2,R(-i)$	$M_2,R(+i)$	i	lag	lead
		0	0.0673	0.0673
		1	−0.0063	0.0870
		2	−0.0791	0.1053
		3	−0.1589	0.1558
		4	−0.1993	0.2273
		5	−0.2001	0.2767
		6	−0.1833	0.3294
		7	−0.1280	0.3704
		8	−0.1401	0.3821
		9	−0.1349	0.3923
		10	−0.1355	0.3860
		11	−0.1859	0.3490
		12	−0.1924	0.3295

图 11　实际利率与 M_2 增长率的交叉相关关系

表 8　　　　　　　　　**GDP 增长率与实际利率的格兰杰因果关系检验结果**

原假设	F 统计量	P 值
GDP 不是 R 的格兰杰原因	2. 25335	0. 11677
R 不是 GDP 的格兰杰原因	3. 24401	0. 04829

以上分析表明，实际利率对我国宏观经济能够产生影响，但是利率的非市场化使货币供求关系与利率水平脱节，这一方面使货币供给与经济增长的关系有所弱化，另一方面，也使利率丧失了作为货币供求形势指示器的作用。

（二）资产价格渠道的作用分析

我国股票市场的建立和快速发展，使企业直接融资比重上升，同时居民以股票形式持有的资产规模也不断上升，这为货币传导的 Q 效应和财富效应发挥作用提供了一定的外部条件。我们以上证指数的同比变化率（以 STOCK 表示）作为资产价格的代理变量，考察资产价格渠道在我国的作用情况。通过格兰杰因果关系检验，发现 STOCK 是 DGDP 和

CPI 的格兰杰原因，表明资产价格的变动对于解释 GDP 增长率的波动，以及 CPI 的变动都有帮助。但是同时，STOCK 还是 M_1 的格兰杰原因，而与 M_2 不存在格兰杰因果关系。这表明以股票价格为代表的资产价格，基本上不受货币供应量变动的影响。相反，狭义货币供给会受资产价格的影响。这一实证结果的产生，很可能是由于我国股票市场投机气氛较浓，投资者投资股票更多地关注资本利得收益，而较少将股票作为货币的替代资产并保持其在收入或财富中一定的持有比例。

实证分析的结果表明，货币传导的资产价格渠道目前在我国也处于断裂状态，货币供给对资产价格的影响不显著。但是，资产价格与经济增长和一般价格水平却有着较为密切的关系（见表9）。

表9　　　　　　　**股票指数变动率与其他变量的格兰杰因果关系检验结果**

原假设	F 统计量	P 值
DGDP 不是 STOCK 的格兰杰原因	0.07850	0.98843
STOCK 不是 DGDP 的格兰杰原因	3.25529	0.02166
CPI 不是 STOCK 的格兰杰原因	0.44373	0.77623
STOCK 不是 CPI 的格兰杰原因	6.31851	0.00051
M_1 不是 STOCK 的格兰杰原因	0.67899	0.61067
STOCK 不是 M_1 的格兰杰原因	2.73741	0.04232
M_2 不是 STOCK 的格兰杰原因	0.22863	0.92068
STOCK 不是 M_2 的格兰杰原因	1.09466	0.37273

（三）信贷渠道的作用分析

在信贷渠道中，银行信贷是传导的中间变量。在我国存在着直接融资规模大大低于间接融资，银行信贷是企业外部融资主要来源的状况，因此信贷与经济的关系十分密切。我们仍然采用 VAR 模型的分析方法，将货币供给变量替换为信贷变量（人民币贷款余额同比增长率指标，以 LOAN 表示），来考察信贷与经济增长和价格总水平的关系。从 R^2、F 统计量等来看，在 LOAN、DGDP、CPI 构成的系统中，分别以 DGDP 和 CPI 为解释变量的两个方程，拟合程度都较包含货币供应量的系统要高，表明在我国信贷变量对宏观经济的影响较货币供给更为显著。

从信贷与货币供给的关系来看，贷款增长率的趋势同与银行可用资金密切相关的 M_2 增长率趋势基本吻合（见图12），区别在于贷款增速的波动幅度较 M_2 大。对两者建立协整模型（中间过程略），结果如表10所示。根据估计结果，贷款与 M_2 增长率的关系可以用以下方程表示：

$$LOAN = -16.76507 + 1.917604 \times M_2$$

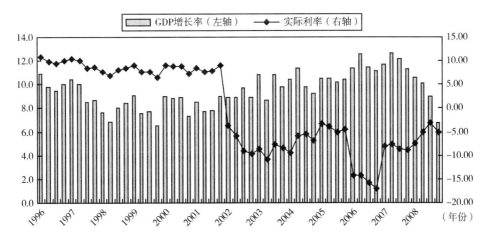

图 12　实际利率与 GDP 增长率

资料来源:《中国季度国内生产总值核算历史资料 (1992~2005)》,中国人民银行网站,经计算整理。

表 10　　　　　　　　　　　模型的估计结果

误差修正	D (LOAN)	D (DGDP)	D (CPI)
CointEq1	− 0. 004632	0. 015550	− 0. 001703
	(0. 00796)	(0. 00297)	(0. 00266)
	(− 0. 58199)	(5. 23837)	(− 0. 63923)
D (LOAN (− 1))	− 0. 068967	0. 004431	0. 009521
	(0. 11006)	(0. 04105)	(0. 03683)
	(− 0. 62666)	(0. 10795)	(0. 25852)
D (LOAN (− 2))	0. 058709	− 0. 012255	0. 097295
	(0. 10774)	(0. 04018)	(0. 03606)
	(0. 54489)	(− 0. 30496)	(2. 69839)
D (DGDP (− 1))	− 0. 427776	0. 493956	− 0. 107090
	(0. 75313)	(0. 28089)	(0. 25204)
	(− 0. 56800)	(1. 75854)	(− 0. 42490)
D (DGDP (− 2))	0. 038090	0. 329763	− 0. 211218
	(0. 44157)	(0. 16469)	(0. 14777)
	(0. 08626)	(2. 00233)	(− 1. 42933)
D (CPI (− 1))	− 0. 267242	− 0. 027017	0. 427474
	(0. 44382)	(0. 16553)	(0. 14853)
	(− 0. 60214)	(− 0. 16321)	(2. 87809)
D (CPI (− 2))	0. 012097	0. 295924	0. 117543
	(0. 46812)	(0. 17459)	(0. 15666)
	(0. 02584)	(1. 69494)	(0. 75031)

续表

误差修正	D（LOAN）	D（DGDP）	D（CPI）
	− 0.125397	− 0.050957	− 0.000969
C	(0.39679)	(0.14799)	(0.13279)
	(− 0.31603)	(− 0.34433)	(− 0.00730)
R^2	0.051336	0.712585	0.433941
调整后的 R^2	− 0.114680	0.662287	0.334880
残差平方和	287.7380	40.02486	32.22469
方程的标准差	2.682061	1.000311	0.897562
F 统计量	0.309226	14.16737	4.380569
极大似然函数	− 111.0894	− 63.74824	− 58.54582
Akaike 信息准则	4.962059	2.989510	2.772742
Schwarz 准则	5.273926	3.301377	3.084609
被解释变量的均值	− 0.104838	− 0.056250	− 0.093750
被解释变量的标准离差	2.540350	1.721319	1.100562
残差的协方差		2.800849	
极大似然函数		− 229.0453	
Akaike 信息准则		10.66855	
Schwarz 准则		11.72110	

这表明贷款增长与 M_2 增长之间存在较为稳定的关系，M_2 增长率发生 1 个单位的变动时，贷款增长率会有接近 2 个单位的同向变动。结合以上两方面的分析，我们认为，M_2 的信贷传递渠道是有效的（见图 13、表 11）。

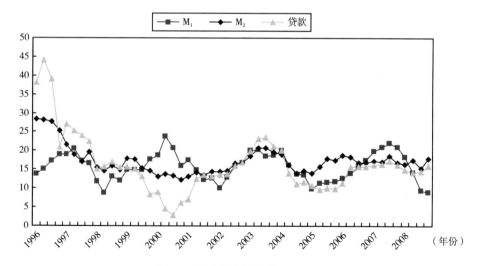

图 13　货币供应量与贷款增长率

资料来源：国家统计局，中国人民银行网站，经计算整理。

表 11 贷款与 M_2 增长率协整分析结果

被解释变量：LOAN

方法：最小二乘法

样本区间：1996：1 2008：4

样本数量：52

变量	系数	标准差	T 统计量	P 值
C	− 16. 76507	2. 445486	− 6. 855516	0. 0000
M_2	1. 917604	0. 138358	13. 85975	0. 0000
R^2	0. 793468	Mean dependent var		16. 40616
调整后的 R^2	0. 789337	S. D. dependent var		7. 891291
回归的标准差	3. 621949	Akaike info criterion		5. 449604
残差平方和	655. 9258	Schwarz criterion		5. 524652
极大的函数	− 139. 6897	F 统计量		192. 0927
D − W 统计量	1. 137052	P 值		0. 000000

以上分析结果表明，在信贷传导渠道的作用过程中，货币供给变化传导到信贷变量时幅度有所放大。这一现象的产生，与我国当前的银行体制有一定关联。占据信贷市场较大比重的大型国有商业银行实行决策集中化的体制，在总行决定实施宽松或紧缩的信贷政策时，各分支机构为体现政策执行符合总行策略意图，容易使执行力度偏大，大量分支机构行为叠加就造成放大政策力度的效果。此外，除了调节货币供给的数量型工具外，央行还会使用窗口指导以及带有行政性质的其他政策工具直接影响信贷投放，也导致信贷波动受政策影响较货币供给更大。

五、主要结论和相关政策建议

以上两个部分对我国货币供给与经济增长和价格总水平的实证研究，以及对不同货币传导渠道作用的分析，得出了近年来我国经济运行中与货币供给相关的一些特征等信息，通过综合和归纳，我们提出以下主要研究结论，并在其基础上对我国的货币调控与货币政策框架、操作等提出建议。

（一）主要研究结论

1. 关于货币供给对经济的短期冲击问题

从模型 1 和模型 2 的估计结果，以及脉冲响应函数的图形来看，狭义货币供应量 M_1 对经济增长率所产生的短期冲击力度强于广义货币供应量 M_2。导致这一现象的原因，应该是 M_1 的流动性更强，转化为投资与消费更快也更容易。尽管在货币供给与经济增长和价格水平所构成的系统中，货币供给表现出很强的外生性特征，但是在第三部分的分析中,得到了股票价格会对 M_1 产生影响的结论,而股票价格是政府政策难以有效调整的。也就是说,货币冲击不仅会来源于体现宏观调控意图的货币政策操作,还可能来源于其他经济变量的变动,这使得我国的货币调控难度加大,效果也会受到影响。

2. 关于长期货币中性与非中性问题

实证分析结果显示,M_1 在长期中对经济增长基本没有影响,可以认为是中性的,但是 M_2 对滞后5个季度以上的 GDP 增长率仍然显现出影响,说明在近年来我国经济体系的运行中,M_2 是长期非中性的。这反映了在我国,资本作为要素的相对稀缺性仍然存在。当我们从一般意义上考察全社会资金供求的状况时,在很多年份,可能并不会得出资本稀缺的结论,但是,金融体系存在的制度性缺陷,使我国中小企业融资难的问题始终难以有效缓解,形成了局部的资本稀缺状态。在第三部分的分析中,我们得到了 M_2 的信贷渠道有效的基本结论,也就是说,M_2 增长的加快能够改善银行信贷配给的状况,这将使中小企业收益,获得更多的信贷资金,从而释放一部分生产能力,成为促进经济长期增长的因素。

3. 关于我国通货膨胀与经济增长、货币供给的经验对应关系问题

从近年来我国经济运行的经验数据来看,无通货膨胀(0 < CPI < 3%)所对应的平均经济增长率约为9.6%,M_1 增长率约为16.2%,M_2 增长率约为17.1%。进一步观察按照价格水平分组后获得的统计指标数值(见表1)能够发现,当出现通货膨胀(CPI > 3%)时,尽管对应的 GDP 增长率均值上升到了11.1%,较无通货膨胀对应的经济增长率高出1.5个百分点,但是,CPI 的均值高达5.7%,在这11个季度中,有8个季度的 CPI 都超过了5%,表明 CPI 一旦超出合理范围,其上涨幅度往往会达到较高的水平,显现出自我强化的状态,难以及时有效的控制。经验表明,过高的通货膨胀率对于一国经济的损害是较大的,因此,为追求1.5个百分点的经济增速提高而放任通货膨胀率超过5%,对于经济运行可以说是弊大于利。

4. 关于货币供应量作为我国货币政策中介目标的有效性问题

前文中的分析表明,货币供应量与 GDP 增长率和 CPI 的波动有一定的联系,特别是 M_1 通过了作为 GDP 增长率差分变量和 CPI 变量格兰杰原因的检验。但是,进一步的分析显示,同样会对经济增长和价格水平产生影响的金融领域变量实际利率和资产价格,与货币供应量的关系微弱。这些在西方货币经济学理论中曾加以论述的关系,在我国现实的经济体系中,由于一些体制方面或发展阶段的原因而尚未建立起来。这意味着如果将货币供应量作为我国货币政策单一的中介目标,在考虑政策的影响时不够准确。

5. 关于货币供给变动传导的时滞问题

经济增长和价格总水平对货币供给的脉冲响应函数显示,货币供给变动的影响在第5个季度后基本稳定。对于价格水平而言,对货币供给变动影响的吸收是在持续的5个季度中逐步完成的。时滞问题是经济、价格形势分析与政策实施中必须考虑的因素。

（二）相关政策建议

1. 短期内提高货币政策有效性的相关政策建议

短期内，由于经济金融运行的体制机制基本不会发生根本性变化，要在既定经济金融环境下，运用我们的研究结论，提高货币政策的有效性，具体应注意以下几个方面。

一是在当前以货币供应量作为货币政策中介目标的基础上，增加货币政策制定和实施中关注的指标，包括剔除价格因素后的实际利率水平、资产价格等，以更好地衡量和反映相关性不强的多种货币金融变量可能对经济产生的不同影响，提高判断的准确性和政策的针对性。

二是在货币供给与存贷款利率、资产价格尚未形成顺畅的传导机制，即存贷款利率仍由央行进行行政性调整、股票价格显著反向影响货币供应量的情况下，注重货币政策效果分析预测中，各种政策工具、变量调整变动的叠加效果，避免政策的过度调整带来经济频繁波动。

三是在形势分析与政策制定过程中，掌握时滞因素的影响，重视政策工具对经济体系内其他变量的滞后影响，提高调控中预测的科学性，增强政策措施的前瞻性，促进政策有效性的提高。

2. 中长期逐步解决体制问题，完善货币传导渠道，促进经济发展的政策建议

前文中一系列分析检验的结果揭示了我国货币传导中存在的很多不衔接、不顺畅的环节，这些问题的存在与金融领域各种体制机制不健全、金融市场不发达有直接关系。因此在中长期，必须加快体制机制问题的解决，以推动货币传导机制的完善，理顺经济变量之间的关系，促进政策作用有效发挥。

一是进一步改革利率形成机制，尽快推进存贷款利率市场化，同时加快货币市场发展，形成货币市场利率与银行信贷利率联动的较为完善的利率体系，促进利率真实体现资金供求关系，疏通利率传导渠道。

二是加快资本市场发展和结构完善，形成多层次的资本市场体系。提高企业直接融资比重，为托宾 Q 效应发挥作用提供良好的条件；丰富金融工具品种，为居民开拓更广的投资渠道，规范上市公司、投资者行为，改善股票市场投机气氛浓重的弊端，促进财富效应在促进居民消费中发挥积极作用。

三是推进金融市场结构改革，使之适应经济结构的需要，大力支持地方性中小金融机构发展、改善中小企业融资环境、释放中小企业生产、创新以及吸收就业等多方面的能力，同时改善信贷配给状况，避免信贷渠道实际作用与政策目标的偏离。

3. 对 2009 年货币调控的相关政策建议

受国内经济周期性调整与国际金融危机双重因素影响，2007 年下半年起，我国经济增长逐季放缓，CPI 则从 2008 年 3 月起逐月下行。2006～2007 年，为应对流动性过剩的问题，央行加大紧缩性货币政策操作力度，2007 年 9 月起 M_1 增长率开始下降，再加上贷款基准利率的多次上调，形成了经济增长放缓的一方面压力，在一定程度上加剧了经济下滑的速度。

　　货币供给增长的下行趋势持续至 2008 年 11 月，到 12 月，适度宽松的货币政策效果开始显现，货币供给增长率出现回升。根据我们的实证分析，货币供给变化对经济增长和价格总水平的影响长达 5 个季度，因此已经形成的 M_1 增长率超过一年的持续下降趋势，将给 2009 年全年的经济形势带来影响，其中第一和第二季度经济增长将受到明显的负面影响，随后影响程度下降；对价格总水平的影响则将在全年中持续。

　　由于预计 2009 年国际国内经济形势仍然严峻，保增长成为 2009 年宏观调控的首要任务。从货币调控的角度，尽快通过货币、信贷政策措施使 M_1 增长率回升到 16% 左右的水平对于促进经济增长有重要作用；M_2 增长率到 2009 年 2 月已快速回升至 20% 以上的水平，下一步调控应争取使 M_2 增长率大致稳定在 17% ~ 20% 的区间，保障包括财政政策、产业政策等在内的政策措施实施过程中相应资金需求得到满足。

参考文献

　　1. 本杰明·M·弗里德曼、弗兰克·H·哈恩主编：《货币经济学手册》第 2 卷，经济科学出版社 2002 年版。

　　2. 高铁梅：《计量经济分析方法与建模》，清华大学出版社 2006 年版。

　　3. 宋立等：《中国货币政策传导机制与金融体系重构》，中国计划出版社 2005 年版。

　　4. 黄先开、邓述慧：《货币政策中性与非对称性的实证研究》，载于《管理科学学报》2000 年第 6 期。

　　5. 蒋瑛琨、刘艳武、赵振全：《货币渠道与信贷渠道传导机制有效性的实证分析——兼论货币政策中介目标的选择》，载于《金融研究》2005 年第 5 期。

　　6. 李敏：《我国货币政策传导机制有效性研究：条件与结论》，载于《南方金融》2008 年第 4 期。

　　7. 刘伟、苏剑：《我国现阶段的货币政策究竟具有怎样的特殊效应》，载于《经济学动态》2007 年第 10 期。

　　8. 孙明华：《我国货币政策传导机制的实证分析》，载于《财经研究》2006 年第 3 期。

　　9. 吴培新：《我国宏观调控中的货币供应量和信贷规模》，载于《经济学动态》2008 年第 8 期。

美国的电价体制及对我国的启示

课题承担人　杨　娟■■■

指导专家　王学庆■■■

内容提要：电价体制包括两方面的内容，一是在电价制定或形成中起作用的机构；二是电价制定或形成依据的规则，包括相关法律法规和具体的管理办法。在美国，与电价相关的机构包括各级政府、独立管制机构、政府公司以及各类经营者和消费者组织。美国的电力工业由3/4左右的民营企业和1/4左右的非民营企业构成，二者在产权性质、管理体制、组织形式上有较大区别，导致各自的电价体制存在较大差异。20世纪90年代以来，美国50个州中的22个州先后启动了电力改革，改变了这些州民营电力企业的产业组织形式，进而带来了其电价体制的变化。

作者简介：杨娟，女，1980年生，工学硕士，价格监管研究室助理研究员。主要研究方向：价格监管。

一、美国电力行业的总体情况

（一）发电、售电情况

2007年，美国全年发电总量41 570亿千瓦时。各类发电方式中，煤炭、天然气和核发电居于前3位（见图1）。全年零售电量约37 646亿千瓦时，平均电价9.13美分/千瓦时，其中居民电价最高、工业电价最低（见表1）。根据美国农村电力合作社协会的资料，2006年，美国单位电量成本构成中，发、输、配电成本的比例分别为67%、7%和26%。

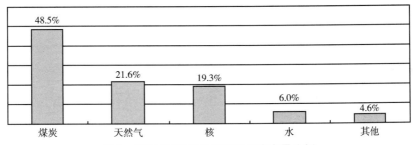

图1　美国2007年各类型机组发电量比例

资料来源：Electric Power Annual 2007，美国能源信息署（EIA）[1]，2009年1月。

---

[1]　美国能源部下一个独立的官方统计机构，从事能源信息搜集、分析和能源政策研究工作，英文缩写EIA。

表1　　　　　　　　　　　美国2007年零售电量与平均电价

	居民	商业	工业	交通运输	合计
售电量（亿千瓦时）	13 922.41	13 363.15	10 278.31	81.72	37 645.59
售电量比例（%）	37.0	35.5	27.3	0.2	100.0
平均电价（美分/千瓦时）	10.65	9.65	6.39	9.70	9.13

资料来源：同图1。

（二）电力公司的类型及其占电力工业各环节比重

美国的电力工业起步于19世纪末期。传统上电力企业按照所有权的不同，分为联邦政府所有的联邦电力公司、地方政府或当地居民所有的地方公共电力公司以及消费者所有的电力合作社、投资者所有的民营公用电力公司四种类型。自20世纪70年代，尤其是90年代以来，产生了大量新的独立发电商和零售商。美国目前各类型电力公司及其占电力工业各环节的比重见表2。

表2　　　　　　　美国各类型电力公司及其占电力工业各环节比重

电力公司类型	数量及比例		发电量比重（%）	输电线长度比重（%）	配电线长度比重（%）	用户数量比重（%）
	数量	比例（%）				
一、非民营电力公司	2 901	88.8	21	23	52	26.9
1. 联邦电力公司	9	0.3	7	11	3	0
2. 地方公共电力公司	2 010	61.5	9	6	7	14.5
3. 电力合作社	882	27	5	6	42	12.4
二、民营电力公司	367	11.2	79	77	48	73.1
4. 民营公用电力公司	217	6.6	47	77	48	68.6
5. 其他*	150	4.6	32	0	0	4.5
合计	3 268	100	100	100	100	100

*　前4种公用电力公司外的其他电力公司，只从事单一电力业务（如发电、输电或售电中的一种），包括独立发电商、电力零售商等。

资料来源：EIA，2006。

1. 非民营电力公司

（1）联邦电力公司。联邦政府成立电力公司的目的是以私营部门的高效率来提供公共服务。在电力工业早期，联邦政府就在西部地区投资建设了用于防洪和发电的水电设施，当时防洪是主要目的。罗斯福新政时期，为了促进经济发展并解决偏远地区电力缺乏的问题，1933年5月联邦政府发布《田纳西流域管理局法案》，成立田纳西流域管理局并授权其建设输电线路服务于"不能以合理价格得到电力供应的地区"。1937年，联邦政府成立邦尼维尔电力管理局。这样的机构还有东南、西南和西部电力管理局等，在境内133个联邦水坝发电。联邦电力公司主要向地方公共电力公司和电力合作社提供发电和输电服务。

（2）地方公共电力公司。地方公共电力公司是属于地方政府或当地消费者所有的公共性机构，旨在为本地居民以尽可能低的价格提供可靠的电力服务。成立的思想是"在通过任命或选举产生的董事会监督下，由公共电力公司提供本地区的电力是一种最好的选择，可以加强地方在电力事务中的自主权、维护当地居民利益。"美国第一家地方公共电力公司成立于1882年，目前已有2 000多家这样的电力公司，其中350家有一百年以上的历史。地方公共电力公司的规模从大城市到小城镇不等。不同公共电力公司的名称不相同，常见的有"市属公共电力公司"、"公用事业特别行政区"、"电力管理局"、"电力社区"等。地方公共电力公司大多为小规模的地区性配电公司，部分是发输或发输配一体化公司。

（3）电力合作社。在电力工业早期，偏远的农村和小城镇地区一直得不到电力供应，主要原因是这些地区人口稀少、单位供电成本高、收益低，以及当时输电技术的限制，私人企业不愿投资建设。1935年5月罗斯福总统签署法案成立农村电气化管理局（REA），一年以后《农村电气化法案》出台，电气化管理局开始启动贷款项目，从而加速了联邦对农村电气化发展提供支持的进程。随后，农村电力系统和用户不断增长，目前99%的农场都已得到了电力服务。大多数电力合作社是当地拥有的农村电力合作社，从事地区性配电业务，少数从事发电和输电业务。

2. 民营电力公司

（1）民营公用电力公司。在电力工业发展初期，私人企业在获得政府颁发的营业执照后，就可以在允许的范围内建设发电厂和输电线路，向用户供电，但在同一地区并不仅限于一家企业，这些私人企业规模较小，在有些地区竞争还很激烈。随着行业发展以及规模效应的内在要求，企业间不断合并，最终形成了一定区域范围内、由一家一体化私营垄断公司供电的格局。1914年的《谢尔曼－克莱顿反垄断法》使这种地区垄断得以合法化。

1992年改革以来，许多州先后进行了电力重组，传统的民营公用电力公司被要求剥离部分或全部发电资产，在这些州原有的地区性垂直一体化垄断被打破。截至2006年，美国共有217家民营公用电力公司，在发、输、配、售占全国的比例分别为47%、77%、48%和68.6%。

（2）其他民营电力公司。包括150家独立发电商和零售商，发电比例为32%，服务用户数比例占4.5%。1978年的《公用事业监管政策法案》鼓励建设非电力公司所有的发电厂，采用非化石燃料发电，并授予这些电厂发电资格，要求电力公司从具有发电资格的发电公司购买电力，为独立发电公司的发展打开了第一扇大门。20世纪90年代的电力改革进一步促进了独立发电公司的发展。零售服务商是随着零售选择后开始出现的，从事零售业务。

（三）电力改革的进展情况

美国联邦政府1992年颁布《能源政策法案》，要求各州着手研究和推进改革事宜，拉开了美国电力改革的序幕。此后，随着竞争的不断引入，政府相应放松或解除了部分环节的管制，但不同的州和不同性质电力公司的变化并不相同。美国的电力改革实际上形成了"改革的州与未改革的州并存、同一州内改革的区域与未改革的区域并存"的局面。

首先，电力改革需要各州立法推进，因此各州改革进程不一。目前，在50个州中，有 22 个州已先后启动了电力改革，大部分都要求民营电力公司剥离其拥有的全部或部分发电资产，通过结构重组产生了大量的独立发电商，并建立了竞争性的州或跨州电力批发市场；这 22 个州中的 16 个州实行了零售选择，将竞争引入零售环节。而其余的 28 个州，虽然大部分曾经或正在研究和探讨是否要进行改革，但至今未开始实质性的改革。美国各州改革状态见图 2。

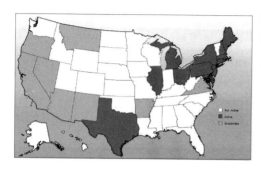

□ 未改革的州（28个）
■ 已改革、且目前仍处于改革状态的州
　（15个，含哥伦比亚特区，实行发电重组和零售选择）
▨ 已改革、但目前处于延滞状态的州
　（8个，均已实行发电重组，其中2个实行零售选择）

图 2　美国电力改革进展总体情况

资料来源：EIA，2008 年 9 月。

其次，即使在那些已经实行改革的州，也并不是所有的地区都同时进行改革。因为州政府发布的改革法案主要针对的是民营企业在本州内服务的地区，联邦、地方和消费者所有的非民营电力公司可自行选择是否改革。如果这些非民营电力公司要向其他公司服务区域的用户提供竞争性服务，那么就必须也要开放它们的系统。法案通常还会要求地方政府对实施零售选择提交一份研究报告，并举行听证会，这是为了确保这些公司的用户有考虑用零售选择取代已有的垄断服务的优点的机会。目前为止这些公司大多数未进行发电重组和提供零售选择，其中部分公司在邻近的电力批发市场上购买或出售电力。

（四）与电价相关的机构、法律法规

1. 政府机构

（1）独立管制机构。联邦和州都设有独立管制机构，但二者之间不是垂直关系。通常，州际的事务由联邦监管，州内的事务由州监管。

在联邦一级，对电力行业和电价的监管主要由联邦能源管制委员会负责。该机构于 1977 年根据《能源部组织法案》成立，前身是联邦电力委员会，是美国政府行政系统下的一个独立管制机构，隶属于能源部，目标是依靠竞争和有效管制提供可靠的能源供应。该机构由 5 人委员会领导，委员首先由总统提名、经国会批准，最后由总统任命。5 位委员任期都为 5 年，但每年都有一位委员到任期，以防止总统对委员会的控制，来自同一政治团体的委员不能超过 3 位。董事会主席制定半月委员会议程，制定的规则需要投票通过。联邦能源管制委员会制定的规则，不需要能源部评论或批准。委员会约有 1 280 名职员，包括价格专家、工程师、会计、律师、经济学家、环境保护专家。具体到电力行业，委员会负责电力跨州事务的监管，包括州际输电价格和服务、趸售电价和服务、合并和安全问题以及非联邦所有的水电项目的许可。

在州一级，主要由各州的公用事业委员会负责州内电力事务。委员会的成立和职责通过州立法规定。如加州公用事业委员会，依据 1911 年的加州宪法修正案成立，当时的名称是铁路委员会，1946 年更名为加州公用事业委员会。由加州参议会批准、州长任命产生 5 名委员，任期 6 年，由州长任命其中一人为主席。委员会管制对象仅限于民营电力企业，在电力方面的主要职责是："在没有竞争的地方，对垄断服务制定低价格、保护消费者；促进能效提高、保证电力可靠性"。

（2）政府公司。包括联邦、州或地方政府所有的电力公司。董事会是公司最高领导机构，负责包括电价制定在内的所有管理事务。联邦公司的董事由总统提名并经参议院同意后任命，各董事任期年限相同，但不会同时期满，主要目的是防止总统对董事会的控制。任何政党也不能在董事会中占绝对多数。州和地方政府所有的电力公司的董事分别由州、地方政府任命。董事来自政府官员或社会团体代表，不是股东，不能购买公司股票、取得股息。如果董事是专职，可以获得薪酬；如果是兼职董事，一般不领取薪酬。董事会主席在各董事中选举产生。

（3）联邦和州政府。在联邦一级，根据《美国宪法》的规定，国会、总统和最高法院按三权分立原则，分别行使立法、行政和司法权力。这三个系统都对联邦能源管制委员会和联邦政府公司施加影响：国会决定联邦和州管制权利的分配、制定联邦管制法律、批准委员的任命、决定管制机构职能及委员会的人员编制和经费拨款；总统签署议会通过的管制法律、提名委员、提出经费预算；法院主要行使监督和仲裁职责。在州一级，州议会、州长和法院在电价方面发挥的作用与联邦一级类似。

无论是在联邦还是州一级，美国的政治体制决定了两会议员、总统或州长在行使管制权力时都会充分考虑选民的利益，法院负责对独立管制机构的权利进行监督和约束、对发生的争议进行仲裁，从而保证了各方利益的平衡和管制权利的监督与制衡。

2. 经营者组织

代表各类经营者利益的组织，包括各类经营者协会和联合会，通过游说议员影响决策过程、在政策制定过程中反映会员意见和建议，直接或间接对电价政策及形成过程产生影响。这些经营者组织有：民营电力企业组成的美国电力协会和爱迪生电力协会、电力供应协会等。

如电力供应协会是代表竞争性供应商利益的全国性组织，致力于促进电力工业的竞争。该协会成立于 20 世纪 80 年代早期，当时的名称是独立供应商协会，现已扩展到竞争性供应商，包括发电商和市场上的交易商。协会向华盛顿反映竞争性供应商的意见，还与联邦能源管制委员会建立密切联系，参与其政策制定的讨论以及提出对政策的意见和评价。

3. 消费者组织

代表各类消费者利益的组织，包括自治型电力机构和各类电力消费者协会。

（1）自治型电力机构。指当地居民所有的地方公共电力公司和消费者所有的电力合作社，其自治权来自法律授权。如在加州，公用事业行政区的成立和运营需要遵守《加州市政公用事业特别行政区法案》。自治型电力机构的最高管理机构也是公司董事会。董事由服务区内用户选举产生，直接对本公司服务区内所有用户负责。董事会负责制定公司的政策，任命总经理。董事会主席安排和协调对总经理的年度考核，但除非得到董事会特别授权，主席没有权利监督或指导总经理。董事会会议通常每月举行两次，对公众开放。董事会成员通常由当地名流担任，不领工资，参加会议可以领到劳务费，发生的交通费也可以报销，董事的目的主要是挣取政治选票。

（2）各类电力消费者协会。如"大工业用户电力消费者协会"，是代表大型工业电力用户利益的全国性协会，成立于1976年，当时联邦政府开始介入电力问题，工业用户意识到他们应该成立一个联合组织来更有效地参与政策。该协会指导其成员公司，关注联邦和州影响电力服务价格和可靠性的政策。通过各种平台积极发挥作用，它是全国唯一代表工业用户与联邦能源管制委员会经常性地开展交流的机构，它还积极参与立法过程、与国会成员一起工作，以保持政策的连续性。

二、非民营电力的电价体制

包括联邦电力公司、地方公共电力公司和电力合作社，不以营利为目的，不受联邦和州独立管制机构的管制，其组织形式、电价体制与民营电力公司有很大的区别。

（一）非民营电力的组织形式、基本情况

1. 发、输电公司

（1）政府公司。这些公司拥有发电和输电设施，或者只拥有发电设施，主要向地方公共电力公司和电力合作社提供发电和输电服务；有时也直接将电力出售给其他联邦机构、学区等终端用户；有时也同外部进行电力交易，包括参加竞争性电力批发市场。

如田纳西流域管理局（TVA），负责田纳西河流域7个州900多万居民的供电，通过自己的输电线路向这些地区的非民营配电公司供电，然后再由这些配电用户转售给终端用户。目前TVA有三类用户：第一，配电公司。共有159个，包括109个地方性公共电力公司和50个电力合作社，从TVA批发电力，然后向用户出售。其中，地方公共电力公司是最大的用户。这两类用户形成了TVA电力批发业务的基础，约占总收入的85%。第二，直供用户。52个大工业用户和6个联邦用户直接购买TVA的电力，约占TVA总收入的11%。第三，系统外的用户。12个周围的公用电力公司通过交换市场从TVA购电，这部分收入占TVA总收入的4%。这些出售的电力主要来源于TVA拥有的发电设备，也有部分来自于外购电力。2007年，TVA自发的煤电、核电、水电的比例分别为56%、26%和5%，外购的电量比例为12%。

邦尼维尔电力管理局（BPA），是属于美国能源部下的联邦机构。BPA是西北太平洋地区最大的电力供应商，拥有并运行15 000英里的高压输电线路，几乎占到该地区输电系统的80%；通过31个联邦水坝、1个非联邦核电站以及其他电站发电，由于发电能力不能满足BPA法定的所有公共电力用户的需求，BPA还需要从外部购电。根据法律规定，BPA必须优先满足公共电力公司的需求。BPA没有任何来自国会的年度财政拨款，1974年的联邦哥伦比亚流域输电系统法案授予了BPA自行融资的权力，目前资金来源于售电

收入和出售的债券。

纽约电力管理局（NYPA），是美国最大的州属电力机构，拥有发电和输电设施。其用户包括：47 个市属公用电力公司和农村电力合作社；115 个政府机构，包括纽约市政府、学区等；700 多个商业和工业用户；188 个非营利性医疗、教育、文化机构；此外，6 个纽约州内民营公用电力公司从管理局购买电力，再无盈利地转售给终端用户。

（2）发输联合体。一是若干地方公共电力公司联合成立的地区性合作组织。目的是为成员提供发电和输电服务。如南加州公共电力管理局，由包括洛杉矶在内的加州南部 10 个市属电力公司和一个灌溉特别行政区组成，成立于 1980 年，为成员获得发电和输电资源提供支持，目前，有 3 个发电项目和 3 个输电项目。该管理局近年来还负责向州和联邦游说立法，共同努力减少成员成本、提高效率。

二是若干电力合作社联合而形成的电力趸售合作社。美国目前共有 60 多家电力合作社从事发电和输电业务，由成员配电合作社共同拥有，向成员提供趸售电力。趸售合作社发电以煤炭为主，占 80%，核能和天然气占 13% 和 7%。

2. 垂直一体化垄断公司

主要是规模较大的地方公共电力公司，它们有自己的发电、输电和配电系统，向区域内用户垄断供电。有时这些公司也从外部购入或出售电力，如与其他民营电力公司签订长期合同、在邻近的电力批发市场上根据市场条件购买和出售短期电力。

如加州萨克拉门托公用事业行政区就是这样的一体化公司，负责加州首府萨克拉门托郡和 Placer 郡的一小部分区域。萨克拉门托虽然是加州首府所在地，行政区服务人口占加州的市场份额达 9%，但作为一个公共电力公司，该行政区不受加州公用事业委员会的监管或监督，也不在加州 ISO 控制区域内。

洛杉矶水利电力管理局（LADWP），是美国最大的市属公用电力公司，有 100 多年的历史，负责洛杉矶一些用户的电力和自来水供应。公司有自己的发电、输电和配电系统，电力用户约 140 万，商业和工业用户的用电量占 70%，居民用户数量最多；除这三类用户外，管理局为公共街道和公路提供照明，为城市自来水系统提供电力，也向其他电力公司出售电力。由 5 人董事会负责制定公司政策，董事由市长提名、市议会批准，任期 5 年。公司运行需要的资金全部来源于售电和售水收入，投资资金来源于出售的企业债券，不享受任何税收优惠。

3. 垄断性配电公司

包括规模较小的地方公共电力公司和大部分的电力合作社。它们没有自己的发电和输电系统，需要从外部购入电力，然后再通过自己的配电网络，转售给终端用户。这些公司从外部购入电力的渠道有：政府发、输电机构、地区性合作组织以及其他民营电力公司。

（二）非民营电力的电价体制

1. 电价制定相关机构及作用

非民营电力公司的电价由各公司董事会负责制定，董事会由政府任命或选举产生，其制定电价的权利来自法律授权。

如《田纳西流域管理局法案》中规定，"田纳西流域管理局的董事会由9名董事组成，董事会负责制定管理局向配电公司和其他用户提供电力的价格，董事会也有权对配电公司的零售价格和服务条件进行监管"。"董事会在电价方面的职责以及为履行职责而采取的行为必须在法案规定的框架内"。

在加州萨克拉门托公用事业特别行政区，根据相关规定，董事会有权制定商品和服务的价格，有权对提供的服务收取费用。

2. 定价的基本原则、遵循的法规

非民营电力公司制定电价的目标和基本原则常见于公司相关法案或章程中。

如《田纳西流域管理局法案》第15条规定，"田纳西流域管理局董事会根据制定的电价得到的总收入，必须为公司的运行、维护和管理提供充足的资金；支付各州、郡的税金；支付债券利息；向美国财政部支付以往政府对管理局电力系统的投资拨款加上这些巨额投资的利润；电力系统资产投资的附加利润以及与电力业务相关的其他费用"。还规定，"从管理局购电的配电公司必须将所购电力非歧视性地出售给终端用户，不允许向任何用户提供不公平的电价"。

邦尼维尔电力管理局的目标是提供可靠的电力供应，在符合合理商业规则、环境要求和促进地区经济发展的前提下，制定尽可能低的价格。根据法律规定，管理局可以通过电价收回所有成本，但必须以成本为基础制定，要优先满足公共电力机构和本地区的需求。

萨克拉门托公用事业行政区电价制定的目标和原则是：（1）电价水平上，至少比附近民营的太平洋天然气电力公司每一类用户的公开电价低10%；（2）尽可能保持电价的稳定，将电价变化的影响降至最低，采取的措施有：购买天气保险以减少天气变化对其水电站成本的影响；签订长期购电合同；签订天然气供应合同、天然气输送容量合同，以规避燃料价格波动风险。（3）反映所使用的能源的成本；减少高峰用电；鼓励能效和节能；方便性和多样性；设计简单，便于理解；满足特定的低收入群体和严重残疾人群的需求；在不同类别用户间公平分摊成本。

根据上述表述，我们可以将这些非民营电力公司制定电价的原则概括为：

- 为公司正常运营提供必要的资金支持；
- 不允许以营利为目标；
- 制定尽可能低的电价；
- 反映实际供电成本的同时，尽可能保持终端电价的稳定、便于理解和执行；
- 公平对待各类用户；
- 有利于节约能源和保护环境。

3. 定、调价的方法和程序

（1）发电和输电价格。如前所述，发、输电公司主要是为其"法定用户"提供发电和输电服务（包括公共电力公司、电力合作社、其他非营利性的配电公司、公共机构等），但有时也将多余的电力出售给系统外的用户，我们这里讨论的是第一种情形。发输公司为"法定用户"提供的可能是单独的发电或输电服务，也可能是发输一体化服务。无论是哪种服务，都以成本为基础来制定电价，因此电价的形式有独立的发电价格、输电价格或捆绑式发输价格。

如目前邦尼维尔电力管理局的发电价格和输电价格分别依据各自的成本制定，并形成发电价格和输电价格表。价格表中包含用户的种类和具体的价格及条款。发电价格采用两部制，分为容量电价和电量电价，其中容量电费按月收取，部分用户每月的容量电价和电量电价都有变化。输电价格表中包括输电服务和各项辅助服务价格。

田纳西流域管理局与其配电用户签订的合同中明确规定，管理局可以随时调整电价以满足收入需求。价格调整有两种：一种是收入不变前提下电价结构的调整；另一种是通过提高或降低电价水平来满足收入的需求。

（2）配电价格/零售价格。无论是垂直一体化公司还是小型的配电公司，配电和售电环节都没有分开，因此它们向用户收取的价格既可称为配电价格，也可称为零售价格。零售价格的制定也是以成本为基础，并在各类用户间公平分摊成本。制定电价依据的成本包括公司提供发、输、配电服务的所有成本和外购电力的成本，形成各类用户和服务的电价表，如洛杉矶水利电力管理局的电价表共有 19 个。

在电价结构上，将用户分为居民、工业、商业和其他，采用单一价格、两部制、分段、分时等多种电价形式。如萨克拉门托公用事业行政区对所有用户实行夏季和冬季电价，在此基础上，居民用户实行分段电价，可自行选择是否实行峰谷电价；大工业用户和商业用户实行峰谷电价；对每一类用户中符合条件的实行价格优惠，并提供绿色电价等选择方案。

许多公司都建立了随燃料成本、购电成本变化而调整价格的机制。

（3）电价制定和调整的程序。各公司电价的制定和调整都要遵循特定的程序，包括公开征求意见、听证会、董事会集体决策、公开决策结果与依据等。

在萨克拉门托公用事业特别行政区，电价的调整需要正式的程序、公众听证，由董事会执行。通常当一些因素的变化影响行政区财务前景和状况而需要提高电价时，行政区公布详细的财务数据，提交成本评价报告，董事会根据现行法律要求和董事会制定的政策，指导召开研讨会和听证会，征求用户的意见。一旦设定，直到下一次调整前价格都固定不变。

在洛杉矶水利电力管理局，制定的电价要遵循洛杉矶市和加州相关法律规定，所有用户都享有知情权，管理局负有告知的责任。电价必须在管理局办公室和网站向公众公开。当一项新的电价议案被提出时，管理局要向所有用户通知听证会的时间和地点。当提案被采纳时，管理局必须在报纸上公布新的电价规定。

三、民营电力的电价体制

（一）民营电力的组织形式、基本情况

1. 未改革的州

由纵向一体化垄断公司负责其授权区域内所有用户的电力供应，向用户提供的电力大部分来源于公司自己的发电厂。在有些未改革的州，除纵向一体化公司外，可能还有少量

独立发电公司，通过和一体化公司签订合同出售电力。

2. 改革的州

（1）组织形式。独立发电公司（IPP）。拥有发电设施，无输、配电设施，只从事发电业务。目前，独立发电公司通过签订双边交易合同、参加竞争性市场实时交易出售电力，出售的对象包括从事零售业务的电力公司、大用户等。独立发电公司的规模大小不等，经营范围可能局限于某一个州内，也可能是跨州公司，近年来有不断合并的趋势。

零售服务公司（RSP）。没有任何电力设施，只从事零售业务。从竞争性电力批发市场购电，再利用当地民营公用电力公司的输、配网络转售给自己的零售用户。与独立发电公司一样，零售服务公司的规模也有很大区别，既有小型的零售服务公司，也有在多个州同时开展业务的大公司。

民营公用电力公司（IOU）。拥有输、配设施（有些小型公司可能没有输电设施），为其他电力公司提供输电和配电服务；一些 IOU 无发电设施、一些仍然保留部分发电设施，在竞争性电力批发市场上出售或购买电力；对没有零售选择权或未选择其他服务商的用户提供电力服务。

（2）竞争性电力批发市场及运行。1996 年，联邦能源管制委员会发布 888 号和 889 号令，要求传统公用电力公司无歧视地向其他电力公司开放输电线路，极大地推动了电力批发市场的建立。目前美国共有 9 个电力批发市场，除加州、得州、纽约、PJM、新英格兰 5 个电力市场外，还有中西部、中南部、东南部、西南部 4 个电力批发市场。其中，后 4 个电力批发市场各自覆盖的范围主要是未改革的州，大部分活动受到管制，还不是真正意义上的发电竞争。而加州、得州、纽约、PJM 和新英格兰电力市场覆盖的范围主要是改革的州，在这些市场上，竞争性供电商能向配电或直供用户传输电力，电力批发价格由市场竞争来形成（见表 3）。

表 3　　　　　　　　　**美国 5 大竞争性电力批发市场覆盖的范围**

电力市场名称	覆盖范围
新英格兰电力市场	缅因州、新罕布什尔州、马萨诸塞州、罗德岛州、康涅狄格州和*佛罗里达州*
PJM 电力市场	宾州、新泽西、马里兰、特拉华、俄亥俄、维吉利亚和哥伦比亚特区的全部或大部分地区；以及伊利诺斯、密歇根、*印第安纳、肯塔基、北卡罗来纳和田纳西州*的部分地区
纽约电力市场	纽约州
加州电力市场	加州的大部分区域和墨西哥州的部分区域
得州电力市场	得州的大部分区域

注：表中字体楷体加粗的部分是未进行电力改革的州。
资料来源：美国联邦能源管制委员会官方网站。

电力批发市场上的成员包括发电商、输电所有者、配电商、电力交易商和大的电力用户。成员加入市场时，需要签订和遵守相关协议。由新成立的独立系统运行员（ISO）或区域输电组织（RTO）负责电网运行调度和电力批发市场的交易安排。输电线路拥有者保留所有权，运营权归 ISO/RTO，后者负责分配输电容量，主要目的是为电力交易提供公平的输电支持。

（3）零售竞争市场及运行。20 世纪 90 年代中期，一些州的政策制定者认为竞争性市场和零售选择能使消费者获得更好的价格和电力产品，电力竞争服务的概念开始扩展到零售环节。目前在已经实行发电重组的 22 个州中，除蒙大拿州、俄勒冈州、内华达州、亚利桑那州、新墨西哥州、阿肯色州 6 个州外，其余的 16 个州和哥伦比亚特区允许零售准入和用户选择。

为实施零售选择，一些州改变了相关法律和法规：一是取消了民营公用电力公司在其服务区域内垄断供电的权力；二是开放民营公用电力公司拥有的配电系统，使其他竞争性供电商（包括其他地区的公用电力公司和新成立的没有任何电力设施的零售商）能向零售用户传输电力。

第一，足够数量的买、卖双方和配电网的开放。首先，通过重组产生一定数量的卖方。通过立法，允许成立新的只从事零售业务的电力零售商，其中部分由原先的配电公司拆分而来，新的电力零售商需要在州公用事业委员会注册。有些电力零售商同时参加几个州的零售业务。零售商向用户提供发电服务报价，这些电力来源于其在电力批发市场的现货交易或与发电商签订的购电合同。

其次，允许全部或部分用户选择竞争性的零售供应商。有些州从一开始就允许所有用户自由选择供电商，另外一些州是从大用户开始逐步实施，还有些州是在每个主要客户群中允许一定比例的用户逐步实施，或者是从部分公用电力公司开始实施。有选择权的用户根据各零售商的报价等信息选择自己的零售服务商。

最后，用户虽然选择了别的零售商，但仍由其原来的本地公用电力公司负责提供输电和配电服务，或者说本地零售商要向其他零售商开放，按受管制的输配电价收费。因此，零售选择并未改变电力的物理环节，而是增加了零售这一电力交易环节。

第二，从原先的捆绑式电价中分离出"购电底价"。零售竞争前，本地的公用电力公司对用户收取的是捆绑式电价。为实施零售选择，传统的电力服务被分解为不同部分，或解捆：将成本分解为不同部分，发电服务的成本单列。零售市场中，用户选择某零售商后，就由该零售商从电力逐售市场代用户购电，利用本地配电商的网络向用户供电，新零售商向用户以成交价收取提供电量服务的费用，本地的配电公司向用户收取提供配电服务的费用。配电价格与原先向用户收取的电价的差额部分就是购电底价，因此购电底价相当于公用电力公司的"发电价格"。购电底价就是指用户选择其他供电商后其向本地的供电商支付的电价中降低的部分，即发电服务成本，或用户与零售商的竞争成交价。购电底价如果高于市场成交价，用户就会选择离开本地的配电商；反之，会重新选择本地的配电商。

第三，默认服务和保底服务及其价格。当地配电公司向那些没有选择权的用户提供默认服务。默认服务的价格是受管制的固定价格，但在账单中分项列出各项成本。为避免本地配电商的风险，允许其保留一部分发电厂或者与其他发电商签订受到监管的合同。对不再选择其他供电商的用户提供保底服务，价格也受到管制。默认服务和保底服务的价格通常根据燃料价格调整，当成本提高和增加时，电力公司向委员会提出调价申请。

第四，零售选择的过渡期与价格冻结。大多数实行零售选择的州，规定公用电力公司在开始的几年里实行零售价格冻结，目的是使公用电力公司收回剥离发电资产而导致的搁浅成本，同时规定对居民和小商业用户降低零售电价。如加州规定大多数零售电价降低10%，冻结至 2002 年 3 月。在特拉华州，根据州零售选择法律中相关条款的规定，在过渡期对零售价格实行冻结，将居民电价在 4 年内下降 7.5%，2003 年 9 月 30 日到期。

过渡期结束或收回搁浅成本后，取消价格冻结，由公用电力公司根据成本变化情况调整向默认用户收取的电价，但通常要经过州公用事业管制委员会的批准。许多州解除价格上限后，由于电力批发市场的高电价，发现零售价格较高，开始重新探讨零售竞争的效果。

第五，零售市场运行。零售市场的运行受州公用事业管制委员会的管制，但电价由主要由竞争形成。各注册过的零售商需要向用户提供公司基本信息、平均电价、电价类型（固定价格还是可变价格）、可再生能源的比重、最短期限以及违约金等，用户根据上述信息选择或更换供应商，双方需要签订合同。合同中的主要条款有：价格、账单和付费、争议解决、服务终止；电价表中详细规定电价、最短服务期、违约金、电力来源的结构、单位电量的排放量等。

（二）民营电力的电价体制

1. 电价制定相关机构及作用

联邦能源管制委员会和各州公用事业委员会负责民营电力公司电价的制定和监管，趸售电价和州际输电价格由联邦能源管制委员会监管，零售电价以及州内的输电价格由州公用事业管制委员会监管（见表 4）。

表 4　　　　　　　　　　　　　　联邦和州电力监管权的划分

联邦能源管制委员会	州公用事业管制委员会
➢ 对象：民营电力公司	➢ 对象：民营电力公司
➢ 趸售业务（包括趸售价格）	➢ 零售业务（包括零售价格）
➢ 州际输电服务的价格、条款和条件	➢ 当地配电系统的价格、条款和条件以及输电服务价格
➢ 对新的发电和输电设施的建设暂时无监管权	➢ 新的发电和输电设施建设的许可

资料来源：美国联邦能源管制委员会官方网站。

2. 定价的基本原则、遵循的法规

（1）各环节电力价格。发电价格。在竞争性电力批发市场上由竞争形成，遵循联邦能源管制委员会的相关规定以及各市场的交易制度和规则。

输电价格。输电线路所有者为其他电力公司提供输电服务收取的费用。在未改革的州，有时规模较大的民营公用电力公司也为其他公司提供输电服务，按服务成本收取服务费，价格需要经过州公用事业委员会批准。在改革的州，输电网络仍然属于原先的公用电

力公司。依据联邦能源管制委员会 888 号命令，电网公司有义务向所有市场参与者根据服务成本公平收取服务费，电网过网费由管制机构审查确定。如在加州，电网公司负责向用户收取电网运行和维修费以及建设投资费用。

配电价格。在允许零售选择的州，配电网络属于原先的公用电力公司，根据这些州的改革法案规定，配电公司有义务向其他竞争性零售商根据服务成本公平收取服务费，配电费用由州公用事业管制委员会审查确定。这些配电公司一般也同时提供输电服务。

零售价格。电力公司向终端用户提供服务收取的费用。在未改革的州，一体化电力公司将各环节发生的成本合并在一起，向用户收取捆绑式电价，电价需要经过州公用事业委员会的批准。在允许零售选择的州，根据各州改革法案，选择其他竞争性服务商的用户的电价由市场竞争形成，没有选择权的用户仍由原先的垄断供应商提供服务，收取的电价必须经过州公用事业管制委员会的批准。

（2）定、调价的原则。总的原则是：垄断性服务的价格以提供服务的成本和合理利润为基础制定，并经过管制机构批准；竞争性服务的价格由市场竞争形成。对于仍然受到管制的输、配价格和零售价格，电价制定和调整的原则包括：

- 满足公司合理成本和正常利润的要求；
- 反映各类用户和各种服务的实际成本；
- 公平对待用户；
- 便于理解和执行；
- 有利于环保和节能。

3. 定、调价的方法和程序

（1）发电价格的确定。美国竞争性电力批发市场中的电价形成机制有节点电价和区域电价两种。

节点电价。反映特定地点、特定时间的短期边际成本。设计思想是"如果价格最低的电力能够到达所有位置，价格也同样能传遍整个电网。当发生输电阻塞时，电能不能自动流到特定地点。此时，价格更高的电力被调度以满足负荷需求。结果，那些地点的节点边际电价就要更高。"计算节点电价的模型是一个安全约束条件下的最优经济调度模型，根据电网运行条件和发电机提供的发电报价以及参加负荷响应用户提交的负荷削减的报价，以最小的成本满足区域内所有负荷的需求。根据节点电价模型计算出的节点价格和发电机出力（或负荷大小）是买卖双方结算的依据和基础。

区域电价。将一个地区分为几个区域，每个区域内节点电价的平均值就是该区域的区域电价。

除上述两种方法外，由于实时电力市场有较大的不确定，为规避风险，电力买卖双方通过签订双边交易合同，来确定交易的数量和价格。

（2）输电价格和配电价格的确定。输、配电价格根据投资回报率模型确定，形成公司输配电服务电价表，包括所在地区、服务类型、价格等，必须经过管制机构的批准。

（3）零售价格的确定。竞争性零售服务的价格由竞争形成。受到管制的零售价格根据投资回报率模型确定，形成目录电价表，必须经过州公用事业管制委员会的批准。目录电价由各类用户电价表构成，还可能包括阶梯、分时、特殊用户电价表等。

（4）价格制定和调整的程序。管制机构一般都定期召开会议，讨论和制定电价政策，同时像法院一样，解决电价争端和事务，包括对公用电力公司电价申请的批复。当一项新的电价提案被提出时，要向公众公开征求意见，举行面向公众的研讨会。提案通过后，要及时公开。

当受管制的电力公司需要调整价格时，首先由被管制企业向管制机构提出允许收入和电价调整方面的申请，申请材料包括要求调价的原因、成本变化情况以及支持性的财务报表。管制机构接到申请后，成立专业审查小组进行审查，并同时将收到的申请向公众公开，征求各方意见，必要时还要举行研讨会。在初步审查通过后，需要召开听证会，必须提前向公众公开听证会的时间和地点。听证会的代表来自各相关利益方，通常会有专业的经济、技术、法律专家代表消费者利益。如果一项提案获得通过，管制机构要在其官方网站、当地权威媒体向公众公开。

四、美国的电价体制对我国的启示

（一）电力改革及相应的电价改革要因地制宜

电力改革被认为是世界上单个规模最大的工业重组，电价改革则被认为是电力改革的核心，在所有进行改革的国家和地区，都是一个不断摸索和完善的过程，更没有统一标准的模式可循。在美国，各州电力改革的步伐不相同，改革的州与未改革的州并存，各改革的州采取的制度安排也有很大差异。这很大程度上是由美国各州在立法上的自主权决定的，然而各州所做出的不同选择也反映了改革不能“一刀切”，应因地制宜。已经改革的州所颁布的法案大都是要求民营电力公司必须执行，而对联邦政府、地方政府和消费者拥有的非营利性电力公司，可自愿选择是否参加改革，并不强制它们剥离发电资产或实行零售选择。事实证明，这些仍然处于垄断地位的公司的用户能够继续以较低的电价获得可靠的电力供应，与民营电力公司相比，它们追求的目标不是利润，而是真正的公众利益。

同美国一样，我国幅员辽阔，各地区电源结构、电网建设水平、备用水平、电力供需情况均有很大差异，因此在改革进程、交易制度、电价制度安排上都不宜搞“一刀切”。应在统筹安排的基础上，根据各地区实际情况因地制宜进行电力改革及相应的电价改革。

（二）建立和完善电价决策中各利益方有效参与机制

电价政策的制定、调整与执行直接关系电力企业、电力用户的切身利益，美国的电价体制框架内体现了各方的利益博弈和权利的制衡。如联邦政府、地方政府和消费者拥有的非营利性电力公司，其电价政策的制定和调整需要董事会的批准。董事是经任命或选举产生的，其产生的过程已经代表了选民的利益，其后董事会制定或调整电价要遵循特定的程序，召开公众讨论会和听证会。联邦和州独立管制机构的委员任命、决策程序也体现了同样的思想。分别代表各类电力企业和电力消费者的协会，都会积极和总统、国会、联邦能源管制委员会沟通，反映其代表的团体的意见，并关注与参与相关电价政策的讨论。

我国的电价政策制定虽然也实行了征求公众意见、召开听证会等制度，但消费者处于弱势地位，电力企业处于强势地位，其影响力甚至要大于管制机构；电力企业中，电网企业的影响力又要大于发电企业。

（三）建立电价双向调整机制

电力公司向终端用户收取的零售电价包含了发电成本、输配成本和其他成本，当这些成本发生变动时，需要调整电价以保证电力公司的收入。目前在美国，电价随燃料成本调整的机制广泛建立。当电力公司成本增加时，可以向管制机构提出提价申请。当电力管制机构有证据表明电力公司收取的电价过高时，会调低电价，并要求电力公司向用户返回多收的电费。

我国已经实行了煤电联动政策，但该政策的执行经常受到其他因素的影响。根据相关规定，当电力企业的成本发生变化时，可以向管制机构申请调整电价。但实际情况是，企业只有在成本上升时，才会提出提价申请，或者在部分成本上升、部分成本下降时，以成本上升的部分为理由提出提价申请。当成本下降时，企业不可能主动申请调低电价。因此，电价随发电成本调整的机制亟须建立，尤其是在发电成本下降时。

（四）重视发挥竞争性市场中双边合同对保证电力供应和稳定电价的作用

在竞争性的电力市场中，竞价在提高资源配置效率的同时，价格的波动不可避免，带来价格过高的潜在风险，甚至是电力供应问题。加州电力危机的一个重要原因是市场设计中，不允许三大被剥离发电资产的电力公司与发电公司签订长期合同，要求其所有的电力交易都必须在实时市场中完成，现货交易占交易总量的95%。而得州允许双边交易满足用户风险管理要求，双边交易量占到95%~97%，因此虽然在市场开放时，也遭遇了高电价，但没有造成类似加州的危害。其他很多事实也证明，拥有长期购电合同的公用电力公司能提供稳定的电价。

我国的电力改革和竞争性市场的电价设计中，也应注意充分发挥双边交易合同的作用。

（五）节点电价模式有利于输电阻塞管理

美国电力批发市场中采用了节点电价和区域电价两种竞价模式，前者计算出系统中每一个节点的电价；后者将系统分为几大区域，假设区域内输电阻塞很少且稳定，计算出每一个区域的统一电价。PJM 和纽约电力市场采用的是节点电价模式，得州和加州采用了区域电价模式，新英格兰电力市场在发电侧采用节点电价、用户侧采用区域电价。其中 PJM 在世界竞争性电力市场设计中最早使用节点电价模式，PJM 和纽约采用节点电价模式后，都提高了阻塞管理效率，为电力市场提供了准确详细的价格信号。得州和加州电网的情况并不满足区域模式的要求，阻塞管理效率较低。得州计划在 2009 年，将区域定价模式改变为节点定价模式。

（六）竞争性的批发电价要求零售电价也由竞争形成

在电力批发价格由竞争形成时，价格的波动是不可避免的，有些州选择了允许零售电价随批发电价波动。如得州几乎同时开放了零售市场竞争，建立了美国最为成功的零售竞争市场和负荷参与机制。加州 2000～2001 年的电力危机的一个重要原因是冻结了市场的零售价格，使电力公司不能将电力批发电价迅猛上涨和供给不足的信息传递给需求侧，进一步加剧了电力供应的紧张。

批发环节竞争的最终目的是降低零售环节的电价。在电力批发环节引入竞争的条件下，电力批发价格由市场通过竞争形成，价格的波动是不可避免的。配电商的购电费用具有不确定性，必然要向零售电价传导。但应该建立鼓励配电商降低购电费用和电价不稳定性，最好的办法是在零售侧引入竞争。因为在零售侧仍然是垄断，缺乏降低成本的动机，精力必然放在游说管制机构提高电价上，无论是高电价还是电价的剧烈的电价波动都传导到电力用户。而当零售电价也由竞争形成时，零售服务商才有降低电价、提高效率的激励。

（七）加强对竞争性市场中电价的监管

竞争性市场的建立并不意味着完全放开管制，美国各大竞争性电力市场中都设立了专门的市场监管部门。其中，价格上限的规定是普遍采取的做法。如得州规定电量投标的上限是 1 000 美元/兆瓦时，容量投标的上限是 1 000 美元/兆瓦；加州在不同时间段规定了不同的价格上限，在发生危机后将上限从 750 美元/兆瓦时下调到 500 美元/兆瓦时、250 美元/兆瓦时。PJM、新英格兰电力市场都建立了价格上限和局部市场支配力抑制措施，市场监管部门对市场进行严密的监管，当认为发生不正常情况时能迅速做出反应。

参考文献

1. ［美］萨莉·亨特著，《电力竞争》编译组译：《电力竞争》，中国经济出版社 2004 年版。

2. ［美］周定山著：《西方国家电力体制改革实践及经验教训》，中国水利水电出版社 2005 年版。

3. ［美］Geoffrey Rothwell，［西班牙］Tomas Gomez 著，叶泽译：《电力经济学——管制与放松管制》，中国电力出版社 2007 年版。

4. 国家电力监管委员会编：《美国电力市场》，中国电力出版社 2005 年版。

5. 王名扬著：《美国行政法》，中国法制出版社 2005 年版。

6. 美国能源信息署，www. eia. gov。

7. 美国农村电力合作社协会，www. nreca. org。

8. 美国公共电力协会，www. appanet. org。

9. 田纳西流域管理局，www. tva. gov。

10. 邦尼维尔电力管理局，www. bpa. gov。

11. PJM 区域输电组织，www. pjm. com。

12. 加州 ISO，www. caiso. com。

13. 美国联邦能源管制委员会，www. ferc. gov。

14. 加利福尼亚州公用事业管制委员会，www. cpuc. ca. gov。

15. 洛杉矶水利电力管理局，www. ladwp. com。

16. 纽约水利电力管理局，www. nypa. gov。

17. 萨克拉门托公用事业特别行政区，www. smud. org。

18. 太平洋天然气电力公司，www. pge. com。

附录1 国家发展和改革委员会经济研究所简介

国家发展和改革委员会经济研究所成立于 1975 年 10 月，原为国家计委工资理论小组。历任所长有：于光远、薛暮桥、柳随年、桂世镛、王积业、周才裕、王永治、刘福垣、陈东琪。著名经济学家许涤新、刘国光、董辅礽、孙尚清、罗元铮、徐禾、赵履宽等曾在经济研究所工作。时任委领导宋平、房维中、王春正、魏礼群等曾担任兼职研究员。

经济研究所是研究国民经济发展战略、体制改革、宏观调控、经济监管的理论与政策的综合性科研机构。主要研究：国家、地区及重要产业的发展战略与规划；宏观经济形势跟踪、预测和宏观调控政策；财政、货币政策及其协调配合，财政税收与预算体制、国债管理研究，金融体制改革、金融发展与金融监管；企业的产权制度与内部治理、发展战略、并购、重组及中小企业政策；国内贸易体制与政策，消费、投资与宏观经济关系及消费政策；价格总水平、重要行业价格监测与调控研究；公用事业价格规制与政府收费等重大理论和政策。

经济研究所自成立以来，主要根据国务院及国家发展改革委（原国家计委）的决策需要开展经济政策和理论研究工作。并直接参与了若干宏观调控、产业政策、国民经济与社会发展规划、经济体制改革方案的研究及相关中央文件的起草工作。建所初期，主要研究按劳分配、价值规律等关系拨乱反正的重大理论问题，并对苏联东欧、美日等经济体制进行过系统的比较研究。1979 年，时任所长薛暮桥等完成的专著《中国社会主义经济问题》，受到国内外的普遍重视。80 年代以来，主要对国民经济综合平衡、计划与市场的关系、经济体制改革与发展、宏观经济管理等问题进行了比较深入的研究。1984 年，原经济史研究室完成的新中国第一部经济发展史——《中国社会主义经济简史》，受到广泛好评，并被翻译成多国文字出版。1987 年，时任所长王积业等提出的"国家调节市场、市场引导企业"的经济运行模式为中央决策所采纳，写入了党的十三大报告。青年学者王建提出的"国际大循环"战略思想，受到了中央主要领导的重视和批示。90 年代后期以来，随着机构和专业调整，经济研究所加强了发展战略与规划、宏观经济形势与政策，政府管制等领域研究。1997 年时任所长刘福垣提出的"以人为本、以中（中小企业、中等收入阶层和中部地区）为重、全方位开放的发展观"受到有关领导的重视，并被国家"十一五"规划采纳。2004 年，时任所长陈东琪等提出的财政货币"双稳健"政策主张，获得广泛认同并被中央宏观调控决策采纳。

建所以来，许多重要研究报告或政策建议曾获赵紫阳、温家宝、姚依林、宋平、朱镕基、李岚清、姜春云、黄菊、曾培炎、华建敏等中央领导同志的肯定性批示近二十次，获得丁关根、房维中、陈锦华、桂世镛、王春正、佘健民、段应碧、马凯、朱之鑫、李子彬、汪洋、张国宝、杜鹰、魏礼群、毕井泉等委领导及其他部委级领导肯定性批示七十余次。获国家级科技进步奖励 2 项、部委级科技进步和优秀科研成果奖励近四十项，其中国家发改委优秀成果奖 23 项。获国际管理学界最高奖（第 23 届，1994 年）——国际管理科学弗朗兹·爱德曼奖 1 项（迄今为止我国内地唯一获此奖励单位）；获孙冶方经济科学奖 2 项。

经济研究所与相关国际组织合作关系良好。与世界银行、亚洲开发银行、联合国人口基金会、联合国儿童基金会、国际劳工组织、能源基金会、加拿大国际开发署、澳大利亚国际发展署、巴西应用经济研究所、欧盟政策研究中心、欧洲国际经济研究所等建立了合作关系。在上述国际机构的支持下，就中国人口与发展、中国煤炭运输研究、妇女在改革开放中的地位、能源政策、能源体制改革、中小企业发展政策、县乡财政问题等领域进行了深入研究，成果获得有关方面的高度评价。

经济研究所现有人员 33 人，其中，国务院特殊津贴获得者 3 人，研究员 11 人。现任所长：刘树杰研究员。现任副所长：宋立研究员、臧跃茹研究员（女）。

经济研究所现有 9 个内设机构：

1. 战略规划研究室。负责研究国家、地区及重要产业的发展战略与规划。

2. 经济形势研究室。负责研究宏观经济形势跟踪、预测和宏观调控政策。主任：孙学工研究员；副主任：樊彩耀副研究员（女）。

3. 财政金融研究室。负责研究财政、货币政策及其协调配合，以及财政税收与预算体制、国债管理，金融体制、金融发展与监管等。主任：张岸元副研究员、刘国艳副研究员（女）。

4. 企业研究室。负责研究企业的产权制度与内部治理、发展战略、并购、重组及中小企业政策。主任：刘泉红副研究员；副主任：郭春丽副研究员（女）。

5. 流通与消费研究室。负责研究国内贸易体制与政策，消费行为与消费政策。主任：陈新年研究员（女）；副主任：王蕴副研究员（女）。

6. 价格调控研究室。负责研究价格总水平、重要行业价格监测与调控。副主任：王元助理研究员（女）。

7. 价格监管研究室。负责研究公用事业价格规制与政府收费。主任：王学庆副研究员。

8. 《中国物价》编辑部。负责杂志和年鉴的编辑、出版、发行。主任：李琨研究员（女）；副主任：田小秋编辑。

9. 办公室（党办）：负责全所科研组织、财务、外事、文件及报刊资料收发与管理、安全等日常行政管理和党委的事务性工作。主任：张鹏（女）；副主任：王彤（女）、辛波。

办公地址：北京市西城区木樨地北里甲 11 号国宏大厦 B 座 13 层
联系电话：010 - 63908363；010 - 63908376
传　　真：010 - 63908373

附录 2　2007~2008 年经济研究所获奖情况

一、获部委级奖励 3 项

《增强消费对经济增长的拉动作用》（执笔：陈新年），获国家发改委 2008 年度优秀科研成果三等奖。

《人民币汇率形成机制改革 30 年》（执笔：陈东琪、张岸元、王元），获国家发改委纪念改革开放三十周年论文一等奖。

《建立健全有利于经济结构调整和经济增长方式的财税体制》（执笔：宋立、刘国艳、王蕴），获国家发改委第六届中青年干部论文比赛优秀论文奖。

二、获院级奖励 17 项

《深化财政税收体制改革研究》（执笔：宋立），获宏观经济研究院 2008 年度优秀成果一等奖。

《增强消费对经济增长的拉动作用》（主持：陈新年），获宏观经济研究院 2007 年度优秀成果一等奖。

《深化财税体制改革研究》（主持：宋立），获宏观经济研究院 2007 年度优秀成果三等奖。

《本轮物价总水平上升中的价格传导状况与原因分析——关于山东省物价情况的调查报告》（执笔：杜飞轮），获宏观经济研究院 2008 年度优秀调研报告二等奖；《化解危机影响下中小企业困境的相关思考——对广东省的调研》（执笔：刘泉红、臧跃茹、俞建国），获宏观经济研究院 2008 年度优秀调研报告二等奖。

《适度松动偏紧政策，把增长放在突出位置——关于广西北部湾经济区当前宏观经济形势的调研报告》（执笔：樊彩跃），获宏观经济研究院 2008 年度优秀调研报告三等奖。

《南宁市承接东部地区产业转移调研报告》（执笔：相伟），获宏观经济研究院 2008 年度优秀调研报告三等奖。

《新农村建设中地方财政面临的新困难》（执笔：刘国艳），获宏观经济研究院 2007 年度优秀调研报告二等奖。

《规范地方政府性基金　抑制投资过快增长—对地方政府性资金收支情况的调研报告》（执笔：王小广、樊彩跃），获宏观经济研究院 2007 年度优秀调研报告三等奖。

《农业、储备类央企改革与调整的调研》（执笔：臧跃茹、刘泉红），获宏观经济研究院2007年度优秀调研报告三等奖。

《货币需求理论和中国的货币需求》（执笔：王元），获宏观经济研究院2008年度优秀基础课题研究成果一等奖。

《财政政策一般理论与转型期财政政策选择》（执笔：王蕴），获宏观经济研究院2008年度优秀基础课题研究成果二等奖。

《财政分权体制的国际比较研究》（执笔：王蕴），获宏观经济研究院2007年度优秀基础课题研究成果二等奖。

《完善外商并购投资的规制体系研究》（执笔：刘泉红），获宏观经济研究院2007年度优秀基础课题研究成果三等奖。

《完善金融监管体制的相关对策研究》（执笔：王元），获宏观经济研究院2007年度优秀基础课题研究成果三等奖。

《人民币汇率形成机制改革30年》（执笔：陈东琪、张岸元、王元），获宏观经济研究院纪念改革开放30周年征文三等奖。

《国有企业改革的过往之鉴与未来路径》（执笔：刘泉红），获宏观经济研究院纪念改革开放30周年征文三等奖。

附录 3 2008 年 7 月 ~ 2009 年 6 月 经济所课题研究项目

序号	课题名称	委托单位
1	优化我国金融市场结构思路研究	院重点课题（2009）
2	"十二五"时期扩大消费需求的思路与对策研究	院重点课题（2009）
3	宏观经济形势跟踪分析与预测	院常规课题（2009）
4	"十二五"时期国内外发展环境及总体发展思路研究	院基础课题（2008）
5	"十二五"时期经济体制改革若干问题研究	院基础课题（2008）
6	"十二五"时期的宏观调控研究	院基础课题（2008）
7	可持续发展理论及对"十二五"发展思路的启示	院基础课题（2008）
8	货币供给与经济增长和价格总水平的关系研究	院基础课题（2008）
9	财政超收条件下的预算政策研究	院基础课题（2008）
10	拓宽外汇市场干预资金渠道研究	院基础课题（2008）
11	"十二五"时期促进产业组织结构优化及制度创新的思路研究	院基础课题（2008）
12	美国的电价体制及对我国的启示	院基础课题（2008）
13	反通胀与价格调控研究	院基础课题（2008）
14	人民币参与构建新国际货币体系问题研究	院基础课题（2009）
15	地方公共机构融资方式研究	院基础课题（2009）
16	规范国有金融机构资产管理及相关金融监管研究	院基础课题（2009）
17	金融危机背景下我国经济结构调整：基于产业链升级视角的研究	院基础课题（2009）
18	不同发展阶段需求结构的国际比较及对我国的启示	院基础课题（2009）
19	中等收入阶段不同国家消费需求比较研究	院基础课题（2009）
20	竞争性电力市场研究	院基础课题（2009）
21	经济周期转折点预测	院基础课题（2009）
22	宏观经济分析与预测方法研究	院基础课题（2009）
23	中国经济"低碳化"思路与对策	院基础课题（2009）
24	管制价格条件下阶梯电价的理论与实践	院基础课题（2009）
24	我国发展规划评估理论方法	国家社科基金青年项目
25	正确认识保增长和调结构的关系（应急）	国家发改委产业司
26	军品定价成本问题研究	国家发改委价格司

序号	课题名称	委托单位
27	促进先进制造业与现代服务业融合发展的思路和对策	国家发改委产业司
28	经济周期和产业发展	国家发改委产业司
29	新形势下城镇化发展战略研究	国家发改委地区司
30	创业风险投资环境与政策研究	国家发改委高技术司
31	信息化领域政府采购政策研究	国家发改委高技术司
32	进一步推动投资消费关系优化调整的思路和建议	国家发改委规划司
33	推进发展规划法制化进程研究	国家发改委规划司
34	推进财税体制改革研究	国家发改委体改司
35	典型国家投资与消费关系的演变及启示	国家发改委综合司
36	转变对外贸易发展方式	国家发改委经贸司
37	国际金融危机影响下的财政政策研究	财政部
38	"十二五"期间石油市场环境分析	国家能源局石油天然气司
39	中国经济发展模式研究	中组部
40	创新政府投资项目融资方式研究	北京市发改委
41	北京市金融形势	北京市发改委
42	"十二五"期间北京市人口发展的思路及相关政策研究	北京市发改委
43	人均 GDP 超过 1 万美元后北京市经济社会发展的阶段性特征、发展重点及政策取向	北京市发改委
44	中盐北京盐业公司 2005~2007 年复膜装精制盐供应成本审核	北京市发改委成本队
45	北京市 2007~2008 年供热定调价成本审核	北京市发改委成本队
46	广州开发区创新发展模式综合配套改革方案	广州市发改委
47	哈尔滨市债券融资规划	哈尔滨市发改委
48	湖南省韶山市规划	湖南省韶山市政府
49	凉山州建设美丽富饶文明和谐安宁河谷总体规划	凉山州发改委
50	加快转变宁夏经济发展方式研究	宁夏发改委
51	寿光市蓝色经济区建设规划	山东省寿光市
52	西安市"十二五"规划研究	西安市政府
53	国家开发银行未来十年资金筹措规划	国家开发银行
54	药品价格政策的影响分析	美国辉瑞中国投资公司
55	城市管道燃气企业所得税与增值税政策研究	中国城市燃气协会
56	健全供热管理制度	北京市热力集团
57	北京市热力集团蒸汽与生活热水成本分析报告	北京市热力集团
58	邮政价格形成机制研究	横向课题
59	湖南省发展战略	亚洲开发银行

图书在版编目（CIP）数据

中国经济："十二五"战略思路与政策选择／国家
发展和改革委员会经济研究所著. —北京：经济科学出
版社，2010.2
ISBN 978 - 7 - 5058 - 8965 - 1

Ⅰ.①中…　Ⅱ.①国…　Ⅲ.①经济发展战略 - 研究 -
中国 - 2011 ~ 2015　Ⅳ.① F120.4

中国版本图书馆 CIP 数据核字（2010）第 031943 号

责任编辑：张　频
责任校对：杨晓莹
版式设计：代小卫
技术编辑：董永亭

中国经济："十二五"战略思路与政策选择
国家发展和改革委员会经济研究所　著
经济科学出版社出版、发行　新华书店经销
社址：北京市海淀区阜成路甲 28 号　邮编：100142
总编部电话：88191217　发行部电话：88191540
网址：www. esp. com. cn
电子邮件：esp@ esp. com. cn
天宇星印刷厂印刷
华丰装订厂装订
787 × 1092　16 开　15 印张　340000 字
2010 年 1 月第 1 版　2010 年 1 月第 1 次印刷
ISBN 978 - 7 - 5058 - 8965 - 1　定价：28.00 元